漢長安城遺址保護

西安市文物局
西安市汉长安城遗址保管所
西安文物保护修复中心
西安文物保护修复工程有限公司

编著

文物出版社
二〇一二年·北京

《汉长安城遗址保护》编委会

主　　任　郑育林

副 主 任　向　德　黄　伟　甘洪更

主　　编　唐　龙

执行主编　李　勤

编　　委　（按姓氏笔画排列）

王永伟　刘和平　刘　勇　刘嘉树　李　琳　陈　斌

张颖岚　何潇雨　周　萍　赵　虹　高亚平

摄　　影　刘振东　张建锋　刘　勇　高亚平等

图书在版编目（CIP）数据

汉长安城遗址保护 / 西安市文物局等编著. —北京：文物出版社. 2012.1
ISBN 978-7-5010-3387-4

Ⅰ.①汉…　Ⅱ.①西…　Ⅲ.①汉长安城—文物保护　Ⅳ.①K878.3

中国版本图书馆CIP数据核字（2011）第275709号

漢長安城遺址保護

编　　著　西安市文物局　西安市汉长安城遗址保管所
　　　　　西安文物保护修复中心　西安文物保护修复工程有限公司
封面设计　周小玮
责任印制　陆　联
责任编辑　王　戈

出版发行　文物出版社
　　　　　北京市东直门内北小街2号楼
　　　　　邮政编码　100007
　　　　　http://www.wenwu.com
　　　　　E-mail: web@wenwu.com
印　　刷　中达兴雅印刷有限公司
经　　销　新华书店
开　　本　787×1092　1/16　印张：21　插页：2
版　　次　2012年1月第1版第1次印刷
书　　号　ISBN 978-7-5010-3387-4
定　　价　160元

一　北城墙遗址
二　东城墙遗址

六　直城门遗址
七　直城门下排水涵洞遗址
八　直城门大街车辙遗迹

九　直城门大街遗址发掘现场

一〇　未央宫前殿和椒房殿遗址
一一　未央宫前殿遗址
一二　桂宫 2 号建筑南区遗址

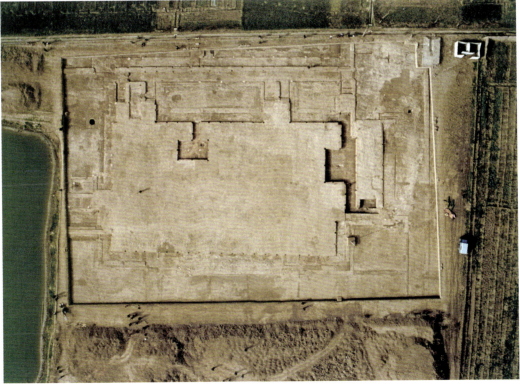

一三　长乐宫 2 号建筑（F1）遗址

一四　长乐宫 2 号建筑（F1）遗址内倒塌土坯

一五　长乐宫 4 号建筑遗址

一六　长乐宫 4 号建筑遗址中部大殿地下部分

一七　长乐宫 5 号建筑（凌室）遗址

一八　十六国、北朝时期宫城城墙遗址

一九　十六国、北朝时期宫城宫门遗址

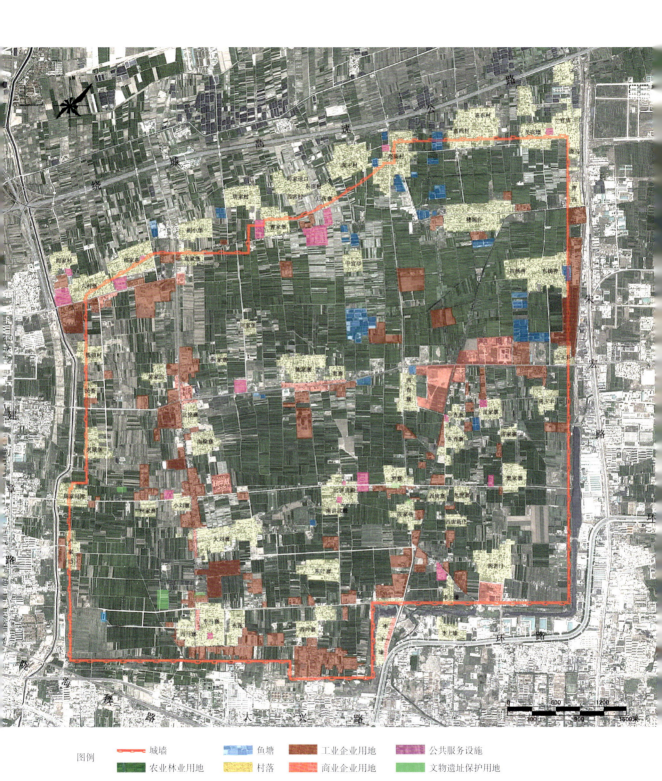

图例　　　━━ 城墙　　　🟦 鱼塘　　　🟫 工业企业用地　　　🟪 公共服务设施

🟩 农业林业用地　　　🟨 村落　　　🟧 商业企业用地　　　🟩 文物遗址保护用地

二〇　汉长安城遗址聚落现状图

图例

保存较好　　破坏严重　　道路
保存较差　　水体　　铁路

二一　汉长安城遗址保存现状评估图

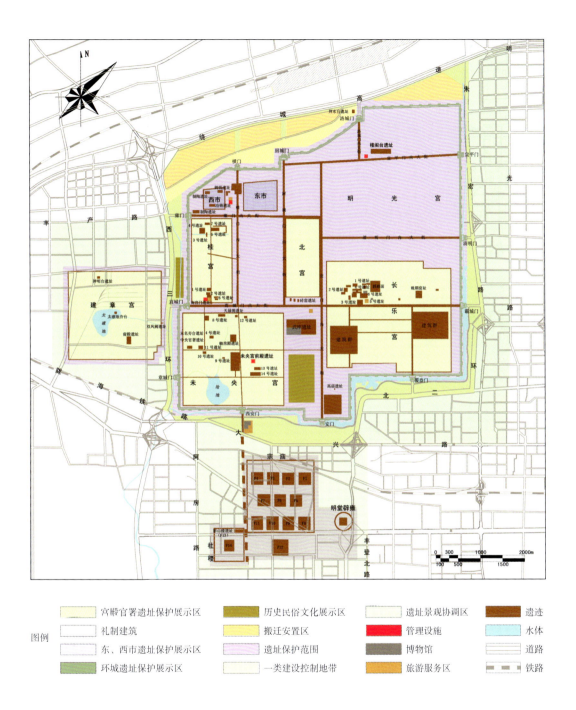

图例

宫殿官署遗址保护展示区	历史民俗文化展示区	遗址景观协调区	遗迹
礼制建筑	搬迁安置区	管理设施	水体
东、西市遗址保护展示区	遗址保护范围	博物馆	道路
环城遗址保护展示区	一类建设控制地带	旅游服务区	铁路

二二　汉长安城遗址保护规划总图

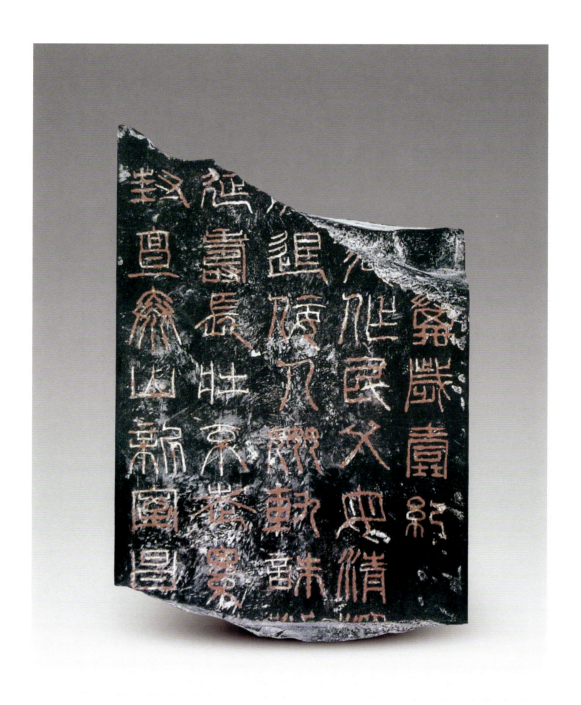

三二　汉长安城遗址内西查村发现北周石佛像
三三　汉长安城遗址内窦寨村出土北周石佛像

三四　1995 年，陕西省委常委、西安市委书记崔林涛（前排左二）和西安市市长冯旭初（前
　　　排左三）视察汉长安城遗址

三五　2001 年，国家文物局局长张文彬（前排左二）视察汉长安城遗址

三六 2005 年，陕西省委常委、省委副书记、西安市委书记袁纯清（左二）和西安市委副书记李书磊（左一）视察汉长安城遗址

三七 2009 年，陕西省委常委、西安市委书记孙清云（左二）视察汉长安城遗址

三八 2009 年，西安市委常委、市长陈宝根（左一）和副市长段先念（右二）视察汉长安城遗址

三九 2010 年，陕西省副省长景俊海（右一）视察汉长安城遗址

四〇　2010 年，文化部党组成员、国家文物局局长、党组书记单霁翔（左六）视察汉长安城遗址

四一　国家文物局考古专家组组长黄景略（左四）、中国社会科学院考古研究所徐光冀（左五）、安家瑶（右二）、中国建筑科学院建筑历史研究所所长陈同滨（左六）在汉长安城遗址调研现场

四二　2006 年，全国政协委员、中国社会科学院考古研究所学部委员刘庆柱（前排左二）考
　　　察汉长安城遗址

四三　2006 年，世界银行交通管理首席专家爱德华·道森（右一）考察汉长安城遗址

四四　2008 年，参加"丝绸之路系列申报世界遗产国际协商会"的中外专家组成员考察汉长
　　　安城直城门遗址

四五　2006年，中国考古学会理事长徐苹芳（前排右二）视察汉长安城遗址

四六　2008年，中国社会科学院考古研究所所长王巍（右一）考察汉长安城直城门遗址

目　录

插 图 目 录

序

郑育林

西汉是中国古代历史上一个非常重要的朝代，上承先秦、下启魏晋隋唐，是我国封建社会发展的第一个高峰时期。

西汉的国都长安城位于渭河以南的关中平原上，在今陕西西安市西北郊，面积约 36 平方公里。它是西汉王朝延续二百余年的政治统治中心、经济管理中心和文化活动中心，也是中国历史上第一座规模庞大、居民众多的城市。

汉长安城遗址保存基本完好，城市格局清楚，分布范围明确，是我国现存古代都城遗址中为数不多的、保存较好的重要古代都城遗址之一。

《汉长安城遗址保护》一书较为全面地介绍了汉长安城遗址的历史沿革、布局结构、保存现状，重点介绍了文物保护管理部门多年来在大型土遗址保护管理方面进行的一些探索和实践，以及部分经验和做法。书中提出汉长安城遗址的远景规划为完整保护汉长安城遗址的遗迹本体、整体格局和历史环境风貌，逐步将遗址规划建设成为具有"真实性、可读性和可持续性"的历史文化遗产保护与展示园区。

对于文物保护管理部门来说，保护工作开展初期的总体思路非常重要。

以汉长安城遗址为例，西安市汉长安城遗址保管所成立后，在国家文物局和陕西省文物局的领导下，在西安市地方各级政府的支持下，本着"整体保护、重点展示"的原则，展开了遗址保护的新篇章。首先是实施了城墙东北角、西北角、东南角遗址的围栏隔离保护工程，确定并标识出城墙遗址的范围。之后实施了天禄阁、石渠阁、未央宫夯土台、未央宫前殿遗址等地面夯土台基遗址的围栏工程，对遗址本体进行了相对有效的保护。

随着考古工作的逐步深入，又实施了桂宫 2 号建筑南区遗址、长乐宫 6 号建筑遗址、霸城门遗址覆土保护展示工程；建设了长乐宫 4 号建筑遗址博物馆、长乐宫 5 号建筑遗址博物馆、汉长安城遗址陈列馆，委托相关部门进行了汉长安城遗址测绘工作，并且与相关单位联合展开了一些关于大遗址保护基础理论的探讨。

本书是基层文物保护管理部门对过去十七年来基层田野文物保护工作的总结，是人们了解汉都长安城概况及汉长安城遗址近年来保护工作的基本资料，包含了相关部门多年基层管理经验的积累与展示。对于初次接受大遗址保护工作的人来说，是业务知识的启智之门；对于长期从事大遗址保护工作的人来说，则是实践的升华。

最后，希望《汉长安城遗址保护》能够成为推进汉长安城遗址保护利用工作的开篇之作。

2011 年 11 月于西安

前　言

西汉是我国封建社会发展的第一个高峰时期，对中国和世界历史的发展进程产生过重要影响。

首都长安城作为西汉王朝的首都使用了两百余年，后被新莽、东汉、西晋末、前赵、前秦、后秦、西魏、北周、隋初沿用作为建都之地，隋建大兴城后遂遭废弃。其作为都城的时间近三百五十年，使用时间近八百年。

作为我国古代第一个建制完整的统一帝国的都城，汉长安城是当时世界上规模最大的都市，为"丝绸之路"的起点，有我国古代规模最大的礼制建筑群。

它是我国古代延续使用时间最长的都城，也是中华民族多元一体统一国家的历史标志和象征。

汉长安城遗址是我国最具代表性和典型性的重大历史文化遗产，不仅在我国历史上意义重大，而且在世界文明史上同样具有极为重要的地位，有较高的历史价值、科学价值与艺术价值。

1961 年，汉长安城遗址被国务院公布为第一批全国重点文物保护单位。1992 年，陕西省人民政府 35 号文件正式公布了汉长安城遗址的保护范围。

经过社会各界坚持不懈的努力保护，汉长安城遗址现已成为我国现存规模宏大、遗迹丰富、格局明确、保存较为完整的统一帝国的古代都城遗址，被国家文物局公布为"十一五"期间国家重点保护的一百处大遗址之一。

目前，汉长安城遗址作为"丝绸之路"的起点，正在积极进行"丝绸之路"申报世界文化遗产的筹备工作。

壹 汉长安城概况

一 定都长安

公元前202年，四年的楚汉战争结束以后，农民起义的胜利者刘邦在汜水（今山东曹县）称帝，建立汉朝，史称西汉。刘邦称帝后，即西行至洛阳。在此，他召集群臣商议定都之事，士兵娄敬和谋士张良建议定都关中。娄敬认为："秦地被山带河，四塞以为固，卒然有急，百万之众可具。因秦之故，资甚美膏腴之地，此所谓天府。陛下入关而都之，山东虽乱，秦故地可全而有也。夫与人斗，不扼其亢，拊其背，未能全胜。今陛下入关而都，按秦之故，此亦扼天下之亢而拊其背也。"[①]《汉书·张良传》中记载张良劝谏汉高祖刘邦定都关中时说："夫关中左殽函，右陇蜀，沃野千里，南有巴蜀之饶，北有胡苑之利，阻三面而固守，独以一面东制诸侯。诸侯安定，河、渭漕挽天下，西给京师；诸侯有变，顺流而下，足以委输。此所谓金城千里，天府之国。"这两段话说明关中地区自然地理条件优越，土壤肥沃，物产丰富；地势险要，易守难攻；交通便利，四通八达，具有定都所必需的经济、军事、地理等优势（图1）。

最终，刘邦听取了娄敬和萧何的意见，"即日车驾西都关中"。在秦咸阳渭河南岸长安乡的基础上开始兴建汉都长安城。

二 都城建设

汉长安城的建设分为以下几个阶段：

汉高祖五年（公元前202年），由丞相萧何主持，汉代建筑科学家

① 《汉书·娄敬传》，中华书局，1962年。

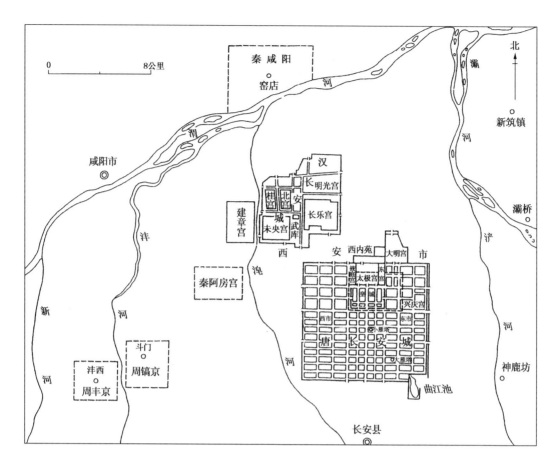

图1 西安周、秦、汉、唐都城变迁示意图

阳成延设计施工，在秦代渭水南岸的离宫——兴乐宫的基础上修治长乐宫。高祖七年（公元前200年），长乐宫成，高祖自栎阳迁都长安，始建未央宫。

公元前198年，未央宫成，在未央宫与长乐宫之间建武库，在都城北建北宫、大市。

汉惠帝元年（公元前194年）开始修筑汉长安城城墙，城墙的修建从西城墙和北城墙开始。长安城城墙修建时用工之多，规模之大非常惊人。以惠帝三年为例，政府在春天一次征发长安附近六百里内的男女劳力14.6万人修长安城墙。至惠帝五年（公元前190年）九月，长安城城墙才基本修完。

公元前189年，惠帝在高祖六年修建的大市之西建立了重要的商业设施——西市。

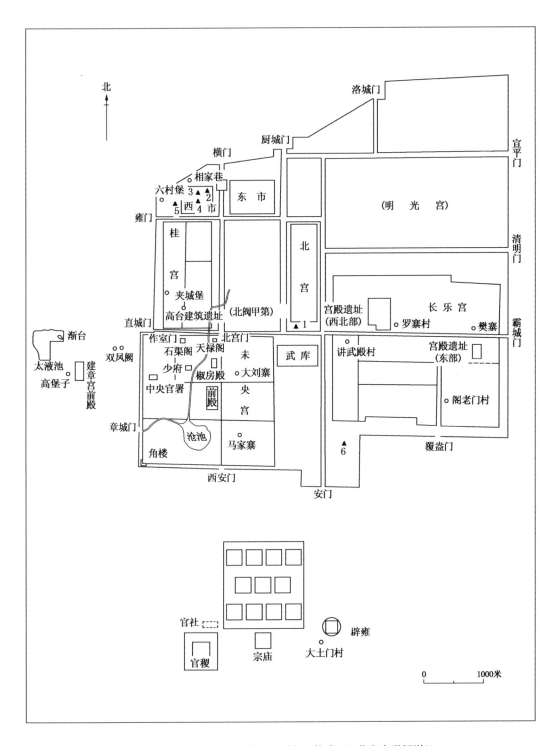

图 2　汉长安城遗址平面示意图（采自王仲殊《汉代考古学概说》）

① 北宫南部烧制砖瓦的官窑遗址　② 铸币遗址　③ 烧制陶俑的官窑遗址　④ 冶铸遗址
⑤ 民营制陶作坊遗址　⑥ 高庙遗址

经高祖和惠帝时期的营建，汉长安城的基本轮廓已经形成。汉武帝时，经汉初六七十年的"休养生息"政策的积累，国家财力达到鼎盛，经济空前繁荣。据《史记·平准书》记载，当时"汉兴七十余年之间，国家无事，非遇水旱之灾，民则人给家足，都鄙廪庾皆满，而府库余货财。京师钱累巨万，贯朽而不可校，太仓之粟陈陈相因，充溢露积于外，至腐败而不可食。众庶街巷有马，阡陌之间成群"。

以丰厚的经济财力为资本，汉武帝于公元前138年招募张骞从长安出发，出使西域，开通了沟通东西方经济、文化交流的"丝绸之路"。同时，他大兴土木，不断充实国都长安城的规模。此时修建的主要建筑有建元三年（公元前138年）起上林苑，元光六年（公元前129年）穿漕渠，元狩三年（公元前120年）开凿昆明池，元鼎二年（公元前115年）修柏梁台，太初元年（公元前104年）造城西的建章宫，太初四年（公元前101年）营建桂宫和明光宫。另外，还扩建了北宫。汉长安城的建设此时达到顶峰。

西汉末年，汉平帝元始年间，在长安城南兴建了明堂、辟雍。公元20年，篡夺西汉刘氏政权的王莽，在长安城南郊修建"王莽九庙"，郊祀用的泰一坛（圜丘）和社稷坛（官社和官稷）等礼制建筑，构成了都城完整的礼制建筑群。

三　城市布局

建筑完工的汉长安城基本呈正南北向，平面为不规则方形，四周为夯土城墙。城垣内面积约36平方公里，城墙周长25.7公里。每面城墙开三门，共十二座城门，每座城门有三个门道。城内有八条主要大街，每条大街上有两个排水沟将其分为并行的三股道，即所谓"披三条之广路，立十二之通门"。城墙外有城壕。

宫殿区集中在城内中南部，约占全城面积的三分之二。城西北隅为东市、西市等工商业区，东北部为一般官吏和平民居住区（图2）。

虽然汉都长安并非一次设计建设完成，但仍体现出区划明确、城市功能齐全、布局严谨、相对整齐划一的特点，在我国古代都城史上占有重要地位。

（一）城墙、城门

汉长安城的城墙为版筑夯土墙，全部用黄土分段层夯而成，夯层厚7～10厘米[1]，高度在11米左右[1]，下部宽度为12～16米[2]，横截面为上窄下宽的梯形。

《资治通鉴》记载：汉成帝建始三年（公元前30年），关中地区遇大雨几十天，长安谣传水将涌向城内，百姓惊慌失措，四散奔走，老弱哭号，顿时一片混乱。于是汉成帝召集群臣商讨对策。大臣们认为如遇大水，皇帝、太后及后宫嫔妃乘船避水，吏民则登上长安城墙以御洪水。后来幸无水灾，军民安然无事。这从一个方面说明了汉长安城城墙的高大宏伟和异常坚固。

汉长安城每面城墙开三门，共十二座城门。东城墙北向南依次为宣平门、清明门、霸城门。南城墙东向西依次为覆盎门、安门、西安门。西城墙南向北依次为章城门、直城门、雍门。北城墙西向东依次为横门、厨城门、洛城门。

《西都赋》称，"汉长安城披三条之广路，立十二之通门"[3]。说明全城有十二个城门，每个城门有三个门道。《西京赋》又说"三途夷庭，方轨十二"[4]。三国时薛综注《西京赋》称："一面三门、门三道，故云三途，途容四轨，故广十二轨。"即当时每个城门都有三个门道，每个门道可容四辆马车并行，三个门道可容十二辆马车并行。

（二）街道、桥梁

汉长安城除霸城门、覆盎门、西安门、章城门因入门不远便是长乐宫和未央宫外，其余八个城门各有一条大街通入城内，或作南北向，或作东西向，延伸甚长，并形成十字、丁字路口。《三辅黄图》引《三辅旧仪》曰："长安八街九陌"，八街即指八条直通城门的大街。其中最长的安门大街长达5500米，是汉长安城的主要大街，直通南北；其次

---

① 张建锋《汉长安城城墙高度初探》，《汉长安城考古与汉文化——纪念汉长安城考古五十周年国际学术研讨会论文集》，科学出版社，2008年。
② 王仲殊《汉代考古学概说》，中华书局，1984年。
③ 班固《西都赋》，《文选》卷一。
④ 张衡《西京赋》，《文选》卷二。

为宣平门大街，长3800米，是汉长安城内东北隅东西大街；最短的为洛城门大街，长度只有850米。这些大街一般都三道并列，中间为皇帝专用的驰道，任何人不得僭越。

汉时，长安附近著名的桥梁有三渭桥和灞桥。三渭桥是当时渭河上的三座桥，即西渭桥、中渭桥、东渭桥，其中以中渭桥最为重要。

中渭桥是秦汉都城地区架通渭河南北的大桥，建于秦始皇时。当时秦始皇在渭河北兴建咸阳宫，在渭河南兴建兴乐宫等一批宫殿建筑，为便于往来，遂在渭河上建此桥。中渭桥位于汉长安城横门之北，故又名横桥。又因此桥在西渭桥、东渭桥之间，故后世称为中渭桥。由于桥面宽大，当时许多重要仪式都在此举行。西汉初年，陈平、周勃铲平吕氏势力，迎立文帝刘恒，以及汉宣帝接受匈奴贵族和朝臣们的欢迎，都是在此桥之上。

西渭桥又称便桥或便门桥，修建于公元前138年。后世因其在中渭桥西称为西渭桥。《汉书·武帝纪》载："武帝建元三年，初作便桥于长安西北二十里，跨渭水，以趋茂陵。"由此可见，修建此桥的最初目的是为了从长安直通茂陵（汉武帝陵，在今陕西省兴平县东北十九里）。随着"丝绸之路"的开辟，此桥成为长安通往西方"丝绸之路"的第一桥。唐代称此桥为咸阳桥。杜甫诗云："车辚辚，马萧萧，尘埃不见咸阳桥。"指的就是此桥。

东渭桥因位于中渭桥东而得名。《三秦记》载："汉之东渭桥，汉高祖造，以通栎阳道。"《汉书·地理志》曰："东京城东北五十里。"汉高祖刘邦初入关中时曾以栎阳为都，定都长安后，为了加强与栎阳的联系，建造此桥。

灞桥是汉时长安通往关东的战略交通要地。汉代灞桥为一座木桥，"汉人送客，至此赠别，谓之销魂桥"。王莽时，灞桥遭火灾，焚毁后为重修，改名长存桥。

由于汉长安城周围有壕沟围绕，为方便城内外交通，在城壕上架设了桥梁。因汉长安城共有十二座城门，这种城门桥也有十二座，桥的名称也与城门之名相关，如当时即有青门桥。

以上共十六桥，这些桥与长安城内外街道一起，联系着长安与关东和西域的交通往来，是长安城重要的组成部分。

（三）宫殿

汉长安城内有长乐宫、未央宫、桂宫、北宫、明光宫和建章宫，宫殿鳞次栉比，金碧辉煌，甚为壮丽。各宫皆有宫墙，形成宫城。其中长乐宫、未央宫、建章宫规模宏大，周长都在二十里以上。

1. 长乐宫

长乐宫位于城内东南部覆盎门里，是高祖五年（公元前202年）九月至七年（公元前200年）二月在秦兴乐宫的基础上营建而成。宫城平面形制略呈方形，宫墙周长二十余里，南墙在覆盎门西有一处曲折，其余各墙都是直线。宫城四面各设一座宫门，南宫门与覆盎门南北相对，东、西宫门是主要的通道，门外筑有阙楼，称为东阙、西阙。宫城东、南面靠近城墙，西隔安门大街与未央宫相望。

长乐宫南面中部有前殿，前殿西侧有长信宫、长秋殿、永寿殿、永昌殿等，前殿北面有大夏殿、临华殿、宣德殿、通光殿、高明殿、建始殿、广阳殿、神仙殿、椒房殿和长亭殿等。另有温室殿、钟室等。

前殿位于南宫门之内，是长乐宫的主殿。汉初高祖刘邦每于此殿举行朝仪和会见群臣。前殿两边，各有布局对称、建筑形制相同的东厢和西厢。

钟室是长乐宫的悬钟之室。汉高祖十年（公元前196年）正月，淮阴侯韩信被吕后斩杀于此。唐刘禹锡《韩信庙》诗曰："将略兵机命世雄，苍黄钟室叹良弓。隧令后世登坛者，每一寻思怕立功。"

从汉惠帝开始，西汉皇帝移至未央宫听政，长乐宫改为太后居所，但由于是母后之宫，特别是吕后称制和外戚专权时，这里仍然是左右朝政的中心。史书记载"七国之乱"时，汉景帝频繁地出入长乐宫，求教于太后。由于长乐宫在未央宫之东，又称东朝、东宫。王莽称帝后，改长乐宫为常乐室。后来，更始帝刘玄攻入长安，仍以长乐宫为皇宫。赤眉军拥立牛盆子为帝后，也曾以长乐宫为皇宫。汉长乐宫至唐天宝年间以后废弃（图3）。

2. 未央宫

未央宫是西汉王朝的皇宫，位于汉长安城西南部西安门内，相对于长乐宫，被称为西宫。由丞相萧何于汉高祖七年（公元前200年）二月至九年（公元前198年）十月主持监造，后经汉武帝不断增饰和重建

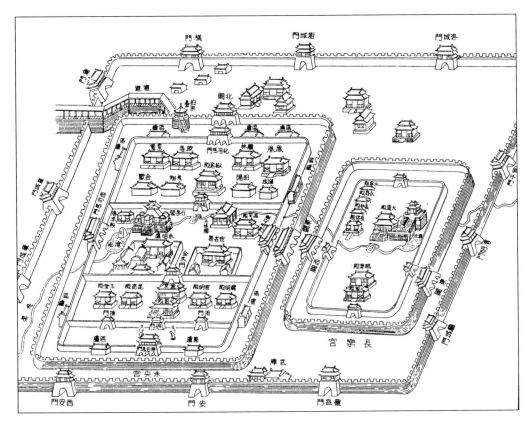

图 3　汉长乐宫、未央宫图（采自《关中胜迹图志》）

而形成的一组宫殿建筑群，殿宇之盛，前所未有。

未央宫的主要建筑有北阙、东阙、前殿、宣室殿、温室殿、清凉殿、承明殿、金马殿、昆德殿、玉堂殿、白虎殿、金华殿、掖庭殿、椒房殿、昭阳殿、飞翔殿、增成殿、合欢殿、兰林殿、披香殿、凤凰殿、鸳鸯殿、石渠阁、天禄阁、麒麟阁、渐台等。

（1）东阙、北阙

东阙是未央宫东门外一对阙楼式建筑，是汉天子发布号令行使赏罚的地方。东阙为"朝诸侯之门"，当时皇亲国戚往来于未央、长乐二宫，都要出入东阙。

北阙是未央宫北门外的门观建筑，未央宫坐北朝南，但当时上书奏事及谒见皇帝的人，都要到北阙之下等候召见，而主管上书奏事的公车（官署名）和负责警卫宫门的司马也设在北面，所以北阙门又称公车门，成为未央宫最主要的宫门。汉武帝以后，又在未央宫北修建了桂宫、北宫、明光宫，而且西汉王室的陵区又修在咸阳塬，咸阳塬是秦朝旧宫室的所在，汉长安城最繁荣的市区又在城内西北部，所以，北宫门阙就成了未央宫内皇家成员通向城西北和渭北的重要通道。

未央宫内有掖门。凡皇宫或殿正门两旁的门及别的侧门都称掖门。《汉书·高祖纪》颜师古注："非正门，而在两旁，若人之臂掖也。"

（2）未央宫前殿

前殿位于未央宫中部，坐北朝南，是利用龙首山的土台，再在其上夯土加工的一组雄伟的高台建筑。前殿台基由南往北次第增高，有三个台面，中间台面的主体建筑是前殿的中心建筑物，高大突兀，巍峨壮观。西汉初年，萧何修未央宫，首先修建了东阙、北阙、前殿。当汉高祖刘邦从前线打仗回来，看见劳民伤财，宫殿修得极其壮丽时，非常生气，对萧何说："天下匈匈，劳苦数岁，成败未可知，是何治宫室过度也？"萧何答："天下方未定，故可因以就宫室。且夫天子以四海为家，非令壮丽无以重威，且无令后世有以加也。"[①]刘邦听了才高兴起来，从栎阳迁都长安。

前殿为未央宫正殿，凡皇帝登基、丧事等大典、大礼活动及重要的朝会都在此举行。刘邦当上皇帝后，曾在此殿置宴款待诸侯群臣，为太上皇刘太公祝寿。汉武帝时，对前殿进行了重新扩建，建筑之豪华，为其他宫殿不能比。前殿的正门在前殿正南，左侧有东厢，右侧有西厢，与长乐宫的形制建筑作用相同。前殿之后有后阁，是天子朝贺时换衣服的地方。此外，前殿还有皇帝下朝后居住的非常室。

前殿北有宣室殿、清凉殿、温室殿。宣室为"布政教之室"，西汉皇帝每于此殿召对大臣，斋居决事，处理国家政事。清凉殿是皇帝夏天避暑时居住的宫殿，因为夏天居住时的清新凉爽而得名。殿里有带暗花纹饰的玉石床，床上罩着紫色的琉璃帐，床边放着玉晶盘，盘上放冰块以降温。温室殿是帝王冬天取暖常居住的宫殿，殿内有各种防寒保温的特殊设备。

（3）掖庭殿、椒房殿、后宫八区

掖庭殿为妃嫔居住的殿室，位于前殿之北，由多所殿台池阁组成，建筑富丽堂皇。

椒房殿位于前殿之北，是皇后居住的宫殿，所以椒房后来也就成

---

① 《汉书·高祖纪》，中华书局，1962年。

为皇后的代名词。

汉武帝时，未央宫内嫔妃居住的后宫规模庞大，分为八区，有昭阳、飞翔、增成、合欢、兰林、披香、凤凰、鸳鸯八殿，后又增修安处、常宁、茝（音钗）若、椒风等殿。后宫八区的建筑极为奢侈华丽。

（4）文化性质的宫阁建筑

班固《西都赋》曰："承明，金马，著作之庭，大雅宏达，于兹为群。"承明、金马即为承明殿、金马殿。承明殿为"著作之所"，也是皇帝延请名儒学士讲述篇章之庭。金马门是名儒学者待诏之处，金马殿是著作之所，可能是金马门附近的宫殿建筑。

西汉时期最著名的文化性质建筑物有天禄阁、石渠阁、麒麟阁。天禄阁和石渠阁是西汉初年丞相萧何主持营建，为汉长安城中收藏图书典籍的地方。天禄阁位于未央宫北部，主要存放西汉时期的国家文史档案和重要的图书典籍，当时著名学者刘向、扬雄等都在天禄阁校勘过书籍。石渠阁位于未央宫西北部，因为阁下垒石用来流水，所以称石渠阁。石渠阁是西汉时期国家最大的藏书阁，秦末刘邦进咸阳后，萧何所收集的秦朝律令和图书典籍，就收藏在这里。汉成帝河平三年（公元前 26 年）派遣陈农"求遗书于天下"，所征集的图书亦收藏于此。石渠阁在西汉中期也是长安的学术研究和学术思想文化交流的中心。麒麟阁是西汉时期的功臣画像阁。甘露三年（公元前 51 年），汉宣帝"思股肱之美"，为了表扬功臣，在此绘功臣图像，主要有霍光、张安世、韩增、赵充国、魏相、丙吉、杜延年、刘德、梁丘贺、萧望之、苏武十一人，仿照他们的容貌画像，并附加以官爵、姓名，这是我国古代画功臣像于阁楼制度的开始。

未央宫除以上宫殿台阁外，还有议政之殿——白虎殿、高门殿。另外，还有沧池、渐台、织室、凌室、暴室、弄田、彘圈、未央厩等设施。

3. 建章宫

太初元年（公元前 104 年），汉武帝在长安西皇家园林北部原来秦代建章乡所在地修建了一组新的宫殿，称建章宫。建章宫"度比未央"，而奢侈豪华的程度超过未央宫。宫中殿台密布，号称"千门万户"，主要建筑有前殿、汲娑宫、天梁宫、奇华宫、广中殿、神明台、井干楼等。另外，还有太液池等风景区（图 4）。

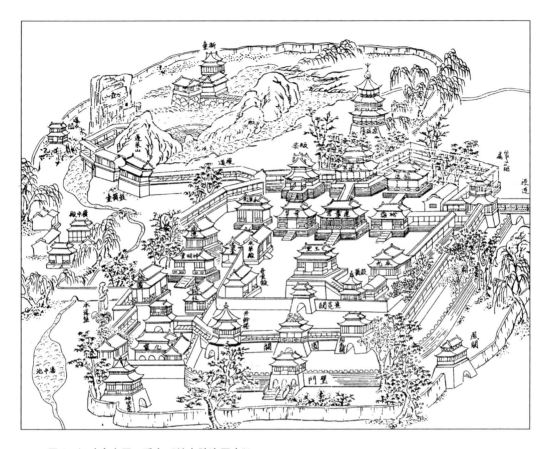

图4 汉建章宫图（采自《关中胜迹图志》）

（1）门阙

建章宫的正门为南宫门，称为阊阖门。因为古代天门叫阊阖，宫门名此，以象天宫。门阙高二三十丈，宏伟壮丽。建章宫的门阙还有双凤阙、圆阙等。双凤阙是东阙名，位于宫城东门外，上各有丈余高的鎏金铜凤凰，故称双凤阙，又名凤阙。此阙东汉时仍然存在，时人描述道："秦汉规模，廓然泯毁，惟建章宫凤阙，耸然独存。"圆阙是汉建章宫北阙名，位于北宫门外，因其为两座圆形的阙楼建筑，东西相对，故称圆阙。

（2）宫殿建筑

建章宫前殿是建章宫的正殿名。《汉书》有"游阊阖，观玉堂"之说，前殿又称玉堂殿。前殿建筑高大巍峨，登临其上，可以"下视未央"。班固《西都赋》曰："正殿崔巍，层构阙高，临呼未央。"建章前殿是汉武帝举行朝贺等大典活动的地方。

《三辅黄图》卷二曰："建章有骀荡、馺娑、天梁、奇宝、鼓簧等宫。"骀荡宫、天梁宫位于前殿殿院之北。在前殿殿院西南隅，有以陈列奇珍异宝而得名的奇宝宫，东北隅有为帝王鼓簧作乐的鼓簧宫，西部有珍藏西域各国献给天子各种珍贵礼物的奇华殿。甘露三年三月，匈奴呼韩邪单于来朝，汉宣帝曾在建章宫设宴款待单于，并向其展示珍宝。《三辅黄图》卷三记载："奇华殿，在建章宫旁，四海夷狄器服珍宝，火浣布、切玉刀、巨象、大雀、狮子、宫马充塞其中。"

（3）池台楼阁

班固《西都赋》曰："前唐中而后太液，览沧海之汤汤。"唐中、太液都为建章宫地名，其中太液池最为有名。太液池位于建章宫前殿西北，方圆十里，是挖掘并引昆明池水而形成的一个范围宽广的人工湖。池岸边有人工雕刻的石鲸、石鳖、鱼龙、奇禽、异兽等，池中心有神话传说中的三座仙山，即瀛洲、蓬莱、方丈，池边有各种动、植物，池内有各种游船供皇帝和后妃们游览取乐。太液池湖光水色，山水相映，景色宜人，是建章宫中著名的风景区。

汉武帝修建章宫时，即在建章前殿西北兴建了著名的神明台。神明台是因为台高神明可以住在上面而得名，又名九天台，传说台高至九天，可以招来神仙。另一说法是台上置有九室，象征着九天（即天的中央和八方）。神明台是祭祀仙人的地方。

另外，建章宫中还有井干楼、铜柱殿、函德殿、中华龙门、虎圈等建筑设施。

4. 桂宫、北宫、明光宫

桂宫位于未央宫北，南临直城门大街，东以横门大街与"北阙甲第"相隔，西靠近西城墙，北面是雍门大街，太初四年（公元前101年）汉武帝建。宫中主要有龙楼门、鸿宁殿及明光殿、走狗台等。桂宫又称四宝宫，传说汉武帝在桂宫中放有四件宝物，即七宝床、杂宝案、厕宝屏风、列宝帐，故此得名。桂宫是汉武帝时的后妃之宫。鸿宁殿即桂宫正殿，汉元帝的傅昭仪，曾居住此殿。

北宫位于未央宫东北，是汉高祖初创，汉武帝增修建成的一座富丽堂皇的宫殿。宫中建筑主要有前殿、寿宫、神仙宫、太子宫等。寿宫和神仙宫是供奉和举行祭祀神君的宫殿。北宫中有供皇太子居住的太子宫，太子宫中有丙殿、甲观、画堂。丙殿是太子居住的宫殿，甲观是太子和妃居住之处，画堂是宫殿中的彩画之堂。汉元帝为太子时，太子妃王政君生成帝于此。北宫主要是后妃之宫，多居住一些被贬或不得志的后妃。哀帝死后，王莽贬皇太后赵飞燕徙居北宫。

明光宫位于长乐宫北，汉武帝太初四年秋建。王莽始建国元年，改明光宫为安定馆，安定太后居住于此。

（四）武库

武库是西汉都城长安的中央兵器库。汉高祖七年（公元前200年）营建，由丞相萧何主持建造。其位于汉长安城内中南部，西邻未央宫东宫墙，东临汉长安城内最长的安门大街。武库由中尉属官武库令掌管，用以储藏兵器。

（五）市、里

1. 市

由于商业的繁荣，汉时长安设有九市。《庙记》曰："长安市有九所，各方二百六十六步，六市在道西，三市在道东，四里为一市，凡九市，致九州之人。"

对于九市的名称和位置，历来说法不一。

据文献记载可知，长安市场平面为方形，四周环筑围墙，墙上辟有市门，为进出的通道。市内中心区建有"市楼"，作为市政官员的官舍。"市楼立亭于上"，亦称市亭楼，市楼上竖有旗帜作为标志，故名旗亭楼。市楼为多层重屋建筑，有的多至五层，高大壮观，用于登高俯视全市。张衡在《西京赋》中描写道："旗亭五重，俯察百隧。"隧是以市楼为中心，在市内形成的十字或井字形街道，隧两旁分列商铺，进行商业贸易。

2. 里

闾里是居民聚居区，汉时长安有一百六十个闾里。"室居栉比，门巷修直"，说明其排列有序，非常整齐。闾里的平面形状呈长方形或正方形，皆环筑里墙，辟有里门。长安闾里各有名称，见于史书记载的有宣明、建阳、昌阴、尚冠、修成、黄棘、北焕、南平、戚里、函里、孝里、杜里、当利、梁陵、棘里、宜里、南里等。各里的具体位置，现大多难以查寻。

（六）礼制建筑

西汉时期的礼制建筑主要有明堂、辟雍、灵台、宗庙、南北郊等。

西汉末年，汉平帝在位时，王莽修建汉明堂。汉明堂的作用，由西周时期的"出教化，天子布政之宫"变成"天道之堂"，即"顺四时，行月令，祀先王，祭五帝"的礼制建筑。汉明堂位于长安城南，安门以东，杜门（覆盎门）之西。

汉辟雍与汉明堂一起，是王莽修建的用于"行礼乐，宣德化"的场所。建筑的形制是外圆内方，四周以水环绕。一般记载，往往将明堂辟雍相提并论。

汉灵台是汉代的天文气象观察台。汉武帝太初四年立，初名青台，是武帝时造太初历之所，后更名灵台，也有两名合称为清灵台。西汉灵台在汉长安城南。

汉代长安附近的宗庙主要有太上皇庙、西汉十一庙、王莽九庙等。西汉初年的宗庙都修在长安城内。刘邦之父太上皇庙在香室街南，冯翊府北；高祖庙和惠帝庙在安门大街以东，长乐宫西南；文帝庙在长安城南；汉景帝以后西汉皇帝的宗庙就修在帝陵附近。地皇元年（公元20年）九月，王莽在长安城南建"九庙"。地皇四年（公元23年）八月，更始军攻长安，士兵挖掘王莽家属的坟茔，烧毁其棺椁和九庙、明堂、辟雍等建筑。

"南郊"是西汉时祭天之坛，又称汉圜丘、天郊。古人根据"天圆地方"之说，筑祭天之坛为圆形土丘，故称圜丘、天郊，又"祀天于南，就阳位"，亦称南郊。"北郊"又称地郊、后土祠，古代"祀地于北，就阴位"，设祭地之坛于都城北郊，故此得名。汉成帝建始元年（公元前32年）分别在都城长安南郊和北郊建圜丘坛和后土祠，称"南北郊"，次年，祀皇天上帝于南郊，祀后土于北郊。

社稷是古代帝王、诸侯祭祀土神和谷神的祠坛。《白虎通义·社稷》记："人非土不立，非谷不食……故封土立社，示有土也；稷，五谷之长，故立稷而祭之也。"《三辅黄图》卷五载："汉初除秦社稷，立汉社稷。其后又立官社，配以夏禹，而不立官稷。至平帝元始三年，始立官稷于官社之后。"西汉长安的社稷设在长安南郊的西部。西汉天子每年于二、八月，即春种秋收之季，在此进行祭祀活动。

（七）皇家公园——上林苑

西汉王朝在建设都城长安的同时，也仿照前朝，在长安近郊地区建筑了供自己游乐纵猎的皇家公园——上林苑。

汉上林苑因秦之旧苑。秦上林苑在汉初荒废，高祖十二年（公元前195年）开放秦上林苑，允许农民开垦耕种。汉武帝时新建上林苑，规模极大，西自今陕西周至终南镇，东至蓝田焦岱镇，南始秦岭山脉北麓，北到渭河，方圆三百多里。苑周围筑有围墙，开有十二道苑门。苑中分为三十六个小区域的苑囿[①]，各由宫观、池沼、园林与自然景色组成各具特色的皇室公园。

上林苑的宫观建筑有七十余座，各宫观之间有池沼错杂分布，主要有昆明池、初池、麋池、牛首池、蒯池、积草池、东陂池、西陂池、当路池、台池、郎池、承露池、百子池等（图5）。

汉武帝元鼎二年（公元前115年），以水衡都尉掌上林苑，下置上林令、丞、左右尉等官属。《汉旧仪》记载："上林苑有令有尉，簿记禽兽名数。又有上林诏狱，主治苑中禽兽。"

汉代的皇室园林除著名的上林苑外，在汉长安城东南有宜春苑、乐游苑，在城南有御宿苑，城东有骊山汤等。

四 都城废弃

西汉中后期，随着经济的发展，社会矛盾不断激化。早在汉成帝时，外戚王莽即控制了西汉政权。公元8年，王莽篡夺王位，建立"新"朝，西汉王朝结束。

王莽政权成立后，为解决社会矛盾进行了一系列改革，但却加剧了各方矛盾。公元17年，爆发了以王匡、王凤领导的绿林军起义。起义不久，宗室刘秀也加入。公元23年，一支绿林军西攻长安，焚毁未央宫，杀死王莽，王莽政权灭亡。

公元25年，赤眉军攻入关中，第二年焚烧了汉长安城中大部分建筑。《汉书·王莽传》记载"赤眉烧长安宫室市里"，造成"民饥饿相

---

① 班固《西都赋》记载，上林苑"离宫别馆，三十六所"。

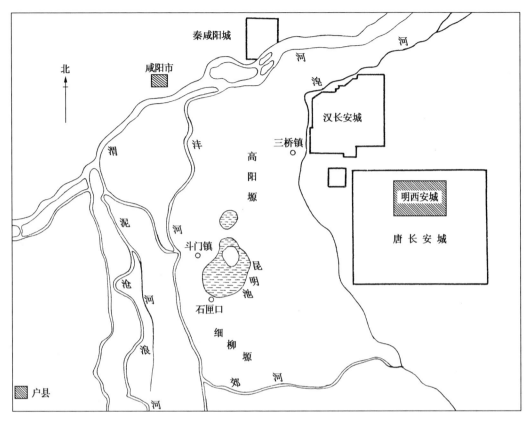

图 5　上林苑遗址分布示意图（采自王仲殊《汉代考古学概说》）

食，死者数十万，长安为虚，城中无人行"①的局面。同年，刘秀在鄗南（今河北柏乡）即皇帝位，随后定都洛阳，沿用"汉"号，后世称东汉，东汉时以长安为西京。

东汉末年，汉献帝一度被董卓胁迫迁都长安，后军阀混战，攻入长安，汉长安城再次遭到严重破坏。

其后，西晋惠帝、愍帝以及前赵、前秦、后秦、西魏、北周、隋等相继以汉长安故城为都，这些小王朝虽在此有营造修饰，但皆未能恢复西汉时期的盛况。

隋文帝开皇三年（公元 583 年）于汉长安城东南方向新建都城大兴城，汉长安城故里成了新都禁苑的一部分。

唐贞观七年（公元 633 年），太宗李世民仿效汉高祖刘邦在未央宫设酒宴为其父李渊祝寿。

---

① 《汉书·王莽传》，中华书局，1962 年。

汉长安城历代建都时间表

朝代	起始时间	建都时间
西汉	公元前202年～公元8年	210年
新莽	公元8～23年	15年
东汉末	公元190～195年	5年
西晋	公元313～316年	3年
前赵	公元319～329年	10年
前秦	公元351～383年	32年
后秦	公元386～417年	31年
西魏	公元535～556年	21年
北周	公元557～581年	24年
隋	公元581～583年	2年

　　唐以后，随着朝代的更替及都城的变迁，曾经盛极一时的汉都长安城逐渐遭到废弃，成为沉睡的历史古迹。

贰　汉长安城遗址保存状况

一　遗址现状

汉长安城遗址位于今西安市西北郊约 10 公里处，北临渭河，西倚涝河，东为团结湖水库。具体位置在东经 108°50′38″～108°54′51″，北纬 34°17′30″～34°21′15″之间，海拔高度 377～405 米。

时至今日，虽经两千余年的自然侵蚀与人为破坏，但遗址保存基本完好，城市格局清楚，分布范围明确，是目前我国有城墙、时代较早、规模较大且保存状况较好的一处统一帝国的都城遗址。

依据西安市文物局、西北大学城市建设与区域规划研究中心 2008 年编制的《汉长安城遗址保护总体规划》第 10～24 条之调查情况，汉长安城遗址的保护现状如下：

（一）汉长安城遗址

遗址平面呈不规则方形，东至范家村、郭家村一线，南至大白杨、南窑头、南洪口一线，西至崎岖河一线，北至张道口、席王、西坡村一线，城域面积 34.39 平方公里。未央宫、长乐宫、桂宫、北宫、明光宫等宫殿区集中于城内中部和南部，约占全城面积的三分之二。东、西市位于城内西北部，宅邸闾里区位于未央宫北侧、东侧和城内东北部，十六国、北朝时期宫殿区位于城内东北部。城西有建章宫，城南有礼制建筑，城郊有上林苑、昆明池等。

（二）城墙、城壕遗址

汉长安城城墙为黄土版筑，东、南、西、北城墙分别长 5917 米、7453 米、4766 米、6878 米，总长约 25014 米。地面上现存长度分别为 4184 米、5873 米、1795 米、1399 米，原高度在 12 米以上，现存最高

图 6　北城墙遗址

图 7　覆盎门遗址

图 8　西安门遗址

约 10 米，基宽 12 ～ 16 米。除东城墙外，其余三面均有曲折。城外有宽 35 ～ 45 米、深 3 米的城壕。四面城墙中以东、南城墙保存较为完好，特别是西安门以西至西南城角一段城墙保存最为完整，东城墙从东南城角至杨善寨一段保存较好，由杨善寨向北至东北城角保存较差。西、北城墙破坏严重，西城墙被六个村庄占压，三分之二城墙段已遭破坏。北城墙被多达九个村庄占压，六分之五城墙段已遭破坏。北城壕东段至今仍可辨识，保存较好。东城壕南段和南城壕东段为积满污水的团结湖水库，破坏严重。其余部分城壕已被淤平，现状多为农田，保存较好。局部被房屋建筑叠压，保存较差（图 6）。

（三）城门遗址

汉长安城共有城门十二座。每个城门有三个门道，各宽约 8 米。目前保存较好的有宣平门、霸城门、西安门、直城门遗址，保存较差的有覆盎门、章城门遗址，破坏严重的有清明门、安门、雍门、横门、厨城门、洛城门遗址（图 7、8）。

（四）道路遗址

据文献记载，汉长安城的道路系统有"八街九陌"。考古发现城内有与城门相通的八条大街，城门外大街目前只发现西安门外大街，推测其他城门外也应有大街。城墙内侧筑有环城道路，文献称环涂或徼道。此外，未央宫、长乐宫和桂宫内发现有多条宫内道路。由于现代道路、灌溉渠道、民房建筑、鱼池藕塘的修建，各条大街和宫内道路的地下遗迹都遭到不同程度的破坏，严重影响了汉长安城"八街九陌"道路系统的格局。

（五）未央宫遗址

位于汉长安城内西南部，宫区平面近方形，四面夯筑宫墙。宫墙四面有宫门和掖门，北宫门和东宫门外有门阙。宫内发现各类建筑基址十四处，其中地上夯土台基四处，地下建筑基址十处。地下遗迹距地表0.2～2.25米。已经考古发掘的地下遗址五处，均已回填保护。沧池位于未央宫西南部，平面呈不规整圆形，东西400米，南北510米，最深处约6.5米。未央宫前殿等主要宫殿、官署建筑的地上夯土台基虽不同程度遭受到自然侵蚀和破坏，但保存状况基本良好。未央宫遗址区内现有七个村庄，占地面积0.61平方公里，约占整个遗址区面积的12.6%。近年来，随着民宅等建筑面不断修建，对地下遗迹的侵蚀和破坏日趋严重。

（六）长乐宫遗址

位于汉长安城内东南部，宫区平面近长方形，四周夯筑宫墙。宫墙东、西、南三面各有一门。宫内地面遗迹大部分已毁，现探明有各类建筑基址数十处，均为地下遗迹，距地表0.25～0.95米。已经考古发掘的遗址六处，其中三处实施保护展示工程。长乐宫遗址区内现有十一个村庄，占地面积为0.71平方公里，约占整个遗址区面积的10.57%，地下遗迹破坏较为严重。其余为农田覆盖区域，地下遗迹保存较好。

（七）桂宫遗址

位于汉长安城内西部，未央宫北侧。宫区平面呈南北向长方形，四面夯筑宫墙。宫内已探明有各类建筑基址十余处，除一处地面夯土台基外，多为地下遗迹。地下遗迹距地表0.45～0.8米。六处地下建筑基址已经考古发掘，其中 2 号建筑基址的南半部分实施了基址复原展示保护。其余五处遗迹经考古发掘后回填保护，现保存较好。桂宫遗址区大部分遗迹保护状况较好，但局部被四个村庄占压，有被继续蚕食破坏的危险。

（八）北宫遗址

位于汉长安城内中部偏西，桂宫东侧、未央宫北侧，宫区平面呈南北向长方形，四面夯筑宫墙。南、北宫墙各辟一门。北宫遗址区未经全面考古勘探，已知地下遗迹距地表 0.9～1.3 米。南宫墙以南分布有多组汉代砖瓦窑遗址，其中三组遗址经考古发掘后已回填保护，现为农田，保存状况较好。北宫遗址区内现有一个村庄，占地面积为 0.15 平方公里，约占北宫遗址区面积的 9.45%，其余为农田覆盖区域。

（九）明光宫遗址

推测位于汉长安城内东部偏北，未经全面考古勘探，宫殿区范围和遗迹分布尚不清楚。20 世纪 90 年代以前，明光宫遗址区内曾有大量的莲池藕塘，现虽多回填，但已对地下遗迹造成严重破坏。遗址区内有四个村庄，对遗址的破坏较大。

（一〇）武库遗址

位于长乐宫与未央宫之间，平面呈东西向长方形，四面夯筑围墙。遗址区面积约 0.23 平方公里。20 世纪 70 年代全面发掘，后回填保护。地下遗迹距地表约 1.5 米，保存状况较好。

（一一）东、西市遗址

位于汉长安城内西北部，平面均略呈正方形。西市遗址区制陶窑址和铸钱、冶铸遗址部分经考古勘探，地下遗迹距地表 0.18～2.1 米。西市遗址区大部分被六村堡、相家巷等村落和企业厂房占压，破坏严重。东市遗址区未经全面考古勘探，现地表大部为农田。

（一二）邸阊里遗址

据文献记载，位于未央宫北侧、东侧和汉长安城内东北部。未央

图 9　建章宫前殿遗址

图 10　建章宫太液池渐台遗址

宫东侧"东阙甲第"区已经考古勘探，未发现重要遗迹。未央宫北侧"北阙甲第"区和城内东北部闾里区未经考古工作，地下遗迹分布状况不明。

（一三）建章宫遗址

位于汉长安城西城墙外，范围包括今高堡子、低堡子、双凤村、新军寨、柏梁村、孟家村等。遗址平面呈近方形，四面夯筑宫墙，内有建章宫前殿、双凤阙、柏梁台、太液池、太液池夯台等遗迹，其中太液池西岸1号建筑基址已经考古发掘。20世纪50年代以来，在建章宫遗址区内修建了大面积仓库与厂房，并有多条铁路支线进入遗址区，近年又有一些企事业单位和住宅小区进入，对遗址造成严重破坏。地面现存夯土遗迹遭受自然侵蚀和人为破坏严重（图9、10）。

（一四）礼制建筑遗址

位于汉长安城南城墙以南1公里外，遗址面积3.3平方公里。遗址区内已知宗庙、社稷、明堂辟雍三组建筑基址，20世纪50年代末进行过考古发掘，已回填。现地表被西电公司、庆安公司、远东公司、西安冶金机械厂、陕西精密合金厂等大型企业的车间、仓库、办公用房和宿舍楼等建筑物覆盖。地面遗迹仅存远东公司宿舍区南侧的一处夯土台基，俗称影山楼，应属汉代社稷遗址的一部分，地面无保护标志。遗址区内20世纪五六十年代所建各类房屋均为两三层砖木结构建筑，约占该遗址区内现有建筑的70%，下挖地基较浅，对遗址破坏程度较轻。20世纪80年代以来所建砖混结构的四五层办公楼和住宅楼对遗址破坏程度较大。人民面粉厂、冶金机械厂等近年新建的高层住宅楼，对地下遗迹本体和遗址景观均造成严重破坏。

（一五）其他重要遗址

汉长安城内其他汉代重要遗址还有高祖庙、明渠等。高祖庙遗址保存状况较差，明渠遗迹大部分保存状况较好，局部被房屋建筑叠压，并遭到现代灌溉水渠破坏。

城内东北部楼阁台遗址应属十六国、北朝时期宫殿区。楼阁台夯土台基南侧有面积较大的水塘，对台基侵蚀严重。

汉长安城遗址区遗迹保存现状评估表

遗迹类型	遗迹名称	保存现状	主要破坏因素	破坏速度	保护措施现状
城　墙	城墙东北角至宣平门段	破坏严重	人为	快	无
	宣平门至清明门段	较好	人为	快	无
	清明门至霸城门段	较差	自然与人为	中	无
	霸城门至城墙东南角段	较好	自然与人为	慢	无
	城墙东南角至覆盎门段	较好	自然与人为	慢	无
	覆盎门至安门段	较差	自然与人为	慢	无
	安门至西安门段	较好	自然与人为	慢	无
	西安门至城墙西南角段	较好	自然与人为	慢	无
	城墙西南角至章城门段	较差	自然与人为	中	无
	章城门至直城门段	较差	人为	快	无
	直城门至雍门段	破坏严重	人为	快	无
	雍门至城墙西北角段	破坏严重	人为	快	无
	城墙西北角至横门段	破坏严重	人为	快	无
	横门至厨城门段	破坏严重	人为	中	无
	厨城门至洛城门段	破坏严重	人为	快	无
	洛城门至城墙东北角段	较好	自然与人为	中	无
	西南角楼	较好	自然与人为	中	无
	西北角楼	较差	自然与人为	中	围栏
	东南角楼	较好	自然与人为	中	无
	东北角楼	较差	自然与人为	中	围栏
城　门	宣平门	较好	自然与人为	快	覆土保护
	清明门	破坏严重	人为	快	无
	霸城门	较好	自然与人为	快	覆土保护、基址复原
	覆盎门	较差	自然与人为	中	无

遗迹类型	遗迹名称	保存现状	主要破坏因素	破坏速度	保护措施现状
城　门	安门	破坏严重	自然与人为	快	无
	西安门	较好	自然与人为	快	无
	章城门	破坏严重	自然与人为	中	无
	直城门	较好	自然与人为	快	覆土保护
	雍门	较差	自然与人为	中	无
	横门	破坏严重	自然与人为	快	无
	厨城门	破坏严重	自然与人为	快	围栏
	洛城门	较好	自然与人为	快	覆土保护
城内外道路	宣平门内东西向大街	破坏严重	人为	快	无
	清明门内东西向大街	破坏严重	人为	快	无
	安门内南北向大街	破坏严重	人为	快	无
	直城门内东西向大街	较差	人为	慢	无
	雍门内东西向大街	较好	人为	慢	无
	横门内南北向大街	破坏严重	人为	快	无
	厨城门内南北向大街	破坏严重	人为	快	无
	洛城门内南北向大街	破坏严重	人为	快	无
	西安门外南北向大街	较差	人为	快	无
	环涂	较差	人为	快	无
城　壕	东城墙外城壕	破坏严重	自然与人为	快	无
	南城墙外城壕	较差	自然与人为	中	无
	西城墙外城壕	较好	人为	快	无
	北城墙外城壕	较好	人为	中	无
渠　道	明渠	较好	自然与人为	慢	无

遗迹类型			遗迹名称	保存现状	主要破坏因素	破坏速度	保护措施现状
宫 殿	未央宫	宫墙	北宫墙	破坏严重	人为	快	无
			西宫墙	较差	人为	快	无
			南宫墙	较好	人为	慢	无
			东宫墙	较差	人为	快	无
		角楼	西南角楼	较差	自然与人为	快	无
		宫门及门阙	东宫门	较好	人为	慢	无
			南宫门	较好	人为	快	无
			西宫门	破坏严重	人为	慢	无
			北宫门	破坏严重	人为	慢	无
			作室门	较差	人为	慢	无
		门阙	东宫门阙	较好	人为	慢	无
			北宫门阙	破坏严重	人为	慢	无
		宫内道路	南北向宫内道路（未央宫内东部）	较差	人为	快	无
			作室门内南北向宫内道路	较好	人为	慢	无
			东西向宫内道路（未央宫内北部）	较差	人为	快	无
			东西向宫内道路（未央宫内南部）	较好	人为	慢	无
		宫殿及官署建筑基址	前殿基址	较好	自然与人为	快	围栏
			天禄阁基址	较差	自然与人为	中	围栏
			石渠阁基址	较差	自然与人为	中	围栏
			未名夯土台	破坏严重	自然与人为	快	围栏
			椒房殿基址	较好	人为	慢	覆土保护
			中央官署建筑基址	较好	人为	慢	覆土保护
			少府建筑基址	较好	人为	慢	覆土保护

遗迹类型	遗迹名称			保存现状	主要破坏因素	破坏速度	保护措施现状
宫 殿	未央宫	宫殿及官署建筑基址	8号建筑基址	破坏严重	人为	快	无
			9号建筑基址	较好	人为	慢	无
			10号建筑基址	较好	人为	慢	无
			11号建筑基址	较好	人为	慢	无
			12号建筑基址	破坏严重	人为	快	无
			13号建筑基址	较好	人为	慢	无
			14号建筑基址	破坏严重	人为	快	无
		水体	沧池	较差	人为	慢	无
	长乐宫	宫墙及宫门	宫墙	较差	人为	中	无
			东、西、南宫门	较差	人为	中	无
			北宫门	尚待考古发现			
		宫殿基址	1号建筑基址	较好	自然与人为	慢	无
			2号建筑基址	较好	自然与人为	慢	无
			3号建筑基址	破坏严重	人为	快	无
			4号建筑基址	较好	自然与人为	慢	场馆保护
			5号建筑基址	较好	自然与人为	慢	场馆保护
			6号建筑基址	较好	自然与人为	慢	覆土保护、基址复原
			东部建筑基址	较好	自然与人为	慢	无
			西部建筑基址	较好	自然与人为	慢	无
		踩踏面		破坏严重	人为	快	无
		晚期窑址		较差	自然与人为	中	无
		宫内道路	霸城门内东西向道路	破坏严重	人为	中	无
			长乐宫南部偏北东西向道路	破坏严重	人为	中	无
			长乐宫南部偏南东西向道路	较好	自然与人为	慢	无

遗迹类型			遗迹名称		保存现状	主要破坏因素	破坏速度	保护措施现状
宫殿	长乐宫	宫内道路	覆盎门内南北向道路		较好	人为	中	无
			长乐宫西部南北向道路		较好	自然和人为	慢	无
	桂宫	宫墙及宫门	宫墙		较差	人为	中	无
			西、北、东宫门		破坏严重	人为	快	无
			南宫门		较好	自然与人为	中	无
		宫殿基址	1号建筑基址		较好	自然与人为	中	围栏
			2号建筑基址	南院遗址	较好	人为	慢	覆土保护
				北院遗址	较差	人为	中	覆土保护、基址复原
			3号遗址		较好	人为	慢	覆土保护
			4号建筑基址	西部建筑基址	较好	人为	慢	覆土保护
				东部建筑基址	较好	人为	慢	覆土保护
			5号建筑基址		较好	人为	慢	无
			6号建筑基址	南面台基	较好	人为	慢	无
				北面台基	较好	人为	慢	无
			7号建筑基址		破坏严重	人为	快	无
		宫内道路	南北道路		破坏严重	自然与人为	快	无
			东西道路		破坏严重	自然与人为	快	无
	北宫	宫墙及宫门	宫墙		较差	人为	快	无
			宫门		较差	人为	快	无
		制陶砖瓦窑址			较好	人为	慢	覆土保护
	明光宫				破坏严重	人为	快	无
武库			建筑基址		较好	人为	慢	覆土保护
东、西市			西市制陶作坊民窑址		较差	自然与人为	快	覆土保护
			西市制陶作坊官窑址		较差	人为	快	覆土保护

遗迹类型	遗迹名称			保存现状	主要破坏因素	破坏速度	保护措施现状
东、西市	西市冶铸遗址			较好	人为	慢	覆土保护
	西市铸钱遗址			较好	人为	慢	覆土保护
其 他	高祖庙			较差	自然与人为	快	无
	拜水台			较差	自然与人为	快	无
	楼阁台			较差	人为	慢	无
建章宫遗址	门阙	双凤阙		破坏严重	自然与人为	中	无
	宫殿	前殿基址		破坏严重	自然与人为	快	无
	台阙	神明台		较好	自然与人为	中	无
		太液池夯台		破坏严重	人为	慢	无
	太液池			较差	自然与人为	慢	无
礼制建筑遗址	宗庙遗址	1号建筑基址		较差	人为	中	无
		2号建筑基址		破坏严重	人为	中	无
		3号建筑基址		较差	人为	中	无
		4号建筑基址		较差	人为	中	无
		5号建筑基址		较差	人为	中	无
		6号建筑基址		破坏严重	人为	中	无
		7号建筑基址		破坏严重	人为	中	无
		8号建筑基址		破坏严重	人为	快	无
		9号建筑基址		破坏严重	人为	中	无
		10号建筑基址		较差	人为	中	无
		11号建筑基址		破坏严重	人为	中	无
		12号建筑基址		破坏严重	人为	中	无
	社稷遗址	13号建筑基址（影山楼）		较差	人为	快	无
		14号建筑基址		较差	人为	快	无
	明堂辟雍遗址			较差	人为	快	无

二 破坏因素

分析汉长安城遗址目前所面临的破坏成因,主要包括以下几个方面(图11～14):

(一)人为破坏

汉长安城遗址行政区划隶属于西安市未央区四个街道办事处(汉城、未央宫、三桥、六村堡街道办事处)。遗址范围内有五十四个行政村,五万多农业人口,各村落与汉代遗迹相接或者相叠压。近年来,日益增长的人口、便利的交通、经济利益的驱动,使遗址不断受到蚕食和破坏。

1.道路对遗址的破坏

保护区内五万居民为发展经济,没有征得文物部门同意自发修筑乡村公路;区内街道办事处为落实西安市政府"村村通公路",计划改建或新修邓六路、风景路、石化大道、罗高路和丰产路等,这些道路极大地破坏了长安城原有格局与城墙的完整性。目前,汉长安城内修筑的乡村路总长约94.62公里,占地面积约0.57平方公里。在遗址附近修建公路和铁路,不仅修建过程中会破坏遗址,而且车辆行驶震动,也会造成遗址裂缝、坍塌。

2.农民盖房对遗址的破坏

保护区内大多数村落房基是历史遗留下来的,现有房基面积约6.2平方公里。近年来,随着政府对城中村改造力度的加大,原城中村人口和里面的租住户大量涌入距离城中心很近的汉长安城遗址区,因此,遗址区内的农房建设进入高峰。农房建设不仅要平整土地,而且要开挖房基,对遗址重要部位破坏性更大。这种现象近年来比较突出。

3.种植业对遗址的破坏

遗址区不仅地面上有夯土遗址,地面下的宫殿基址距地表仅40～50厘米。多年来,高于地表的夯土台基、城墙等因农民的耕种作业而被夷平,而埋藏浅的建筑遗址,深耕、退耕种树都将造成一定破坏。许多植物根系较深,对地下的遗址造成的破坏更大。农田灌溉水利的冲刷和积淤对遗址也造成一定的破坏。

4. 荷塘、鱼池对遗址的破坏

遗址保护区域内分布有大量的荷塘和鱼池，尤其在东北部，大量种植莲菜，对地下遗址造成严重的破坏。池塘的开挖深度直接到达遗址层以下，同时池水下渗，也对地下遗址层造成毁灭性破坏。

5. 工业企业对遗址的破坏

近年来，随着遗址保护区内道路设施的建设，遗址内的违章建设活动愈演愈烈。

据 2000 年统计，城墙外 100 米建设控制地带范围内有各类违章企业百余家，城墙内企业一百一十六家，共占地 710 多亩；2004 年统计，保护区内的违章企业不断增多，已达二百多家，在四年内，企业数量增长将近两倍。这些企业直接修筑于遗址之上，对遗址保护区域的空气、土壤、水质等造成污染，对遗址环境风貌破坏严重。城西建章宫遗址绝大部分已经被仓库和铁路占压。

6. 盗掘、偷盗

随着社会的发展，遗址区群众在经济利益的驱使下，与文物犯罪分子勾结，盗挖遗址的现象时有发生。近两年，先后发生了建章宫神明台遗址附近盗掘瓦当、相家巷南盗挖古钱币、西安门遗址盗挖城墙遗址等违法犯罪事件，对遗址造成相当严重的破坏。

7. 其他破坏

遗址区内居民取土、修建坟墓、倾倒垃圾、修建水渠等也对遗址构成威胁。

人为破坏因素是目前汉长安城遗址保护面临的最大威胁。

（二）自然环境破坏

主要指自然界风蚀、风化、冻融、雨水、动植物、水质和环境污染等因素，对现存地面的夯土遗址和地下遗迹造成不同程度的破坏。

1. 风蚀

风蚀主要包括风吹蚀和磨蚀两种。在风蚀作用下，遗址的墙面千疮百孔，有的墙面凹凸不平，呈蜂窝状，有的呈鳞片状龟裂剥离，甚至有的墙体局部被风蚀穿透。遗址的墙基大部分被风蚀凹进，使墙体呈现到处的"棒槌山"，很容易造成坍塌毁坏。风蚀现象在城址中不太显著，只在局部发现，如神明台、未央宫夯土台遗址，城墙西北角等裸露在空

图 11　汉长安城遗址遭受破坏情况（植物影响）

图 12　汉长安城遗址遭受破坏情况（垃圾）

图 13　汉长安城遗址遭受破坏情况（坟墓）

图 14　汉长安城遗址遭受破坏情况（夯土剥落）

气中的部位比较明显。

2.墙体开裂、坍塌

强烈日温差引起反复涨缩以及地震、冻融作用和卸荷等，使遗址产生纵横交错的裂隙。在遗址内，长期雨水侵蚀，裂隙逐渐延伸，开裂、坍塌的残墙断壁随处可见。此外，乔灌木的根系比较发达，其生长会加速裂隙的发育，导致墙体坍塌。墙体开裂、坍塌现象在汉长安城四周城墙及各个夯土台基遗址都有发现，较为普遍，危害显著。坍塌情况在神明台、东北角段城墙部较突出。

3.夯土墙、台面片状剥离

在干湿作用下，墙体表面上形成片状硬壳附在墙体上，受风力或其他因素的影响，墙体呈片状剥离。片状剥离现象在城墙及夯土台基中比较普遍，几乎所有的裸露城墙段都存在此项危害。

4.雨水冲蚀、冲沟发育

西安地区属暖温带，半湿润的季风性气候区，雨量适中，四季分明，年平均气温在 14℃左右，平均降雨量在 600 毫米左右，夏、秋季偶有大的降水。缓慢的降水，由于水体分散，流速缓慢，动能很小，因此，机械冲刷能力很弱，只能将松散的细小粉沙、泥土物质冲走，但大多数的古遗址墙体、墙基均有不同程度的开裂，雨水进入其中，冲刷、溶解等作用致使其孔隙加大，结构变得松散，还破坏其颗粒间的结合力。由于裂隙的存在，雨水流入后，不但加速裂隙的发展，还导致大面积的古遗址墙体、墙基的坍塌，形成冲沟，对残存的古遗址墙体、墙基造成致命的破坏。另外，由于地下水的渗透，水分持续不断由地下向外挥发，造成化学风化，天长日久，使裸露的遗存因水土流失而荡然无存。此项危害普遍存在。

5. 风化

墙体及夯土台基含有大量可溶性盐，随雨水迁移富集在墙基处，随环境温湿度的频繁变化，其溶解收缩→结晶膨胀→再收缩→再膨胀，产生风化。风化是汉长安城地面裸露遗址受自然环境侵蚀最普遍的病害，也是加速上述各种危害发展的重要因素。其主要包括物理风化、化学风化、生物风化三种。

6. 生物破坏

主要指动植物对遗址的破坏。由于生物的活动，对田野文物产生机械性破坏作用，如蚂蚁、蚯蚓、老鼠等钻洞取土。再如生长在裂隙中的植物随着生长发育，其根部可撑裂地下文物，使裂隙不断扩大加深，导致夯土裂缝，加快风化过程，造成较大破坏[1]。

---

① 陈祖群、赵荣、权东计、王建新、陈稳亮《大遗址保护中的破坏因素：汉长安城案例与思考》，《建筑知识》2005 年第 2 期。

叁　汉长安城遗址保护与管理

一　考古工作

西汉以后，历史上涉及汉长安城内容的著作众多，比较著名的如《三辅黄图》，北宋宋敏求的《长安志》，南宋程大昌的《雍录》，元代骆天骧的《类编长安志》和清代顾炎武的《历代宅京记》等，这些古籍中有关汉长安城方面的内容，应该是著作者运用史料和实地调查相结合的成果。清乾隆时期陕西巡抚毕沅对关中地区名胜进行了实地调查，对帝陵及名人墓立碑书名，建立标志，并著有《关中胜迹图志》。

20世纪50年代中期以后，中国科学院考古研究所（1977年改称中国社会科学院考古研究所）汉长安城工作队对汉长安城遗址展开近半个世纪的大规模田野考古工作，取得了丰硕的成果。

汉长安城遗址的田野考古工作开展伊始，就提出"对于这样的一个规模巨大的历史名城，考古发掘的计划必须是长远的：首先要究明城墙和城门，然后再有步骤地发掘政治中心所在的各个宫殿，以及城内的街道、手工业区、商业区、官府、贵族宅邸和一般的居住区，最后还要把工作范围扩大到城外的离宫别馆和宗庙、陵墓等等"[1]。

依照考古计划，首先展开的是城址的考古勘察。1956年10月，中国科学院考古研究所汉长安城工作队勘察了汉长安城遗址范围、城墙分布、城门地望、城内主要道路，准备发掘。1957年，对直城门、西安门、霸城门和宣平门进行了发掘，探明了城墙的范围。1958年10月，中国科学院考古研究所汉城工作队配合基建工程，对西安市西郊汉长安城南郊的礼制建筑遗址群进行了考古发掘工作。同一时期，还对未央宫、长乐宫、桂宫、建章宫进行了勘探，并踏察了上林苑和昆明池。

---

① 　王仲殊《汉长安城考古工作的初步收获》，《考古通讯》1957年第5期。

70 年代的考古工作主要是发掘了武库遗址和长乐宫宫殿遗址。八九十年代，对未央宫前殿 A 区和 B 区遗址、椒房殿、少府（或其所辖官署）、中央官署、宫城西南角楼遗址及桂宫 1、2（南区和北区）、3、4 号建筑遗址进行了大规模考古发掘。进入 21 世纪后，主要对长乐宫 2、4、5、6 号建筑遗址和建章宫铸币遗址进行了一系列发掘，使一座座汉代皇室宫殿、官署等重要建筑遗址的神秘面纱被揭开。同时，对汉长安城遗址中的晚期宫城遗址、上林苑及昆明池遗址也进行了大量考古调查、勘探与试掘。

通过对汉长安城遗址的考古勘察、发掘和研究，现已探清其分布范围，基本明确了城墙、城门、宫城、宗庙、社稷、武库、市场、手工业作坊区，以及重要皇家离宫、苑囿的地望和形制等。在考古工作中，获得了一大批重要的汉代遗物，其中出土最多的是各种砖瓦、瓦当等建筑材料。皇宫木简出土数量不多，但学术价值非同一般。两千多枚秦汉封泥、五万多件刻字骨签的出土，是秦汉都城考古的重大发现。至于数量惊人的皇家兵器在武库的出土，数以千计为帝陵随葬使用的裸体陶俑的清理，大量钱范的发现等，使人们对汉长安城的考古文化有了更全面的认识。这些考古资料成为再现这座古代世界著名大都会的历史素材，为人们展现出一幅丰富多彩、气势博大的西汉时期的历史画卷。

（一）城墙、城门遗址

1956 年 10 月，中国科学院考古研究所汉长安城工作队开始对汉长安城遗址考古勘察，初步探明城墙构成及范围等。城墙为黄土版筑而成，墙底部宽 16 米左右。经过测绘和校验四面城墙，以南墙最长，为 7453 米，北墙次之长，为 6878 米，东墙 5917 米，西墙最短为 4766 米。除东墙平直外，其他三面墙都有曲折，以北墙和南墙最为明显。城墙周长 25014 米，城垣内面积 34.39 平方公里。

1957 年，中国科学院考古研究所汉城工作队对霸城门、西安门、直城门（北门道）和宣平门等门址进行了考古发掘。

1987 年，试掘横门。

1999 年和 2003 年，分别对城墙东北角和西北角、城墙西南角遗址进行了考古钻探和发掘。考古发现，城墙转角均有角楼遗址。

2008 年，在实施保护工程前期，先后对直城门、西安门东侧房址

图 15　西安门东门道遗址

进行了考古发掘，在两个门址均发现大型地下排水涵洞（图 15～17）。

发掘材料表明，每座城门为三个门道，每个城门隔墙宽度不尽相同，中间隔墙宽者 14 米，窄者 4 米，门道 7.7～8 米。直城门、宣平门中门道窄于两旁门道，而西安门、霸城门则三门道同宽。根据发现的车辙遗迹推测，每个门道可并排通行四辆车，三门道总共可有十二辆车并行。面对长乐宫、未央宫的霸城门、西安门中间隔墙各宽 14 米，使城门显得更壮观、宏伟。东墙的城门外有凸出的夯土遗迹，其状如阙址。宣平门为东城墙最北城门，历史上对其记载较多，是一处重要和长期使用的城门。发掘表明，西汉以后，经过东汉、后赵、北周等几个朝代的修复重建，此城一直沿用到隋代初年①。

城门遗址的考古资料对于研究古代城门构成、规格及城门制度沿革有重要的研究意义。

---

① 王仲殊《汉长安城考古工作的初步收获》，《考古通讯》1957 年第 5 期；《汉长安城考古工作的初步收获续记——宣平门的发掘》，《考古通讯》1958 年第 4 期。

图 16　西安门东门道下排水涵洞遗址
图 17　中国社会科学院学部委员刘庆柱指导直城门遗址考古发掘工作现场
图 18　安门内大街遗址发掘现场

（二）道路遗址

考古发现，汉长安城内有八条主要大街，即安门内大街、横门内大街、宣平门内大街、清明门内大街、洛城门内大街、直城门内大街、雍门内大街、厨城门内大街。其中以安门内大街最长，洛城门内大街最短（图18）。大街各宽45～56米。每条大街均分为三道，中道宽20米，即文献所说的"驰道"；中道两侧各有一道，宽约12米，其间以排水沟相隔。排水沟系明沟，宽约0.9米，深约0.45米。排水沟通至城门之下，以砖石材料构筑成的大型排水涵洞可将水排往城外城壕[①]。城墙内侧筑有环城道路，据文献可称为"环涂"或"徼道"，宽6米（局部地段宽达30米）。城门外大街只发现一条西安门外大街，宽约60米，不分道，推测其他城门外也应有大街。此外，未央宫、长乐宫和桂宫遗址区范围内，都发现有多条宫内道路。

（三）未央宫遗址

自20世纪80年代始，中国社会科学院考古研究所汉长安城工作队对未央宫展开一系列的考古工作。考古发现宫区平面近方形，四面夯筑宫墙，宫墙周长8800米，基宽7～8米，东、西墙各长2150米，南、北墙各长2250米，总面积约55平方公里，约占汉长安城总面积的七分之一。宫墙四面有宫门和掖门，北宫门和东宫门外有门阙。宫内已知各类建筑基址十四处，其中地面夯土台基四处，已经考古发掘的地下遗址五处（图19～25）。

1980年，发掘前殿西南部A区遗址和东北部B区遗址。A区遗址发现四十六间房址，依次在前殿夯台南北排列。从房址中出土的兵器、工具、生活用品和记录治病、健身内容的木简等遗物来看，这组房址的居住者可能是西汉至王莽时期服务于皇室的一般工作人员。他们在皇宫从事保卫、医疗和正常的管理、劳务等活动。东北部B区遗址发现四座小房屋，根据房屋内出土物判断，可能是守卫人员用房。该建筑的使用时间之长几乎与西汉一代相始终[②]。

---

① 刘庆柱、李毓芳《汉长安城》，文物出版社，2003年。
② 刘庆柱、李毓芳《汉长安城》，文物出版社，2003年。

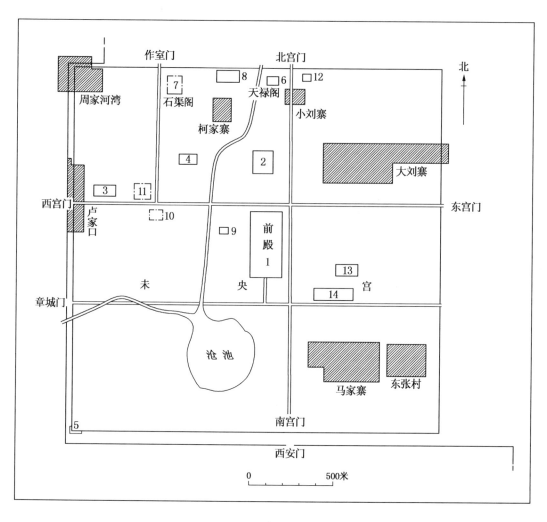

图 19　未央宫遗址平面图（采自刘庆柱、李毓芳《汉长安城》）

1.前殿建筑遗址　2.椒房殿建筑遗址　3.中央官署建筑遗址　4.少府建筑遗址　5.宫城西南角楼建筑遗址
6.天禄阁建筑遗址　7.石渠阁建筑遗址　8～14.第8～14号建筑遗址

　　1980 年至 1983 年，钻探发掘未央宫 2 号遗址（椒房殿遗址）。其
位于前殿正北 330 米处，发掘面积 1.24 万平方米。遗址由正殿、配殿
和附属建筑三部分组成。依据发掘结果并结合文献记载，从地望、规模
等方面分析，此建筑系椒房殿遗址。椒房殿为西汉后宫之首。通过考古
发掘工作，明确了西汉皇后之宫的形制特点①。

　　1985 年 9 月至 1987 年 5 月，发掘未央宫 3 号遗址（中央官署遗

————————

①　中国社会科学院考古研究所汉长安城工作队《汉长安城未央宫第二号遗址发掘简报》，《考古》
1992 年第 8 期。

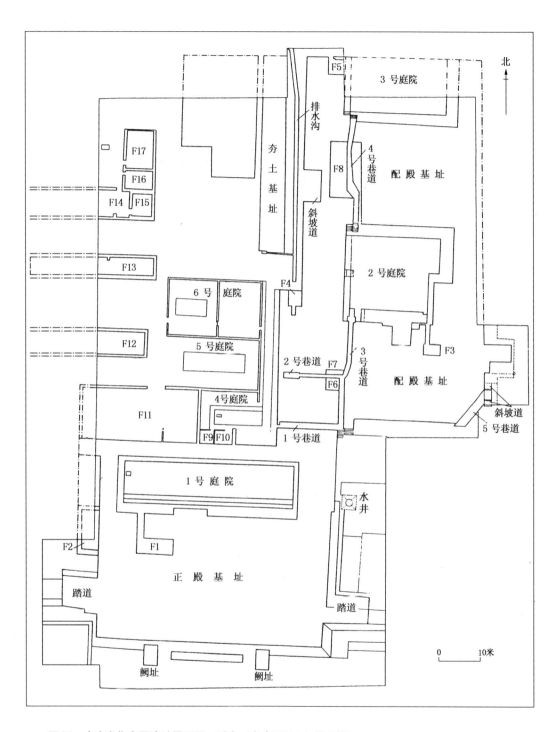

图20 未央宫椒房殿遗址平面图（采自《考古》1992 年第 8 期）

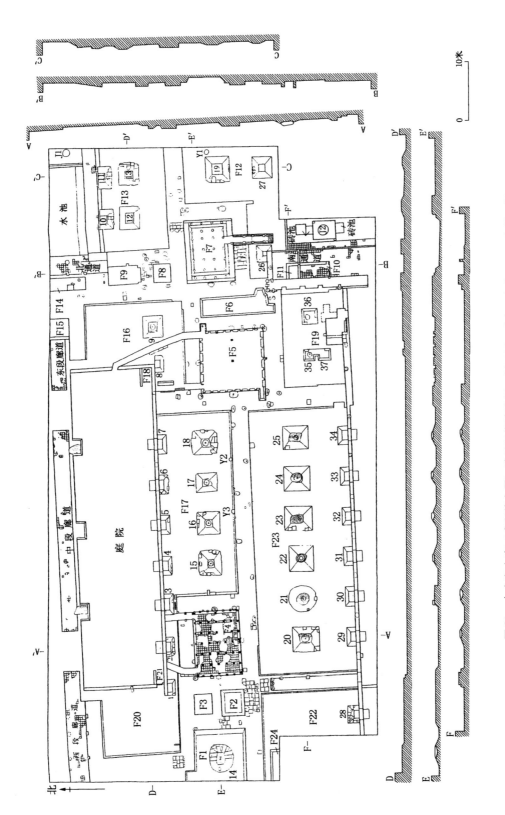

图 21 未央宫少府（或所辖官署）遗址早期遗迹平、剖面图（采自《考古》1993 年第 1 期）

1～8. 檐柱础墩 9. 大础墩 10、11. 檐柱础墩 12～27. 大础墩 28～34. 大础墩 35～37. 大础墩

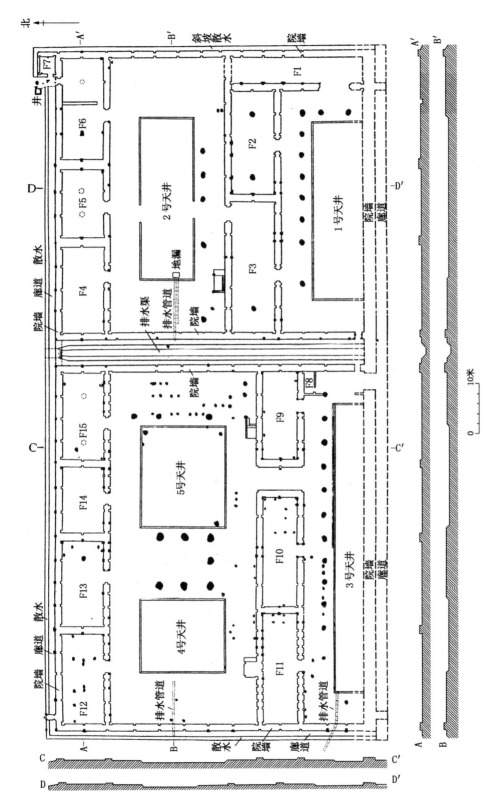

图 22 未央宫中央官署遗址平、剖面图（采自《考古》1989 年第 1 期）

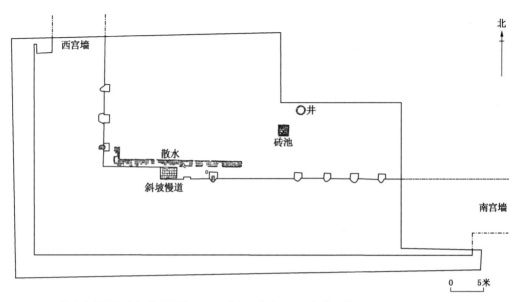

图 23 未央宫宫城西南角楼遗址平面图（采自《考古》1996 年第 3 期）

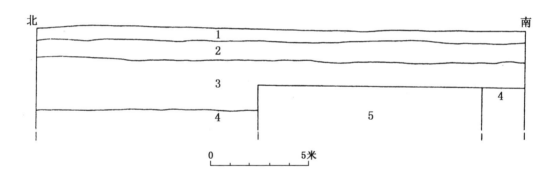

图 24 未央宫宫城西南角楼遗址 T2 东壁剖面图（采自《考古》1996 年第 3 期）

1. 耕土 2. 扰土层 3. 汉代文化层 4. 汉代地面 5. 角楼夯土基址

图 25 未央宫宫城西南角楼出土"卫"字瓦当
（拓本，采自《考古》1996 年第 3 期）

址）。其位于前殿西 850 米，发掘面积 9461 平方米。遗址显现为一处封闭院落建筑。中央的南北向排水渠将院落分为东、西院，最为重要的是出土了六万余枚骨签，其中刻有文字的有五万七千余枚。这些文字记录着物品的有关数据和年代、管理者及官职等信息，对于了解西汉时期中央官署的情况有重要研究意义。依据考古资料推测，该遗址应属于西汉王朝中央政府或皇室管辖有关郡国工官的官署[①]。

1987 年 9 月至 1988 年 5 月，发掘未央宫 4 号遗址（少府建筑遗址）。其位于前殿西北 400 余米，发掘面积 6000 余平方米，建筑形制考究特殊，室内柱基础和垫石等为首见，出土百余枚封泥，对研究其建筑性质和官吏制度有重要研究意义。其中大量封泥为"汤官饮监章"，"汤官"为少府属官，这也是该遗址作为少府或所辖主要官署建筑遗址的又一重要佐证[②]。

1988 年 10 月至 1989 年 4 月，发掘未央宫 5 号遗址（宫城西南角楼遗址）。其位于汉长安城西墙与南墙交汇处以内，发掘面积 1976 平方米。发现了通向宫墙的坡道和卫字瓦当，卫应为"卫尉"寺省称，"卫尉"负责宫城的保卫与安全，说明遗址具有卫戍性质。遗址内出土了不少兵器，如剑、矛、弩机、弹丸等，还有铠甲片、胄片、陶盆、陶灯等，表明此处有常驻的守卫士兵[③]。

通过上述未央宫遗址的考古发掘及对未央宫宫墙、北宫门、东宫门、作室门等多处遗址的试掘，以及宫内道路和沧池的钻探工作，大致明确了未央宫内遗址的分布格局，这些考古工作对西汉皇宫——未央宫的深入研究极为重要。

（四）长乐宫遗址

经考古勘察，长乐宫遗址平面近方形，四周夯筑宫墙，周长 10760 米，基宽 6～7 米，东墙长 2280 米，南墙长 3280 米，西墙长 2150 米，北墙长 3050 米，总面积约 6 平方公里，约占城内总面积的六分之一。

---

① 中国社会科学院考古研究所汉长安城工作队《汉长安城未央宫第三号遗址发掘简报》，《考古》1989 年第 1 期。
② 中国社会科学院考古研究所汉长安城工作队《汉长安城未央宫第四号遗址发掘简报》，《考古》1993 年第 11 期。
③ 中国社会科学院考古研究所汉长安城工作队《汉长安城未央宫西南角楼遗址发掘简报》，《考古》1996 年第 3 期。

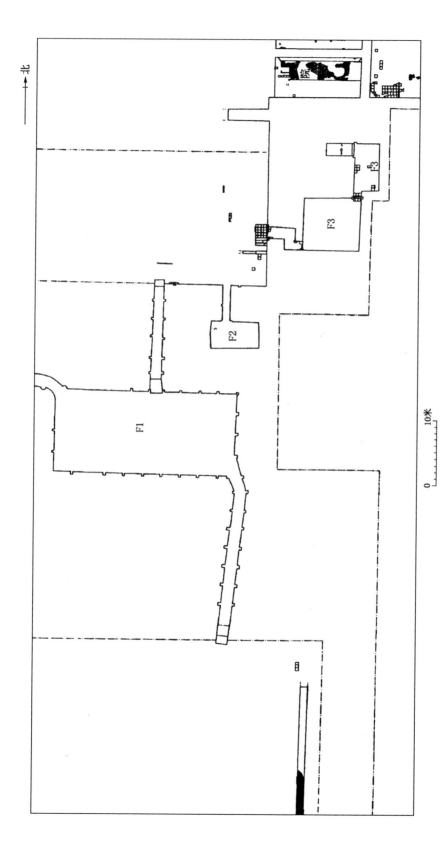

图 26　长乐宫 2 号早期建筑遗址平面图（采自《考古学报》2004 年第 1 期）

宫墙东、西、南三面各有一门①。宫内地面遗迹大部分已毁，已探明各类建筑基址八处，均为地下遗迹，已经考古发掘的遗址有六处。20世纪70年代末，对长乐宫1号建筑遗址进行了考古发掘。其位于遗址内罗家寨村北部，院落南北长550米，东西宽420米。宫殿建筑居院落之中，周以回廊，外有散水。有的学者认为这是太后宫殿中的长信宫②。

2002年秋至2003年春，发掘长乐宫2号建筑遗址。其位于罗家寨村西，发掘面积1500平方米，钻探和试掘遗址面积3000平方米，包括早期的汉代建筑遗迹和晚期北朝时期的窑址。其中汉代建筑遗址为宫殿建筑基址、附属建筑和院落。整个建筑布局较自由，不规整，推测为休息闲居之所。发现北周时期的窑址共十二座，其中有些已经打破了汉代遗址，有的窑内排列有未烧制完成的板瓦③（图26、27）。

2003年春季，考古钻探和试掘了位于罗家寨村西南的长乐宫3号建筑遗址。

2003年10月至2004年1月，发掘位于罗家寨村北的长乐宫4号建筑遗址，发掘面积2000平方米，包括院墙、夯土台基、庭院、附属建筑、排水系统等。在遗址偏东南的夯土台发现东西两处半地下建筑。1号房址的房屋建筑居夯台中部，南北长26米，东西最宽处24米。除了四周的壁柱外，还有四十个独立柱，房屋地面及四壁结构分为早晚两期。夯台东侧2号房址的半地下建筑遗址分为主室、附室、侧室、通道、楼梯间等，由南向北相连组成，主室地面和楼梯间的台阶上都发现有"涂朱"现象。1号房址规模宏大，做工考究。通道一侧设门房一类建筑，应是比较重要的处理政务的场所。2号房址形制特殊，单间规模虽小，但柱子少，室内空间大，特别是主室的南室面积最大，地面涂朱，并出土彩绘壁画残块。其北有套间，东有侧室，北通道以北又有附室，应是重要的日常生活居所。长乐宫4号建筑遗址是长乐宫内一处十分重要的宫殿建筑遗址，对于长乐宫形制布局及西汉建筑技术的研究具有珍贵的参考价值④（图28、29）。

---

① 刘庆柱、李毓芳《汉长安城》，文物出版社，2003年。
② 李遇春《汉长安城的发掘与研究》，《汉唐边疆考古研究》（第一辑），科学出版社，1994年。
③ 中国社会科学院考古研究所汉长安城工作队《汉长安城长乐宫二号建筑遗址发掘简报》，《考古学报》2004年第1期。
④ 中国社会科学院考古研究所汉长安城工作队《西安市汉长安城长乐宫四号建筑遗址》，《考古》2006年第10期。

图 27　长乐宫 2 号早期建筑遗址出土遗物

1.方砖（T1③:54）　2.筒瓦（T3③:66）　3.板瓦（T8③:38）　4.半瓦当（T1②:13）
5.漩涡纹瓦当（T1②:14）　6.A 型云纹瓦当（T8③:12）

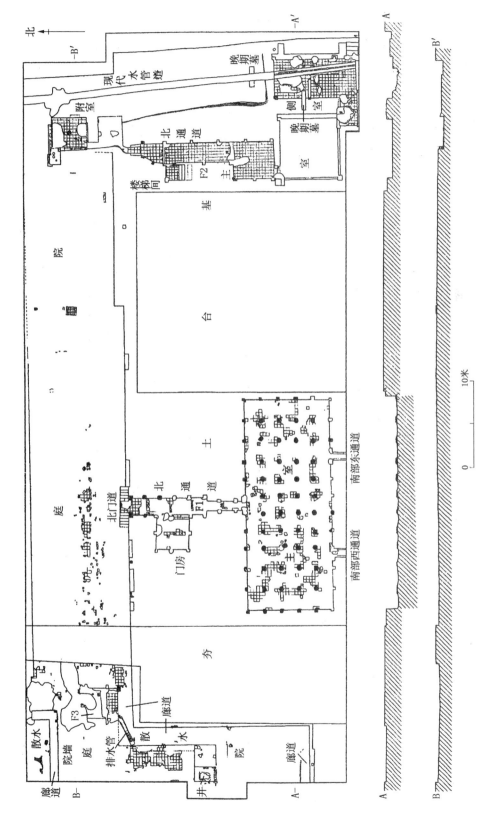

图 28 长乐宫 4 号建筑遗址平、剖面图（采自《考古》2006 年第 10 期）

图 29　长乐宫 4 号建筑遗址出土瓦当（拓本，采自《考古》2006 年第 10 期）

1. D 型云纹瓦当（T4③:1）　2. □□"无极"瓦当（T2③:2）　3. B 型云纹瓦当（T24③:2）　4."长乐
未央"瓦当（T3③:1）　5. A 型云纹瓦当（T20③:2）　6. C 型云纹瓦当（T1③:1）

　　2004 年 10 月至 12 月，发掘长乐宫 5 号建筑遗址，发掘面积 1369
平方米。遗址主要由南部的主体建筑 2 号房址及附属建筑的北部庭院组
成。1 号房址室内东西长 27 米，南北宽 6.7 米，平面呈长方形。四周有
很厚的夯土墙，南墙最厚达 5.5 米，北墙最薄 3.5 米。室内地面以厚
条砖侧铺，并形成坡面倾向中央的排水沟，后接于地下的五角形排水管

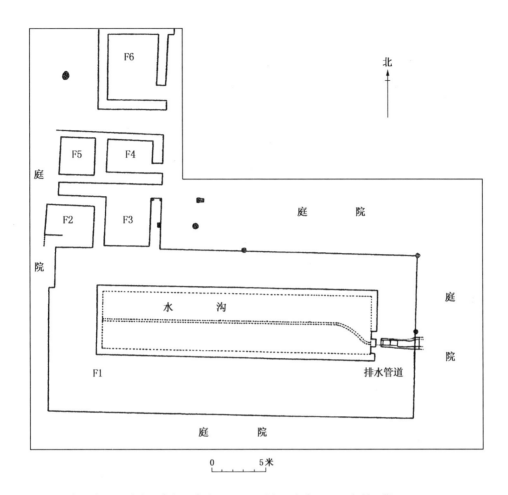

图 30　长乐宫 5 号建筑（凌室）遗址平面图（采自《考古》2005 年第 9 期）

引向室外。依据考古资料，5 号遗址被认为是长乐宫内用于藏冰的凌室遗址。凌室建筑遗址形制独特，系首次发现的西汉时期的藏冰遗迹，为研究西汉建筑的多样性和西汉宫廷生活增添了新的实物资料[①]（图 30）。

2005 年 10 月至 12 月，发掘长乐宫 6 号建筑遗址，发掘面积约 2000 余平方米。其北与北面的 4 号遗址相邻。遗址除发现有夯台基址和院落外，较重要的是发现一组排水设施，有相连的两处沉淀池将院内积水沉淀后，再排入地下的排水管道。

经过上述的考古工作及历史上的考古勘探、调查，目前长乐宫的范围和宫殿基本布局、形制都已经比较明确，为今后的保护展示工作奠

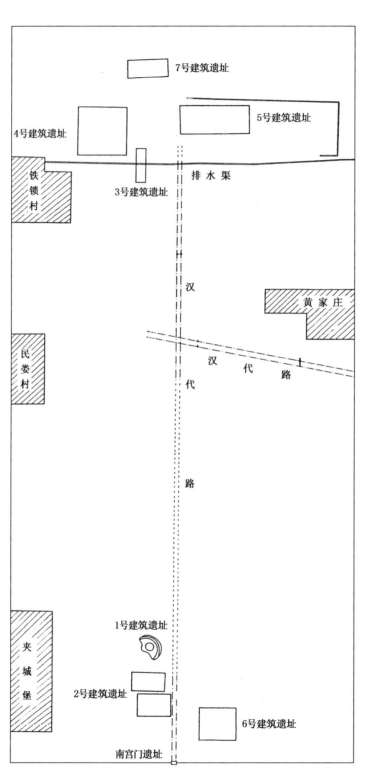

图 31 桂宫遗址平面图（采自《汉长安城考古与汉文化》）

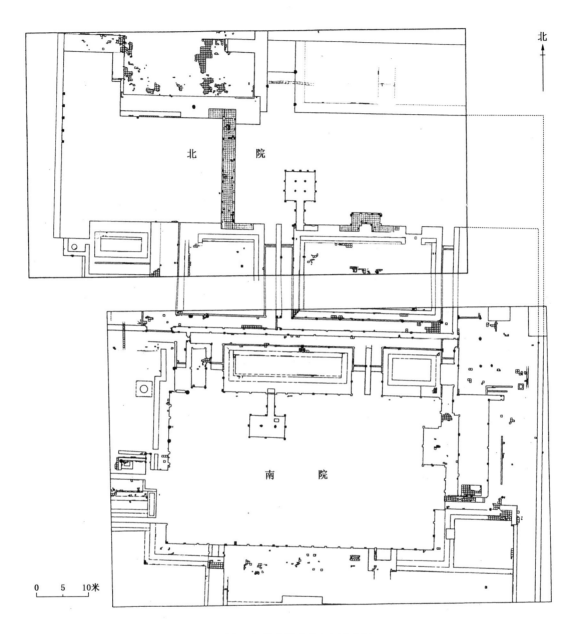

图 32　桂宫 2 号建筑遗址平面图（采自《汉长安城考古与汉文化》）

定了良好的基础。

（五）桂宫遗址

桂宫四面夯筑宫墙，墙基宽 4～5 米，周长 5480 米，南北长约 1840 米，东西宽约 900 米，总面积约 1.66 平方公里，约占汉长安城总面积的二十分之一（图 31）。宫内已探明各类建筑基址十余处，其中包

图 33　桂宫 2 号建筑遗址出土云纹瓦当（采自《汉长安城考古与汉文化》）

1. 11D 式（2 南：T1 ③：65）　2. 11D 式（2 南：T8 ③：11）　3. 11D 式（2 南：T1 ③：2）
4. 11D 式（2 南：T7 ③：63）　5. 12 式（2 南：T6 ③：30）　6. 16 式（2 南：T8 ③：34）

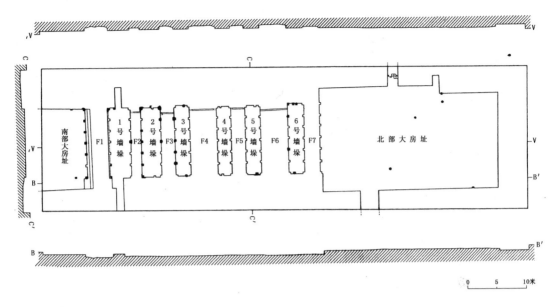

図34　桂宮 3 号建筑遗址平、剖面图（采自《考古》2001 年第 1 期）

括地面夯土台基一处。六处地下建筑基址已完成考古发掘。

1997 年至 2001 年，由中国社会科学院考古研究所和日本奈良国立文化财研究所组成的中日联合考古队对夹城堡村、铁锁村一带的桂宫建筑遗址进行了一系列考古发掘工作。

1997 年 11 月至 1998 年 5 月，发掘 2 号建筑遗址（A 区，即南区），发掘面积 4700 平方米。遗址分南北两院，此次发掘为南院。遗址主体是位于中部的殿堂夯土台基，东西长 51 米，南北宽 29 米。夯台北部有一甲字形半地下屋址，东部有一通过夯台南北向半地下通道。殿台基南有东西二阶，为上殿门道，台基北亦有二上殿坡道。北部有两天井院，并有门道通向北部。台基周围有廊道，以及由鹅卵石和碎瓦片组成的散水。据发掘情况推测，这是桂宫内一处重要宫殿，或者是桂宫主殿①。

1998 年 10 月至 1999 年 4 月发掘，2 号建筑遗址（B 区，即北区），发掘面积 3864 平方米（图 32、33）。这是 2 号遗址的北院，主要建筑遗迹为殿堂基址、地下通道和院落等。殿堂基址位于中部，东西 25 米，南北最宽处 32 米。其南北部各有东西两个大殿门道。在其中部有一贯

---

① 中国社会科学院考古研究所、日本奈良国立文化财研究所中日联合考古队《汉长安城桂宫二号建筑遗址发掘简报》，《考古》1999 年第 1 期。

图 35　桂宫 3 号建筑遗址

图 36　桂宫 3 号建筑排水渠遗址

图 37　桂宫 3 号建筑排水渠遗址

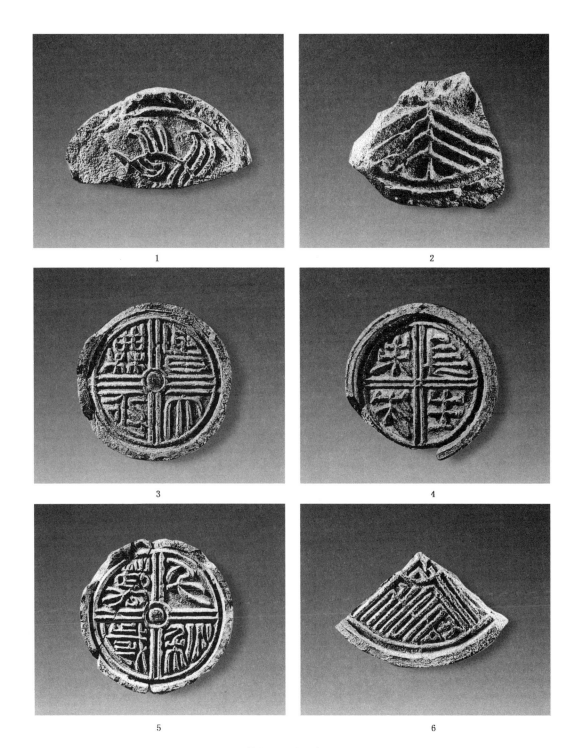

图38　桂宫 3 号建筑遗址出土瓦当

1.变形葵纹瓦当（3：T3③：17）　2.树木纹瓦当（3：T1：90）　3."与天无极"瓦当（3：T1：41）
4."长生未央"瓦当（3：T2③：27）　5."千秋万岁"瓦当（3：T1③：86）　6."□□□寿"瓦当
（3：T2③：1）

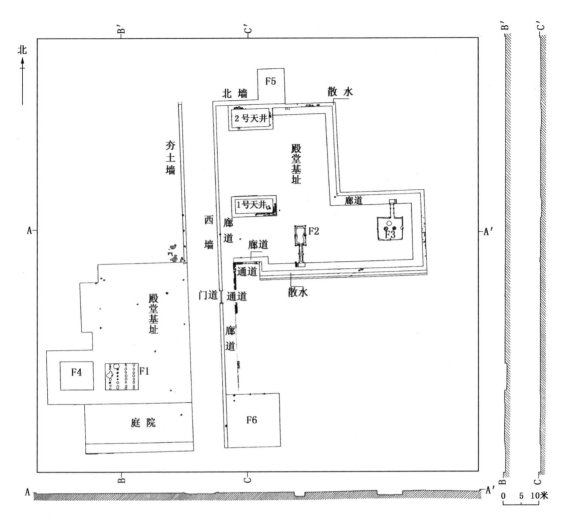

图 39 桂宫 4 号建筑遗址平、剖面图（采自《考古》2002 年第 1 期）

穿南北地下通道，主道宽 1.8 米。殿堂南部院落与 2 号遗址 A 区相连，北部院落与北面的地面夯土高台相接。所以，A 区和 B 区应是一组完整的宫殿建筑。桂宫 2 号遗址 A 区和 B 区建筑基址及其北面的夯筑高台应分别为同一组建筑中的前殿、后殿与宫苑建筑遗址①。

1999 年下半年至 2000 年上半年发掘 3 号建筑遗址，发掘面积为 2016 平方米。其由南北两个大房址及其之间的七座小房址组成。七座小房址均坐东向西，平面呈长方或长条状，宽度 1.7 ～ 4.7 米，长度 10 米余，墙厚 2.5 ～ 3.8 米，壁柱繁密。据遗迹分析，这应是桂宫中

---

① 中国社会科学院考古研究所、日本奈良国立文化财研究所中日联合考古队《汉长安城桂宫二号建筑遗址 B 区发掘简报》，《考古》2000 年第 1 期。

图 40　桂宫 4 号建筑遗址

的一处仓储遗址。仓储建筑在桂宫的发现，为研究桂宫的布局、结构提供了重要的资料①（图 34 ～ 38）。

2000 年秋至 2001 年春，发掘 4 号建筑遗址，发掘面积 14880 平方米。遗址以中间南北通道为界，分成东西两部分。西侧由殿基其上的两处房址及南庭院组成。东侧较复杂，由曲尺形的殿址，周边的廊道、散水及两处天井院、四处房址和隔墙等组成。整个建筑布局松散，不规整，可能为后妃们在宫中进行宫事活动的辅助地点及主要生活区。其为我们研究宫城内宫殿建筑格局提供了宝贵的资料②（图 39、40）。

（六）武库遗址

1962 年，中国科学院考古研究所汉长安城工作队对武库遗址进行了初步钻探。1975 年秋季、1976 年夏季、1977 年夏季和秋季，汉城工

① 中国社会科学院考古研究所、日本奈良国立文化财研究所中日联合考古队《汉长安城桂宫三号建筑遗址发掘简报》，《考古》2001 年第 1 期。
② 中国社会科学院考古研究所、日本奈良国立文化财研究所中日联合考古队《汉长安城桂宫四号建筑遗址发掘简报》，《考古》2002 年第 1 期。

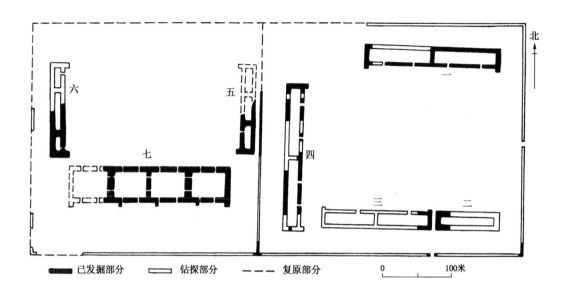

北

已发掘部分　　　钻探部分　　　复原部分　　　0　　　100米

图 41　武库遗址平面复原、分布图（采自《考古》1978 年第 4 期）

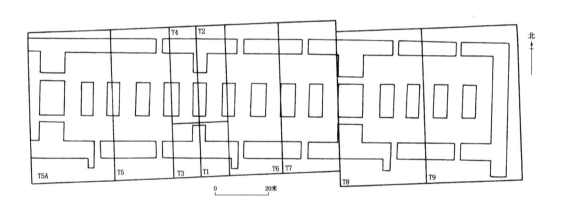

北

0　　20米

图 42　武库 7 号建筑遗址探方分布图（采自《考古》1978 年第 4 期）

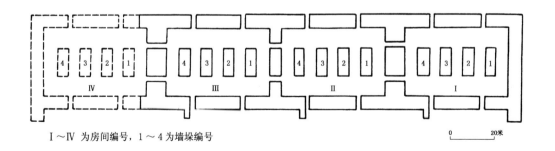

Ⅰ～Ⅳ 为房间编号，1～4 为墙垛编号

0　　20米

图 43　武库 7 号建筑遗址平面图（采自《考古》1978 年第 4 期）

作队对武库遗址第 1 库和第 7 库进行了考古发掘，其中第 1 库发掘面积 4680 平方米，第 7 库发掘面积 10300 平方米。此项发掘初步明确了武库遗址的形制布局。武库遗址平面呈长方形，四面筑有围墙，东墙和南墙保存较好，南墙长 710 米，宽 15 米；北墙残长 240 米，宽 3.6 米；东墙长 322 米，宽 1.5 米；西墙残长 30 米，宽 1.5 米。武库的建筑物主要有兵器库和守兵营。武库遗址出土了大批武器，有铁刀、铁剑、铁矛、铁戟、铁镞、铁斧、铁铠甲及铜戈、铜镞、铜剑格等[①]（图 41 ～ 43）。

（七）东、西市遗址

1986 年，中国社会科学院考古研究所汉长安城考古队对汉长安城东市和西市遗址进行考古勘察，基本究明两市所在范围。两市位于汉长安城内西北部，平面均略呈正方形。

东市遗址位于袁家堡、曹家堡、周家堡和相家巷之间，范围在厨城门大街以西，横门大街以东。东西长 780 米，南北宽 650 ～ 700 米，面积约 52.65 万平方米。西市遗址位于东市以西，六村堡黄庄和铁锁村之间，范围在西城墙以东，横门大街以西。东西长 550 米，南北宽 420 ～ 480 米，面积约 24.75 万平方米，小东市一半多。西市内部分制陶窑址和铸钱、冶铸遗址已进行考古发掘[②]。

考古勘探发现两座市场的周围都围以市墙，墙厚 5 ～ 6 米。两市场各有两条东西、南北向道路，平面呈井字形。在东、西市之间的横门大街上，发现有大型汉代建筑群遗址，可能是管理市场的市楼。

（八）建章宫遗址

建章宫遗址在未央区高堡子村、低堡子村、双凤村、柏梁村和孟村一带，平面呈长方形，四面夯筑宫墙，周长约 6740 米，东西长 2130 米，南北宽 1240 米[③]。建章宫主体建筑前殿位于高堡子村，基址南北长 320 米，东西宽 200 米。太液池遗址在其以北，神明台遗址在孟村。

---

① 中国社会科学院考古研究所汉城工作队《汉长安城武库遗址发掘的初步收获》，《考古》1978 年第 4 期。
② 刘庆柱《西安市汉长安城东市和西市遗址》，《中国考古学年鉴》（1987 年），文物出版社，1988 年。
③ 刘庆柱、李毓芳《汉长安城》，文物出版社，2003 年。

图 44　建章宫 1 号建筑遗址

1973 年，在高堡子村出土的巨雕石鱼被认为是太液池岸边的原物。

1974 年，东柏梁村出土"延年益寿，与天相侍，日月同光"十二字铭陶砖。

目前，对建章宫的全面考古发掘工作尚未开展。

2007 年初，因需要发掘了建章宫 1 号建筑遗址。其位于六村堡街办东柏梁村东南，太液池遗址西岸，发掘面积 2420 平方米。遗址由南院、主体建筑、北院三部分组成。南院地面平坦，现仅存少量铺地方砖，无砖地面残存铺砖泥。其北为一东西向廊道，地面铺砖，有五处房屋基址。在发掘区发现较多的五铢钱钱范残块。根据现场发掘情况推测，此遗址与史载建章宫内的铸钱活动有关（图 44）。

（九）礼制建筑遗址

礼制建筑是西汉皇家重要建筑之一，分布于汉长安城南郊，范围在今西安市冶金机械厂和庆安公司一带（图 45 ～ 47）。

1955 年至 1957 年，陕西省文物管理委员会和中国科学院考古研究所对因当地基本建设工程而不断受到破坏的遗址进行了清理、收集和发

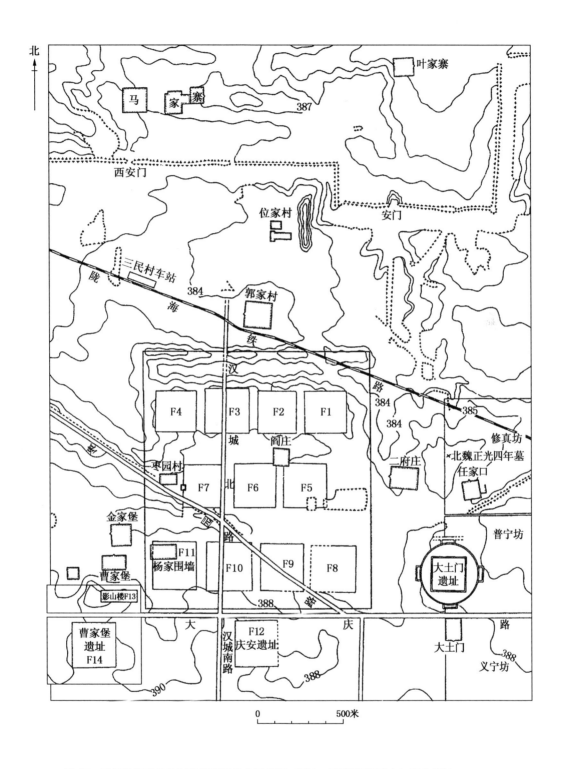

图 45　汉长安城南郊礼制建筑遗址分布示意图（采自《汉长安城考古与汉文化》）

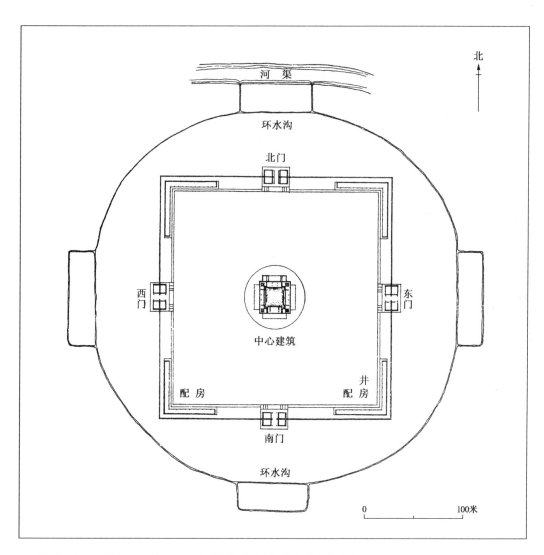

图46　汉明堂礼制建筑复原平面图（采自《考古》1963 年第 9 期）

掘工作。此期重要抢救性考古发掘工作是 1956 年 7 月至 1957 年 10 月
西安市西郊大土门村的大型建筑遗址（西汉辟雍遗址）。

此次发掘面积 6678 平方米。遗址由中心建筑、围墙、四门、配房
和圜水沟等组成。中心建筑位于一方形土台正中，地基是一圆形夯土
台，上有四堂，每堂有厅堂和抱厦。围墙在中心建筑外围，四个方向各
开一门。围墙内四角有对称的曲尺形配房，围墙外有圜形水沟且上有石
板桥[①]。据其形制推测，为西汉辟雍（明堂）建筑。汉长安城辟雍（明

———————

① 唐金裕《西安西郊汉代建筑遗址发掘报告》，《考古学报》1959 年第 2 期。

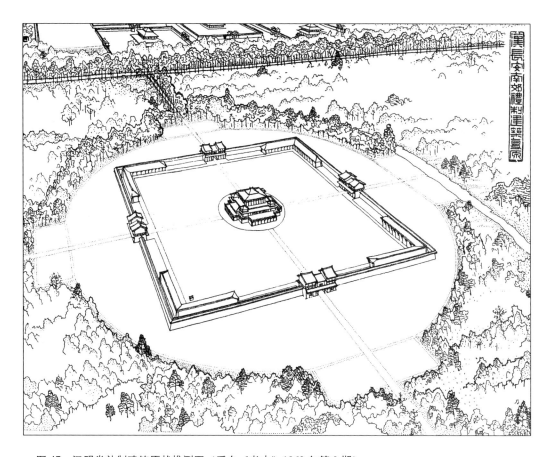

图47 汉明堂礼制建筑原状推测图（采自《考古》1963年第9期）

堂）建筑遗址是目前考古发现最早的辟雍（明堂）建筑遗址。

1958年10月至1960年底，考古部门发掘了西安门外的十二座西汉宗庙遗址，其中十一座平面分布为三行，南北两行各四座，中间一行三座。另有一座在三行之南。以重点发掘的3号遗址为例，每座由位于院子中央的中心建筑配房和四面院墙组成，每面墙中央开一门，与中心建筑相对。配房在墙内拐角处。院子四门根据东、西、南、北方位的不同，分别出土青龙、白虎、朱雀、玄武瓦当[1]。

礼制建筑遗址的发掘，对研究西汉礼制建筑形成及探讨中国礼制制度的沿革有重要意义。

---

① 中国科学院考古研究所汉长安城工作队《汉长安城南郊礼制建筑遗址群发掘简报》，《考古》1960年第9期。

（一〇）上林苑遗址（包括昆明池、钟官铸钱遗址）

上林苑的考古工作始于20世纪五六十年代，当时主要是对汉昆明池遗址及其附近宫观的调查[①]。

1. 昆明池遗址

昆明池为汉武帝元狩四年（公元前119年）开凿，在长安西南，周长四十里，是上林苑的重要组成部分。该遗址位于西安市长安区斗门镇一带。2005年，中国社会科学院考古研究所汉长安城工作队在20世纪五六十年代考古研究的基础上对昆明池遗址进行了考古调查和钻探工作。具体收获如下：

第一，首次比较精确地明确了现存昆明池的范围，并使用全站仪结合该地区万分之一地形进行测量，获得了有关昆明池规模的比较精确的数据。昆明池遗址位于斗门镇、石匣村、万村和南丰村之间，南北长约5.69公里，东西宽约4.25公里，周长约17.6公里，面积约16.6平方公里。

第二，对现存昆明池形制进行了探索，在池的东岸发现进水渠两条，在池的西岸和北岸共发现出水渠四条，在池内发现高地四处。

昆明池东岸有两个进水口。北边的一个进水口从渠道流向看，应是从南边的主进水渠分流而来。从主进水渠向东南方向延伸的趋势看，应通往古沈水。《史记·司马相如列传》集解引姚氏云："（滴水）自南山皇子陂西北流注昆明池入渭。"《长安志》卷第十一引李善曰："滴水径至昆明池入渭。"滴水即《水经注》所记之沈水。能够给偌大的一个昆明池提供水源，说明在汉唐时期沈水是一条水量丰沛的河流。在这条进水渠的故道沉积有大量的沙子，时至今日还有人进行小规模开采，都是从沈水带来的。此外，针对学术界的水源来自南边的意见，在石匣口村至蒲阳村一线的昆明池南岸一带反复进行钻探，未发现任何渠道的遗迹。昆明池的南岸为地势较高的细柳塬，现今塬面仍然十分完整，所以，昆明池的进水口不在南岸。

昆明池主要出水口在西岸，这是研究者的共识。昆明池西岸一线的高地并不宽阔，尤其出水口一带更窄，且高地之西的地势陡然降低，

---

① 胡谦盈《汉昆明池及其有关遗存踏察记》，《考古与文物》1980年创刊号。

出水渠穿过高地后，流水会迅速下泻。也许正是为了防止流水对池岸造成激烈冲刷，进而危及高地较为宽阔的地方而折向西北，通往古沣水或沣水支津（镐水）。《长安志》卷第十二引《水经注》载："（沣水）又北，昆明池水注之。"说的就是这条排水渠。至于北岸的三个出水口，靠西的一个出水口应为汉代昆明池水流往北面镐池的水口，在取土挖成的断崖上清晰可见。可能到唐代的某一时期，该水口被夯填成堤，废弃不用。东边的两个水口可能汉代就有，至唐代又用大卵石加固。在这一带砖瓦窑场挖土形成的土塬断面及取土现场，都可看到用大卵石加固渠底和渠壁的情况。二出水渠汇合后北流了一段，继而折向东流。

第三，在南岸上发现建筑遗址两处，即1号和2号建筑遗址。1号和2号建筑遗址相距较近，时代也一致，应是互为关联的一组建筑。据遗址的形制分析，1号遗迹夯土台基南北细长，台基边沿不整齐；2号遗址是用夯土台基围成的一个院落，边沿也不太整齐。这两座建筑不同于长安城内的建筑，或者规模宏大，或者结构复杂，布局严谨，而是规模较小，结构简单，布局松散，形式富于变化，显然表现出与园林景观相协调的一种建筑样式。它们坐落在昆明池南岸地势高亢之地，与昆明池水相映生辉。

第四，究明了汉唐昆明池的沿革。经过研究推断，昆明池早期池岸应是汉代所修，晚期池岸为唐代修整、加固过的池岸。现存的昆明池岸虽然经过唐代的重修，但其规模、范围基本沿用汉代。

第五，牵牛、织女石像问题。在昆明池遗址，有两件石像遗留至今，这就是著名的牵牛和织女像。关于二石像的定名，有较多文献记载可以凭依，如班固《西都赋》曰："左牵牛而右织女，似云汉之无涯。"《关辅古语》云："昆明池中有二石人，立牵牛、织女于池之东西，以象天河。"二石像雕刻不多，却形神兼备，颇具西汉艺术粗犷质朴之风。

织女像（当地人称石婆）现存于昆明池北部西岸的斗门镇，位置与文献记载大体相符。牵牛像（当地人称石爷）现存于昆明池中的北常家庄之北。昆明池北部的东西两岸相距相对较近，推测原来两石像应分立两岸。

第六，基本究明镐池和彪池遗址。通过考古钻探辅以文献记载，确认在昆明池之北存在镐池和彪池两个池址，并测量出它们的周长和面积。汉魏时期，镐池和彪池之水来自昆明池，三池同时并存，可能在唐

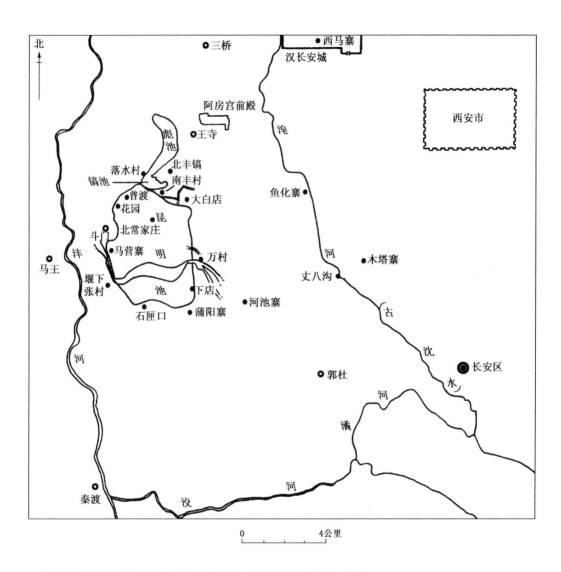

北

三桥

西马寨

汉长安城

西安市

阿房宫前殿

彪池

王寺

落水村

北丰镐

镐池

南丰村

普渡

大白店

花园

昆

鱼化寨

北常家庄

明

河

木塔寨

马营寨

万村

丈八沟

堰下张村

池

下店

古

马王

河池寨

沈

石匣口

蒲阳寨

长安区

沣

水

郭杜

河

滈

河

秦渡

氵皂 河

0   4公里

图 48 昆明池及其附近水系分布图（采自《汉长安城考古与汉文化》）

代某一次重修堤岸时堵塞了昆明池流往镐池的水道，致使镐池失去水源而干涸。彪池之水源于镐池，所以随着镐池的干涸，彪池也成枯池[1]（图 48）。

2. 宫观遗址的调查和勘探

上林苑的西部多为皇帝狩猎之处。对这里重要的宫观，如长杨宫、五柞宫、黄山宫等均进行了考古调查或勘探。长杨宫遗址在今周至终南

———

① 刘振东、谭青枝《汉唐昆明池杂议》，《汉长安城考古与汉文化——纪念汉长安城考古五十周年国际学术研讨会论文集》，科学出版社，2008 年。

镇竹园头村西 150 米，遗址面积约 20 万平方米。长杨宫和五柞宫都是汉武帝经常光临的地方，二宫分别以杨树和柞树命名。最新的考古发现证实，黄山宫遗址应在兴平市东南的田阜乡侯村附近。遗址地势较高，南临渭河。遗址范围东西长 1000 米，南北宽 500 米，分为宫殿区与陶窑作坊区两部分。遗址中出土了大量空心砖、铺地砖、五角形水管道，其中"长乐无极"、"长生未央"、"延年益寿"文字瓦当和九个瓦当王——夔凤纹半瓦当等，表明这组建筑群规模之庞大、等级之高贵，绝非一般建筑可比，应为皇室宫室。这里出土的"黄土"文字瓦当和汉代刻铭"衡山宫"铜灯（"横"与"黄"为汉代通假字，"衡山宫"即"黄山宫"），证明了此处大型建筑遗址即为汉黄山宫遗址[①]。

上林苑东南隅的"鼎胡延寿宫"，位于今蓝田焦岱镇西南部。遗址面积约 3 万平方米，已揭露宫殿基址七座，出土了大量汉代的建筑材料，其中尤以"鼎胡延寿宫"文字瓦当最为重要。

此外，在文献记载的上林苑范围之内，还发现了大量西汉时期遗址。从出土的大量遗物来看，多为大型宫观建筑遗址。此外，还有一些重要的官署或大型手工业作坊遗址。它们大多位于上林苑西南部[②]。

3. 兆伦铸钱遗址

上林苑不仅面积大，而且其中还安排有重要的铸币官署和工场。公元前 113 年，汉武帝将铸币权统一收归中央。在上林苑遗址内曾发现许多铸币遗址，其中的兆伦铸钱遗址是目前所知规模最大、最重要的一处铸币遗址。

兆伦铸钱遗址为上林三官铸币之一，位于西安市西约 25 公里处的户县大王镇兆伦村和梧村之间，向东延伸至石桥村。从汉武帝元鼎二年（公元前 115 年）至王莽末年（公元 23 年），是其铸币历史的鼎盛时期。

遗址的考古调查开始于 20 世纪 90 年代，由陕西文物保护技术中心考古调查研究室（现改名为西安文物保护修复中心科技考古室）进行全面调查。

遗址中心区分布范围南北长约 1500 米，东西宽约 700 米，总面积

---

① 孙铁山《西汉黄山宫考》，《文博》1999 年第 1 期。
② 刘庆柱、李毓芳《汉长安城》，文物出版社，2003 年。

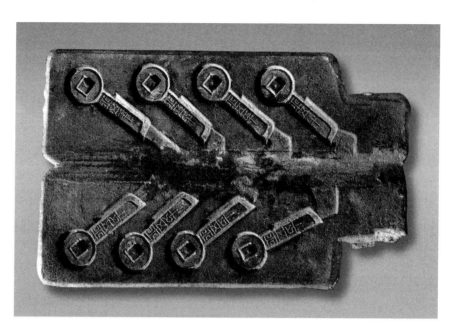

图49 兆伦铸钱遗址出土 "一刀平五千" 铜范

超过 100 万平方米。遗址区分布有丰富的建筑遗存及大量与铸钱有关的遗迹、遗物。从考古调查情况来看，陶范分布区位于遗址的中北部，发现有大面积的木炭灰层，灰层中有许多铜渣。遗址内发现的钱范有西汉 "五铢" 钱钱范，王莽时期的 "一刀平五千"、"契刀五百"、"大泉五十"、"小泉值一"、"次布九百" 等钱范（图49）。另外，还发现与铸钱有关的遗物，如坩埚、鼓风管、浇口杯等残片。建筑遗物有瓦当、板瓦、筒瓦、铺地方砖、五角形陶水管道，其中包括 "上林"、"永奉无疆" 等文字瓦当。

另外，通过磁力考古探测，在遗址区内分布有道路、墙基、范坑等考古遗迹影像。这些遗迹是否与实际分布状况相符，还需要进一步的考古发掘来证实①。

2001 年，兆伦铸钱遗址被国务院公布为第五批全国重点文物保护单位。

（一一）晚期宫城遗址

西汉以后，长安城仍被沿用至隋代。2003 年 4 月至 5 月，经过考

---

① 陕西省文保中心调查组《陕西户县兆伦村汉代铸钱遗址调查报告》，《文博》1998 年第 3 期。

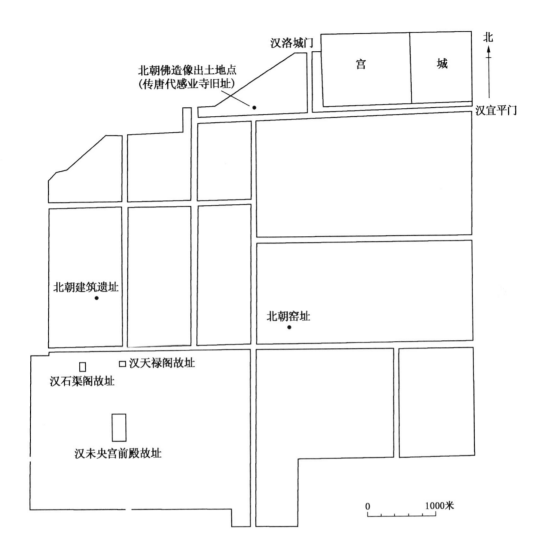

图 50　十六国、北朝时期长安城平面图（采自《汉长安城遗址研究》）

古钻探，在汉长安城东北部楼阁台村一带发现汉代以后的两个宫城遗址，并探明了墙、门、主要大街等基本情况。

两个小宫城并列，位于汉长安城东北部宣平门大街与洛城门大街围成的区域内（图 50 ～ 53）。

1. 西小城

北墙利用汉长安城北墙的一段，进行了布局修缮，全长 1214 米，现存宽 6 ～ 8 米。西墙的北段也是利用汉长安城洛城门西侧的一段城墙，进行了较全面的修缮，向南基本与洛城门大街平行。南段多遭毁

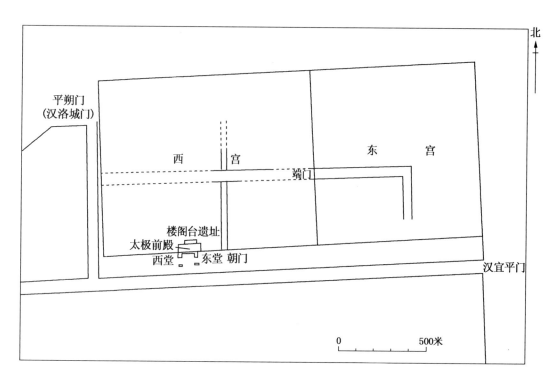

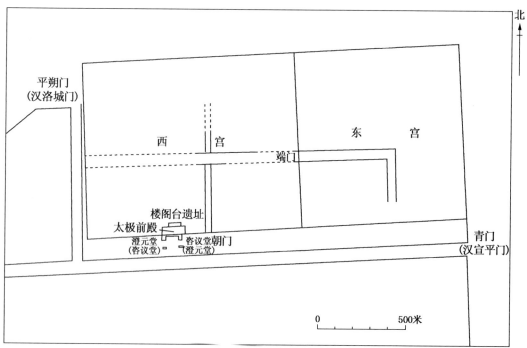

图 51 前秦时期长安城宫城平面图（采自《汉长安城遗址研究》）

图 52 后秦时期长安城宫城平面图（采自《汉长安城遗址研究》）

图 53　晚期宫城两阁遗址

坏，但西南角基础仍存。全长 974 米，墙基宽 8 米。东墙全长 972 米，宽 8 米。在东墙上探出一门址。南墙连接楼阁台遗址，南邻宣平门大街，相距 100 米，全长 1236 米，墙宽 9 ～ 10 米。

2. 东小城

北墙利用汉长安城北墙最东的一段，是西小城北墙向东的延续，一直到城东北角，全长 988 米。西墙即西小城的东墙，两小城共用一墙。东墙利用汉长安城东墙最北的一段，全长约 990 米。南墙是西小城南墙向东的延续，全长 944 米，墙宽 8 ～ 10 米。

两小城地面散布十六国、北朝时期各种建筑材料，有绳纹、菱形格纹小条砖，多有戳印，其中"石安"铭砖应属十六国后赵时期。另外，还发现大量黑灰色磨光板瓦和筒瓦，属北朝时期。

从二小城的位置、地层堆积和出土遗物等情况看，小城应始建于十六国时期，北朝时期沿用，直到隋迁大兴城后才遭废弃。综合考古和文献资料，新发现的东西二小城应是自前赵以来，经前后秦、北朝直到隋初长安城的宫城遗址。新发现宫城的墙、门、街道及地面现存建筑遗址主要应属北周时期[①]。

2008 年 11 月至 12 月，考古队对两个小宫城之间的宫门进行了发掘。发掘揭示，此宫门只有一个门道，南北宽 4.4～4.6 米，东西进深 13 米。门道南北壁包砌砖，两壁各有十二个壁柱槽，北壁残存四个壁柱和部分包砖，柱槽均为青石质础石。路面经清理有四层，其中三层均有车辙遗迹，车辙间距 1.25 米。出土的建筑材料多数为北朝时期，亦有十六国时期的绳纹砖等。据此推测，此门道曾长期使用，其始可追溯至十六国时期。

此次发掘揭示的宫门规模、建筑形制，为研究十六国、北朝时期建筑技术提供了珍贵的实物资料，有助于对十六国、北朝时期建都长安的宫城形制布局进行深入研究。

二 管理状况

（一）管理机构的演变

早在 1933 年始，国民政府西京筹备委员会对秦阿房宫、汉长安城、唐大明宫三大遗址采取了许多切实可行的保护措施。如 1933 年在汉长安城遗址内的天禄阁设立天禄阁小学，方便就近管理汉长安城遗址，并收集整理遗址内的出土遗物；明令禁止在三大遗址随意开设窑场取土；在三大遗址内主要遗迹旁植树标识；在唐大明宫含元殿四周加划红线以确定保护范围；拟专辟丹凤公园以利保护和观光。

中华人民共和国成立后，汉长安城遗址的管理工作一直受到国家和各界人士的关注。政府加大了对大遗址管理的工作力度，考古部门也对汉长安城遗址做了大量的调查、勘探与发掘工作，取得了一系列重要成果。1994 年之前发掘的考古遗址全部实施了回填保护。

1956 年 8 月 6 日，汉长安城遗址被陕西省人民委员会公布为陕西省名胜古迹第一批重点文物保护单位，并公布了保护范围东至郭家村，

---

① 刘振东《西汉长安城的沿革与形制布局的变化》，中国社会科学院考古研究所汉长安城工作队、西安市汉长安城遗址保管所编《汉长安城遗址研究》，科学出版社，2006 年。

西至崎岖河，南至大白杨、南窑头、南河口，北至张家道口、席王村、西坡村（图54）。

1961年3月4日，汉长安城遗址被国务院公布为第一批全国重点文物保护单位，并公布了保护范围，与1956年的保护范围相同。

1992年陕西省人民政府35号文件正式公布汉长安城遗址的保护范围如下：

（1）重点保护范围

汉长安城城墙：周长25700米；未央宫前殿遗址：南北350米，东西200米；椒房殿遗址：东西150米，南北200米；中央官署遗址：东西150米，南北70米；少府遗址：东西120米，南北80米；天禄阁遗址：边长20米，高10米；石渠阁遗址：东西80米，南北90米，高8米；武库遗址：东西70米，南北350米；桂宫鸿宁殿遗址：东西南北各长500米，高7米；罗寨遗址：东西400米，南北500米；樊寨遗址：东西100米，南北200米；讲武殿遗址：东西南北25米，高12米；楼阁台遗址：东西700米，南北190米；制陶作坊遗址：东西500米，南北200米；制陶作坊遗址：东西200米，南北150米；铸币作坊遗址：东西150米，南北200米；未央宫夯台遗址：东西10米，南北15米，高9米。

（2）一般保护区

城墙外延100米范围内。

（3）建设控制地带

南到大兴路，西到崎岖河，东、北为城墙外延100米。

陕西省人民政府1992年35号文件正式公布建章宫前殿遗址的保护范围如下：

（1）重点保护范围

高堡子村，现存夯土台基45万平方米；双凤阙遗址：东阙80平方米，西阙300平方米；神明台遗址：高10米，面积3600平方米。

（2）一般保护范围

该遗址位于汉长安城遗址建设控制地带内。

（3）建设控制地带

同一般保护范围。

陕西省人民政府1992年35号文件正式公布太液池遗址的保护范

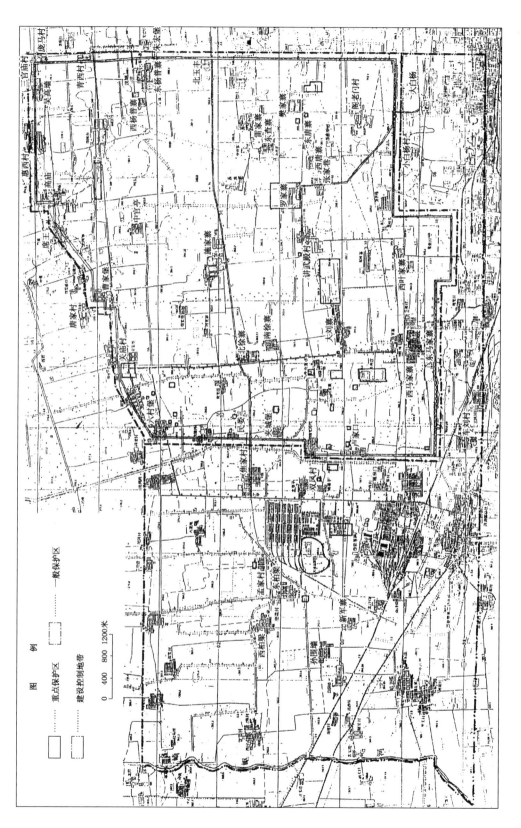

图 54 汉长安城遗址保护范围图

图 55　汉长安城遗址保管所中层干部竞聘现场

围如下：

（1）重点保护范围

太液池基址 3600 平方米。

（2）一般保护范围

苗圃围墙内。

（3）建设控制地带

同一般保护范围①。

1994 年，为加强对汉长安城遗址的保护，西安市机构编制委员会 ［1994］35 号文成立西安市汉长安城遗址保管所，机构规格为科级，编制十五人。专门负责遗址的保护与管理，遗址区的文物征集、文物资料、档案的收集和整理以及文物藏品的陈列和保管，宣传、组织遗址区群众对遗址进行保护。

2008 年，西安市机构编制委员会 ［2008］91 号文批准西安市汉长安城遗址保管所为处级单位，编制二十五人，内设机构四个，包括办公室、遗址管护部、宣教部、保卫部。2009 年 8 月，经过公开竞聘，确定保管所内八名中层管理干部。中层管理人员的确定，为有序、规范开展行政和业务管理工作奠定了基础（图 55）。

---

① 《西安市文物保护工作资料选编》，西安市文物管理委员会，1995 年 9 月。

图 56　文物保护宣传牌

图 57　文物保护标志碑

（二）"四有档案"的管理

依照 2003 年国家文物局《建立和制作全国重点文物保护单位记录档案》的统一部署，汉长安城遗址保管所组织职工认真做好汉长安城遗址"四有档案"管理工作，具体内容是划定保护范围，竖立保护标志，设立保护管理机构，建立科学记录档案（图 56、57）。为加强档案管理工作，保管所配备了专职工作人员，并对其进行档案管理业务培训，提高工作人员的业务水平，规范所藏档案资料的登记、建档、建卡、整理和完善工作，为汉长安城遗址未来的管理和科研工作打下坚实基础。

21 世纪是信息化时代，数据化管理已经成为现代管理的必要手段。2006 年，汉长安城遗址保管所在有关专家的帮助下，运用文物档案数据化管理计算机软件程序制作了汉长安城遗址数据库。该工作的落实进一步完善了汉长安城遗址的档案管理工作。

（三）加强田野文物的管理

汉长安城遗址面积大，人口多。长期以来，由于西安市政府在遗址内未规划任何建设项目，遗址保存较好。近年来，随着城市化步伐的加快，遗址保护与地方经济发展的矛盾日益突出，遗址内部分农民为了自身经济利益将承包土地向外出租，致使遗址内的违法建筑日益增多。同时，部分村民与违法犯罪分子勾结，利用农闲时节盗掘、哄抢田野文物。这些行为不仅违反了《文物保护法》等有关法律、法规的规定，亦严重破坏了埋藏较浅的地下遗址。

为加强对田野文物的保护管理，根据《中华人民共和国文物保护法》、《西安市行政执法委托规定》、《陕西省文物保护管理规定》、《西安市周丰镐、秦阿房宫、汉长安城、唐大明宫遗址保护管理条例》等法律、法规的规定，汉长安城遗址保管所先后对遗址内的违法建设、违法盗掘行为采取了多种措施进行治理。

第一，加强巡查，将违法建设、违法盗掘行为消灭在萌芽之中。

因汉长安城遗址地处田野，每到农闲或节假日期间，当地群众兴建违法建筑或盗掘、盗挖遗址的现象就有所抬头，为制止这种破坏行为，汉长安城遗址保管所制定了严格的值班制度，并坚持节假日领导带班，职工巡查，重点区域及时督察的工作制度，力争通过巡查、督察等

图 58 拆除北玉丰村违法建筑施工现场

图 59 拆除施寨村违法建筑施工现场

图 60 拆除西查村违法建筑施工现场

图 61 2006 年，国家文物局政策法规司司长彭常新
（右五）检查汉长安城遗址违法建设清理整顿
工作现场

办法将违法建设和盗掘、盗挖遗址的行为消灭在萌芽中，保证遗址安全。

第二，充分发挥地方群众、地方政府和职能部门在遗址保护中的重要作用。

汉长安城遗址面积大，遗址保护中涉及五万余名群众、五十四个村委会、四个街道办和相关土地、规划、建设等职能部门。近年来，汉长安城遗址保管所一直加强与地方群众、地方政府、职能部门的密切联系。在市文物局的领导下，1995年在遗址内成立了汉长安城遗址群众文物保护网络，网络员主要由热爱文物保护工作的地方群众和村委会负责人组成。这些网络员居住于遗址内，能够及时准确掌握遗址内的破坏情况并及时通报给文物部门，对于保护遗址、减少破坏起到了积极作用。同时，保管所积极支持各相关职能部门的工作，主动请他们到遗址来，共同探讨保护遗址的策略。这些协调工作为加强联合执法、拆除遗址内的违法建筑起到重要作用，亦促进了遗址区域和遗址周边区域的协调发展。

第三，熟悉各相关职能部门的司法程序，依法严厉打击遗址内的违法行为。

根据有关规定，在执法过程中，文物部门拥有委托执法权，规划部门有拆除权，其余的土地、公安部门各有相应职权。因此，汉长安城遗址保管所要求职工加强熟悉保管所的工作程序，遵守各相关职能部门的司法程序，保证在基层执法工作中遵守相关规范。多年来，在省、市文物局的支持下，在各级政府及各相关职能部门的积极配合下，汉长安城遗址保管所依据相关法律、法规的规定，会同当地规划、土地、公安、文化等部门多次联合执法，强制拆除遗址内的违法建筑。2004年至今，先后开展大规模的执法活动六十余次，联合拆除违法建筑面积达6万余平方米。2004年4月8日，西安市公安局，西安市文物局文物处、公安处，未央区文化局，未央区汉城街道办等单位联合执法，对破坏遗址非常严重的大刘寨、西马寨村煤厂、北徐村违法建设进行强制拆除。2005年3月9日，文物、规划、城建等部门依法强制拆除陕西华孚石油化工有限公司未经批准擅自在汉长安城遗址内修建的华孚加油站（图58～62）。2007年初，汉长安城遗址保管所与当地六村堡派出所密切配合，严厉打击建章宫遗址区域违法盗掘遗址的行为，逮捕违法犯罪分子八人。这些活动较为有力地打击了遗址内的违法建设和违法盗掘行为，对于震慑违法犯罪分子，保护田野遗址的完整性和原真性起到了重

图 62　表彰优秀文物保护员颁奖现场

要作用。

第四，巧借外力，保护遗址。

作为基层田野遗址保护单位，汉长安城遗址保管所工作人员较少，而遗址管辖面积较大，常常兼顾不及。为此，在长期的基层实践中，工作人员逐渐摸索到一种巧借外力、为我所用的工作方法。具体来说，就是利用在西安举行国际古迹遗址理事会第十五届大会和近两年进行"创建卫生城市"、"创建文明城市"等活动的契机，与地方政府联合，清除影响遗址历史环境风貌的未央宫区域内的两家煤厂，拆除石化大道上的多家违法建筑，既创建了文明城市，又整治了遗址区的环境。

第五，积极引导，合理利用。

对于一些对遗址危害不大，可以改善遗址历史环境风貌的绿化作业，积极引导，合理利用。2007 年，为了改善遗址区环境，地方部门计划在清明门遗址附近建设绿化广场。在工作人员对现场勘察后，明确要求所有绿化内容占地必须在垫土上实施，植物应是对遗址破坏不大的浅根性灌木，这样既保护遗址，又美化了环境。

（四）扩大宣传力度

随着汉长安城遗址保护事业的不断发展，多项遗址保护展示项目相继完成。目前，已有桂宫 2 号建筑遗址、长乐宫 4 号建筑遗址博物馆、长乐宫 5 号建筑（凌室）遗址博物馆、长乐宫 6 号建筑遗址、霸城门遗址、汉长安城遗址陈列馆等保护展示项目对外开放，接待游客参观。在新形势下，汉长安城遗址保管所加大了对外宣传工作的力度。

第一，为了适应博物馆开放工作需要，汉长安城遗址保管所加强对讲解员的正规化管理，进一步提高博物馆讲解员队伍的整体素质和业务工作水平。2006 年 3 月，汉长安城遗址保管所为即将开馆的长乐宫遗址博物馆配备两名讲解员，并对她们进行专业培训，使讲解员队伍达到《导游解说工作规范》的要求，从各方面提高讲解员的整体素质，增强为大众服务的意识，使之能更好地为广大游客服务。

第二，积极发挥博物馆的社会作用，开展各项宣传活动。汉长安城遗址作为承载历史文化的重要场所，在展示西安的历史与文化以及对广大中小学生进行历史唯物主义和爱国主义教育方面有着重要的意义。从汉长安城遗址保管所成立以来，一直不断组织和利用各种活动，抓住每一个机会扩大宣传汉长安城遗址。尤其是 2007 年长乐宫遗址博物馆开放以来，连续每年参加西安（国际）旅游博览会各项宣传活动，并在活动中发放宣传资料，现场介绍遗址情况。每年 3 月至 4 月份，在所在地未央区政府组织的一年一度的"桃花节"活动期间，汉长安城遗址保管所利用活动期间的人流量，认真做好各项宣传接待工作，制作大型宣传牌、说明牌，布置与此项活动相关的根雕、盆景、书画、剪纸等展览，在未央宫前殿遗址上举办风筝比赛等，通过丰富多彩的活动形式扩大汉长安城遗址的影响力。在每年 5 月 18 日"国际博物馆日"、6 月份"中国文化遗产日"期间，保管所悬挂横幅，免费为当地群众、当地中小学生进行宣讲工作。 每年的 11 月，保管所开展大规模的文物保护法宣传月活动，广大干部职工走上街头，普及文物知识，宣传文物法规。另外，汉长安城遗址保管所还多次与当地学校开展互动宣传活动，对广大中、小学生进行历史唯物主义和爱国主义教育（图 63 ～ 66）。

第三，还通过电视、广播、报纸等公众媒体和板报、宣传标语等形式扩大宣传覆盖面（图 67）。同时，通过举办文物法规学习培训班、讲座、知识竞赛等加强宣传的深度和广度，使文物保护事业深入人心，营造出"保护文物、人人有责"的良好社会环境。2010 年 7 月底，在陕西青春广播电台"暑期博物馆奇妙之旅"专题节目直播室，由汉长安城遗址保管所业务熟悉的专业人员面向听众做了一期介绍汉长安城遗址

图 63 "桃花节"期间接待参观游客

图 64 "桃花节"期间未央宫遗址前举办风筝大赛

图 65 "文化遗产日"新城广场宣传活动现场

图 66 "文化遗产日"天禄阁小学签字宣传活动现场

图 67 新华通讯社、《光明日报》、《中国文物报》等媒体采访汉长安城遗址保护工作现场

图 68　汉长安城遗址陈列馆开馆仪式现场
图 69　汉长安城遗址陈列馆开馆参观现场

的专题节目，通过讲述、现场互动、回答听众热线等方式，从历史沿革、价值影响、布局特色、历史典故、遗址保护与展示等几个方面对汉长安城遗址的概况与特色向听众进行了介绍、宣传。

从 2007 年长乐宫遗址博物馆、2009 年汉长安城遗址陈列馆对外开放至今（图 68、69），汉长安城遗址保管所共发放宣传资料近三万份，讲解近六百场次，接待国家、省、市领导及国内外专家近三百次，接待多家媒体采访。通过以上种种宣传手段，较好地宣传了汉长安城遗址，提高了其影响力。

三　法律、法规

随着社会的发展，人们对文化遗产保护工作日益重视，西安市先后通过了一系列与之相关的法律、法规。

（一）《西安市周丰镐、秦阿房宫、汉长安城和唐大明宫遗址保护管理条例》

1995 年 6 月 15 日，西安市第十一届人民代表大会常务委员会第二十次会议通过，1995 年 6 月 30 日陕西省第八届人民代表大会常务委员会第十三次会议批准了《西安市周丰镐、秦阿房宫、汉长安城和唐大明宫遗址保护管理条例》。该保护管理条例共包括五章（总则、管理体制与经费、保护管理、奖励与处罚、附则）三十二条内容。该条例的推出，使汉长安城遗址的保护工作纳入法制化的轨道。

（二）《西安历史文化名城保护条例》

2002 年 2 月 6 日，西安市第十二届人民代表大会常务委员会第三十次会议通过，2002 年 6 月 7 日陕西省第九届人民代表大会常务委员会第三十次会议批准《西安历史文化名城保护条例》。该保护条例共包括七章（总则、历史文化名城的规划、古遗址区域的保护、古城墙及其以内区域的保护、历史文化风貌区域的保护、法律责任、附则）四十二条内容。该保护条例的推出，为属于西安历史文化名城保护范围内的汉长安城遗址增加了法律保护的依据。

（三）《西安宣言》

2005 年 10 月在西安召开的国际古迹遗址理事会第 15 届大会通过了《西安宣言》。《西安宣言》是第一个以中国城市命名的国际文化遗产保护领域的行业共识性文件，为文化遗产环境的评估、管理、保护提供了方法、建议，为 21 世纪国际新形势下的文化遗产保护提供了更加成熟的思想理论和行动指南，是指导人类文化遗产保护事业的纲领性文件。《西安宣言》的中心议题是"古迹遗址及其环境——在不断变化的城乡景观中的文化遗产保护"。

它的诞生是实践和时代的产物。其原因是多方面的，但最主要的有三点：

第一，由于社会、经济的发展，特别是文化的广泛交流，使文化遗产保护在某个区域内取得基本相同的经验或教训；

第二，在整体上或在某个方面产生了新的理念，而且正在发展中，并取得了一定的共识；

第三，关系到文化遗产保护现实中特别需要解决的问题，尤其是那些涉及文化遗产保护的基本原则和难点问题。

除导言外，《西安宣言》正文共分五个部分十三条，为文化遗产环境的认识、评估、管理、监测和保护提供方法、建议和操作指南，较为明确而全面指出了文化遗产环境保护的意义和实施办法，所涉及的理念不仅包括法律、法规，而且还包括文化、社会和经济方面。

四　保护规划

（一）《汉长安城道路遗址保护规划》

2003 年 9 月，西安市文物局、西北大学城市建设与区域规划研究中心共同编制《汉长安城道路遗址保护规划》，国家文物局文物保函〔2004〕771 号文 2004 年 6 月 11 日批准实施。

《汉长安城道路遗址保护规划》指导思想是坚持以"保护为主、抢救第一、合理利用、加强管理"文物保护方针为指导，以保护汉长安城遗址格局和历史环境风貌为基础，确保道路遗址、城墙遗址安全为前提，遵循可持续发展战略思想，对遗址区内的道路进行保护与利用规划，以显示其历史空间格局和环境风貌，为全面保护汉长安城遗址奠定基础，实现遗址保护事业与区域经济的可持续发展。

道路规划遵循体现格局、遗址安全、景观协调三项原则，具体来说就是遵循十二座城门与八条大街形成的"八街十一区"的城市空间格局，以道路遗址的保护为前提，以保护历史环境风貌为基础，以标识历史空间格局为目标，按照汉长安城道路绿化的树种和配置方式，进行道路绿化。

1. 道路遗址规划

根据汉长安城道路遗址的分布情况，规划恢复直城门大街、雍门大街、横门大街、厨城门大街、洛城门大街、宣平门大街、清明门大街、安门大街和内环隔离带，对已知的各宫城道路亦进行逐步恢复。

具体措施如下：

道路定位依据最新考古资料。

恢复的道路路面必须高出汉代路面1.5米以上，以免道路施工中破坏原有道路遗址。

原有道路设计必须以考古资料为准，严禁没有依据的任何道路建设，确保汉长安城历史空间格局的完整。

对于已经修好的风景路、丰产路，由于其位置基本上和直城门大街、宣平门大街基本重合，近期可以利用，远期将逐步废弃。

此规划批准后，不再审批与此道路系统不符的任何道路系统。

八街恢复后，逐步停用、废弃遗址内与汉代道路系统不符的道路。

为确保道路遗址安全，道路两侧第一列乔木的种植点距道路边沿的距离不应小于5米。

汉长安城道路绿化应以汉代道路绿化树种槐、榆、松、柏、杨等为主，可选用国槐、油松、白皮松、刺柏、龙柏、杨树、银杏、女贞、栗树、七叶树等。

2. 城门遗址规划

城门是汉长安城遗址的主要组成部分和标识性建筑遗址，对其进行科学保护是遗址保护的主要组成部分。

根据城门遗址的具体现状，保护和利用措施如下：

对遗址保存较好的宣平门遗址、霸城门遗址、覆盎门遗址、西安

图70 《汉长安城遗址保护总体规划》论证会会议现场

门遗址、直城门遗址、洛城门遗址依据考古资料进行展示性保护。各门的保护方案应根据城门遗址现状，进行详细规划。

对城门遗址破坏较严重、格局不清楚的雍门、横门、厨城门、清明门、安门、章城门遗址，依据已经发掘城门遗址的形制，进行绿化标识显示。

城门与长安城八条大街、城外道路的连接，必须遵循城门遗址格局，严禁为了交通方便，随意更改城门门道宽度。

（二）《汉长安城遗址绿化规划方案》

为配合陕西省政府实施"大绿"工程，2003年9月由西安市文物局、西北大学城市建设与区域规划研究中心共同编制《汉长安城遗址绿化规划方案》，陕西省文物局陕文物函［2003］231号文2003年11月13日批准实施。

《汉长安城遗址绿化规划方案》遵循体现格局、景观协调、遗址安全的原则。具体来说，就是汉长安城遗址绿化应以城墙、宫墙、道路绿化为骨架，以景观生态理论为指导，营建区域生态环境景观，诠释汉长安城城市历史空间格局。同时，各类遗址展示和绿化建设必须在满足文物遗址保护需要的前提下，忠实于遗址的原真性进行绿化标识。

（三）《汉长安城遗址保护总体规划》

《汉长安城遗址保护总体规划》由西安市文物局、西北大学城市建设与区域规划研究中心共同编制，国家文物局文物保函〔2009〕41 号文 2009 年 1 月 13 日批准实施（图 70）。

规划以汉长安城城址区作为主要的规划保护对象，并针对建章宫遗址区、礼制建筑遗址区的实际情况，规划采取相应的保护措施。

规划期限 2009 年至 2025 年，共十七年。

规划的指导思想以"保护为主、抢救第一、加强管理、合理利用"的十六字为方针。

规划的基本原则是坚持依法保护、系统保护、科学保护和动态连续性保护的原则，坚持以人为本的原则，坚持遗址保护与遗址景观保护、生态环境改善相协调的原则，坚持遗址安全、合理布局、有效利用的原则。

本次规划的总体目标是完整保护汉长安城遗址的遗迹本体、整体格局和历史环境风貌，逐步把汉长安城遗址规划建设成为具有"真实性、可读性和可持续性"的历史文化遗产保护与展示园区，完整体现遗址的历史价值和科学艺术价值，有效实现遗址的社会教育功能，充分发挥汉长安城遗址在社会主义和谐社会和精神文明建设中的作用；在遗址区内进行环境整治和绿化，使汉长安城遗址成为西安市区内面积最大的生态环境优化区和区域文化功能区，实现遗址保护与区域社会、经济协调发展，为申报世界遗产名录奠定基础。

汉长安城遗址保护总体规划的编制和实施，将为遗址的保护工作提供更有针对性的法规依据。

五 保护工程

西安市汉长安城遗址保管所成立后，从 1995 年开始至 2008 年，在国家文物局、陕西省文物局、西安市文物局的领导下，在西安市政府、未央区政府及相关街道办事处和村委会的支持、帮助下，在遗址区群众的密切配合下，积极探索大遗址保护的新模式，先后采取多种保护措施较好保护展示了地面、地下现存遗址。

汉长安城遗址保护项目及资金投入情况一览表

	工程名称	投入（万元）			资金投入（年度）	现状
		合计	地方财政投入	中央财政投入		
1	厨城门、邓六路城墙	24	24		1995	竣工
2	双凤阙	2	2		1998	竣工
3	城墙东北、西北角	30		30	1999	竣工
4	天禄阁	4		4	2000	竣工
5	石渠阁、未央宫夯台	14		14	2001	竣工
6	城墙西南角遗址	49.4	1.5	47.9	2002~2003	竣工
7	桂宫2号宫殿遗址复原展示工程	189	30	159	2002~2004	竣工
8	霸城门遗址	176		176	2005~2006	竣工
9	邓六路南城墙至西安门遗址	313		313	2005~2006	未竣工
10	未央宫前殿遗址	230		230	2005~2006	竣工
11	长乐宫4、5号遗址	580		580	2005~2006	竣工
12	汉长安城遗址陈列馆	300		300	2006	竣工
13	长乐宫6号遗址	300		300	2006	竣工
14	直城门遗址	300		300	2008	正在施工
合计		2511.4	57.5	2453.9		

（一）城墙和地面现存重要夯土台基遗址隔离

隔离保护主要是对汉长安城遗址中急需抢救的地面现存城墙或夯土建筑台基遗址进行保护，主要措施是通过考古资料划定隔离范围，然后对已受破坏遗址本体进行加固，最后用钢护栏围护。

汉长安城遗址地面现存夯土台基主要为版筑夯土，长期以来，自然界风化、雨水冲刷、冰雪消融等，加之人为因素的影响，致使这些夯土台基遗址受到不同程度的破坏。

针对遗址面临的破坏情况，文物部门决定对地面现存夯土台基遗址进行抢救保护，保护模式为围栏隔离。

到目前为止，汉长安城遗址实施围栏隔离保护的主要有南城墙邓六路口、厨城门，城墙东北角、西北角、西南角遗址，未央宫石渠阁、天禄阁、未央宫夯土台、前殿遗址。

1. 城墙遗址加固围栏隔离保护工程

（1）遗址概况

汉长安城城墙周长 25700 米，东城墙平直，西、南、北三面城墙多曲折，其中，尤以南、北城墙更为突出。

城墙纵剖面为梯形，上窄下宽，城墙底部宽约 16 米。城墙内外向上均有收分，倾斜度各为 11 度，城墙原来高度均在 10 米以上，全部为版筑夯土墙，夯土纯净，夯层厚 7 ～ 8 厘米，城墙底部夯层较厚。城墙外有城壕，与城墙相距 30 米。

根据西安市文物管理委员会 1994 年的调查资料，现存四面城墙中南墙保存最好，北墙保存最差，六分之五城墙已遭破坏，西墙有三分之二的城墙遭到破坏。

城门遗址中以霸城门、西安门、覆盎门、宣平门、洛城门、直城门、厨城门、章城门遗址保存较好，门道位置比较明确。安门、清明门、横门、雍门城门门址由于两端城墙被大段挖毁，地面上已不能确定其准确位置。

四个城角中西南角现存夯土高出地面 8.5 米。东南角外侧围绕污水库，城墙从夯层底部至顶部高达 10 米。东北角墙体仅高 4 米多，厚度也只有 2 米多。西北角墙体高出地面 12 米[①]。

（2）设计与修缮原则

针对城墙遗址的保存现状，我们遵循"保护为主、抢救第一、合理利用、加强管理"的文物保护工作总方针，对城墙及其拐角遗址实施了钢护栏隔离保护工程。

（3）主要管理与技术措施

① 南城墙遗址、厨城门遗址

1995 年实施了南城墙邓六路口、厨城门遗址围栏隔离保护。在施工过程中，清理遗址附近的近代建筑、植被，填充渗井坑，进行绿化美化。自南城墙遗址邓六路口向东修建长 100 米、宽约 5 米的保护隔离通

[①] 《西安市文物保护工作资料选编》，西安市文物管理委员会，1995 年 9 月。

图 71　南城墙遗址邓六路口保护工程完工后现状

图 72　南城墙遗址邓六路口东侧保护工程完工后现状

道，通道外侧用钢护栏隔离。同时，对南城墙遗址邓六路口以西的城墙进行围栏隔离，竖立文物保护标志碑（图71、72）。

厨城门遗址清理了遗址上的近代庙宇，以土坯填补城墙上的洞穴，修建围栏，竖立文物保护标志碑。

② 城墙东北角、西北角遗址

由于城墙东北角遗址位于当地一农户院内，1995年的保护并未能从根本上解决农民的生产生活活动对遗址的破坏。

为能更稳妥保留下这段城墙遗迹，1998年，西安市文物局市文发［1998］35号文、陕文物字［1998］21号文请示对汉长安城城墙东北角、西北角遗址实施保护。

项目方案由陕西省古建设计研究所设计，国家文物局文物保函［1998］370号文批复，同意对汉长安城城墙东北角、西北角残存遗址部分采取钢护栏隔离、以青砖垫支加固、居民异地搬迁、治理改善环境等保护措施。

城墙东北角遗址位于西安市未央区汉城街道办事处三官庙村。1999年4月，汉长安城遗址保管所委托中国社会科学院考古研究所汉长安城工作队对此遗址进行勘探和试掘，探明东城墙和北城墙的宽度基本为17.5米，东北角城墙有角楼，上角楼通道位于城墙东北角之内角，南北向，平面呈长方形，南北长10.6米，东西宽4.9米（图73、74）。

考古勘探结束后，1999年5月至9月开始现场施工，施工单位为西安市未央区利民修缮队，经费为国家文物局拨款。

城墙东北角遗址被当地农民作为院墙使用。农民的日常生活用水亦时时浸泡着城墙，城墙极可能被再次破坏。因此，本次保护时采取异地搬迁安置农户的政策，由村委会在遗址外为农民重新划拨庄基地，文物部门出资修建一院新房，将原来的庄基地收归文物部门所有，用于遗址本体保护。

施工措施主要是采用纯净夯土外围加固、包砌汉代城墙，墙外用铁围栏围护等，最后竖立文物保护标志碑。

城墙西北角遗址位于未央区六村堡街道办事处原六村堡小学院内，后经国家文物局批准，小学进行异地迁建。此处遗址与东北角城墙遗址同时进行铁围栏围护（图75、76）。

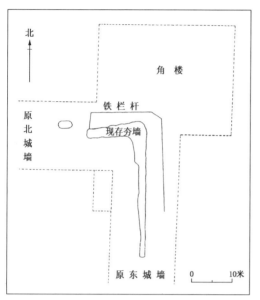

北

角楼

铁栏杆

现存夯墙

原北城墙

原东城墙

0　　10米

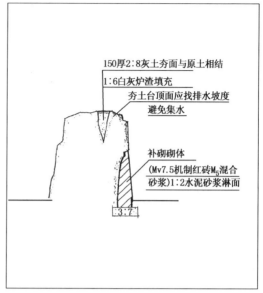

150厚2:8灰土夯面与原土相结

1:6白灰炉渣填充

夯土台顶面应找排水坡度
避免集水

补砌砌体
(Mv7.5机制红砖M₅混合
砂浆)1:2水泥砂浆淋面

3:7

图73　城墙东北角遗址平面图

图74　城墙东北角遗址保护工程
　　　施工方案简图

图75　城墙东北角遗址保护工程
　　　施工现场

图76　城墙东北角遗址保护工程
　　　完工后现状

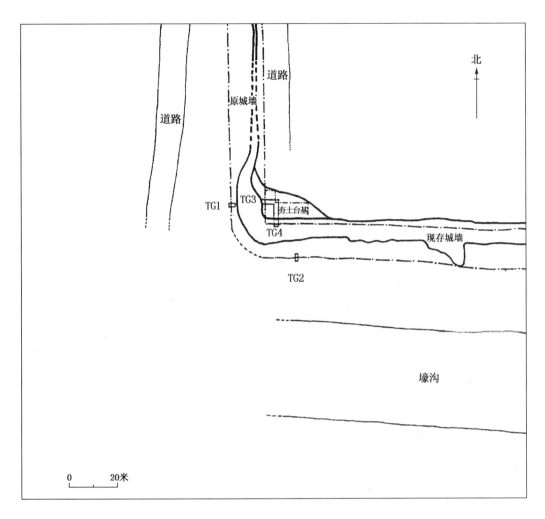

图 77　城墙西南角遗址钻探平面图（采自《考古》2006 年第 10 期）

③ 城墙西南角遗址

随着汉长安城城墙东北角、西北角遗址保护工程的实施，可以明确地界定出该都城的东北、西北范围（图 77～79）。由于城墙东南角遗址外侧为团结湖水库，内侧为田野，距离村庄较远，保存状况相对较好。而城墙西南角遗址西侧为正在修建的西三环，南侧靠近陇海铁路，更南侧为村庄，当地村民的生产、生活可能对城墙造成不同破坏。2001 年，陕文物字［2001］69 号文请示对汉长安城城墙西南角遗址实施保护。项目方案由西安市古建园林设计研究院设计。国家文物局文物保函［2002］272 号文批复，同意对汉长安城城墙西南角残存部分遗址采取钢护栏隔离、以土坯砌体填充城墙侧面空洞、迁移坟墓、治理改善环境等保护措施。

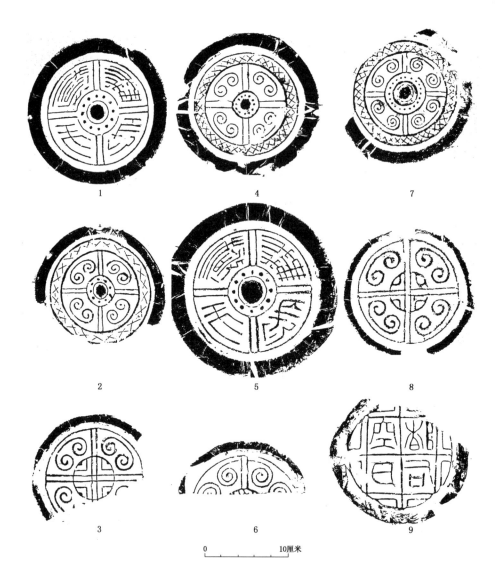

0   10厘米

图78　城墙西南角遗址出土瓦当（拓本）

1、5.“长生无极”瓦当（T4④A：11、T4③：8）　2、4、7.B型Ⅱ式云纹瓦当（T4②：1、T3③：11、T3③：13）

3、8.A型云纹瓦当（T3④：1、T4③：3）　6.B型Ⅰ式云纹瓦当（T4③：16）　9.“都司空”瓦当（T4④A：10）

　　城墙西南角遗址位于西安市未央区三桥街道办事处车刘村西北。
2002年6月至8月，中国社会科学院考古研究所汉城工作队对此处遗
址进行了勘探和试掘。试掘究明了南城墙、西城墙底部的宽度、城墙的
筑法、城墙内面的收分坡度及角楼、城墙拐角内侧夯土台基等情况。

　　2002年8月，施工队进驻现场施工，经西安市文物园林局招投标
领导小组研究，施工单位由具有文物保护工程施工二级资质的西安市古
代建筑工程公司承担，经费来源为国家文物局拨款（图80～84）。

图 79　城墙西北角遗址保护工程完工后现状

图 80　城墙西南角遗址处的坟墓

图 81　城墙西南角遗址保护工程完工后现状

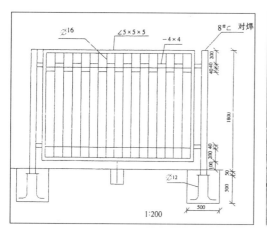

图 82　城墙西南角遗址保护工程围栏设计图
图 83　城墙西南角遗址围栏保护工程完工后现状
图 84　城墙西南角遗址填洞保护工程完工后现状

城墙西南角遗址北、南侧为田野，东侧以一条乡间小道与东段城墙隔离，西侧为农田和西三环。其中南城墙部分保存较好，西城墙部分保存较差，主要表现为此段遗址内有许多大型洞穴和坟墓。

施工措施主要是清除影响遗址环境的垃圾，拆除坟墓，用土填充城墙上的洞穴和坟墓穴，随后用土坯包砌，最后用钢护栏隔离。在城墙西南角遗址保护工程中，共拆迁坟墓一百三十座，占用周围苗圃用地0.2亩（含苗木），清除垃圾413立方米，洞穴填土240立方米，洞穴砌砖45立方米，砌夯土砖墙90平方米，竖立围栏保护长度约330米，竖立一块文物保护碑和一块标识牌。

2003年3月，此项工程正式完工。

（4）保护效果

① 城墙东北角、西北角遗址

城墙东北角、西北角遗址保护工程的实施，加固了地面现存夯土城墙，迁移了农户和学校，避免了农民和学校师生生产、生活对夯土遗址的进一步破坏，保证了学生安全。同时，相对较为长久地标识出汉长安城东北、西北城墙遗址，为确定汉长安城都城范围提供了实证支持。

此次保护工程是汉长安城遗址第一次申请国家文物局文物保护专项经费实施的保护项目，为今后加大资金投入，加强田野遗址保护工作力度提供了借鉴。

② 城墙西南角遗址

城墙西南角遗址保护工程施工中通过充分填充、包砌洞穴和坟墓，较好地保证了大型夯土城墙遗址的稳定性，防止墙体受到夯土坍塌、人为剥落的破坏。

保护工程实施后，有效地改变了遗址区周围环境，对民政部门禁止土葬的政策、西安市"创卫"工作的开展具有一定的促进作用。文物保护说明牌的竖立，提高了汉长安城遗址的知名度和影响力，使汉长安城遗址的保护工作日益受到各方的关注支持。

2. 地面现存重要夯土台基遗址围栏隔离保护工程

汉长安城遗址地面现存建筑夯土台基主要包括未央宫前殿、石渠阁、天禄阁、未央宫夯土台遗址，建章宫前殿、神明台、双凤阙遗址，桂宫夯土台遗址等。目前，未央宫内的所有现存夯土台基遗址全部实施了加固围栏隔离保护工程。

图 85　未央宫天禄阁遗址保护工程实施前原状

图 86　未央宫天禄阁遗址保护工程完工后现状

未央宫位于长安城西南部，是西汉帝国二百余年间的政令中心。未央一词出自《诗经》"夜如何其？夜未央"。

未央宫遗址位于今天西安市未央区未央宫街道办事处的西马寨、东马寨、大刘寨、小刘寨、柯家寨、卢家口、周家河湾等村。地面现存夯土台基遗址四处，已经进行考古发掘的建筑遗址五处。对于地面现存夯土台基遗址，已全部实施了围栏隔离保护工程。

（1）未央宫天禄阁遗址

未央宫天禄阁遗址在今西安市未央区未央宫街道办事处小刘寨村西北天禄阁小学内。地面现存夯土台基南北长34米，东西宽22米，残高7米。

经过考古勘探，天禄阁遗址的夯土台基东西长55米，南北宽45米。基址南边正中向南伸出的夯土范围为南北宽15米，东西长25米。

由于天禄阁遗址位于小学校园内，同时，由于自然界风雨的剥蚀，长期裸露在外的夯土台时有坍塌的可能，对小学生的人身安全构成一定威胁，因此校方迫切要求文物部门对此遗址进行保护。汉长安城遗址保管所请示市文物局后，2000年由西安市政府出资4万元对此遗址进行了抢救保护（图85、86）。

项目由西安市古建园林设计研究院设计方案，内容是抢救加固被植被损毁的遗址，围栏隔离夯土台基，保护学生安全。

2000年7月正式施工，施工方为西安市古代建筑工程公司第六项目部。施工时按照天禄阁小学的具体情况和保护工程的需要，共拆除靠近遗址的屋面10平方米，拆除砖墙10平方米，新砌砖墙14平方米，铺设地面青砖100平方米，安装铁护栏门两扇（1.8×2米），制作宣传牌若干。

未央宫天禄阁遗址实施围栏隔离保护后，防止了地面夯土台基遗址的继续剥落坍塌，保护了学生安全，保证了学校正常的教学。

（2）未央宫石渠阁、夯土台遗址

未央宫石渠阁遗址在今西安市未央区未央宫街道办事处柯家寨村西北250米，周家河湾村东400米处。未央宫夯土台遗址位于未央宫前殿西北部，在今西安市未央区未央宫街道办事处周家河湾村南约100米处，可能是未央宫的西宫墙遗址。

经测量，石渠阁基址东西长77米，南北宽65米，高7米。未央

图 87　未央宫石渠阁遗址保护
　　　　工程实施前原状
图 88　未央宫石渠阁遗址保护
　　　　工程完工后现状
图 89　未央宫夯土台遗址保护
　　　　工程实施前原状
图 90　未央宫夯土台遗址保护
　　　　工程完工后现状

宫夯土台现存遗址东西 15 米，南北 17 米，高 8 米。

1999 年，石渠阁、未央宫夯土台遗址保护方案由西安市古建园林设计研究院设计，西安市文物局报请陕西省文物局、国家文物局批准。2000 年，国家文物局批复并拨付保护经费。2001 年 7 月开始施工，内容是钢护栏隔离、夯土台洞穴填补、迁移石渠阁遗址上的坟墓及清运垃圾等。

施工方为西安市古代建筑工程公司第六项目部，由于石渠阁基址周围有现代坟墓，因此，在保护工作前期，花费大量时间和精力清除坟墓，采取了祭奠、通告、赔偿、迁移或平整坟地等措施。坟地清除后，对遗址区进行环境整治、竖立保护标志碑、围栏隔离遗址，并在围栏上制作保护遗址的宣传标语（图 87、88）。

未央宫夯土台基址位于田野，主要破坏是历史上遗留下来的洞穴，施工时主要进行洞穴的填充和包砌，重新竖立文物保护碑，并进行围栏隔离。2001 年 10 月，该保护项目顺利完工（图 89、90）。

未央宫石渠阁和未央宫夯土台基址保护工程加固了现存夯土台基址，整治了遗址区环境，将遗址区与周围村民土地隔离，保证遗址本体的土地归属，保护了遗址安全。

3. 未央宫前殿遗址围栏隔离保护工程

（1）遗址概况

根据史料，前殿在周代称路寝，秦汉称前殿，魏明帝以后改称太极殿。未央宫前殿是未央宫的正殿，位于未央宫中部，坐北朝南。《水经注·渭水》记载：萧何修建前殿"斩龙首山而营之"，"山即基阙，不假筑"。汉武帝时，对前殿进行了重新扩建。《三辅黄图》卷二记载："至孝武（汉武帝），以木兰为棼橑，文杏为梁柱。金铺玉户，……黄金为璧带，间以和氏珍玉，风至，其声玲珑然也。"建筑之豪华，为其他宫殿不能比。新莽时，王莽"还坐未央前殿"，并在此宣布改国号为新。公元 9 年，王莽改未央前殿名为王路堂。

西汉末年，在战争中，作为汉代皇家政权象征的未央宫首先受到冲击，曾经巍峨壮观、雄伟高大的未央宫前殿建筑首当其冲。《汉书·王莽传》载，公元 23 年，绿林军入长安，"莽避火宣室前殿，火辄随之"。未央宫被火烧三日，前殿随之毁于大火。

前殿遗址位于今西安市未央区未央宫街道办西马寨村北的田野之

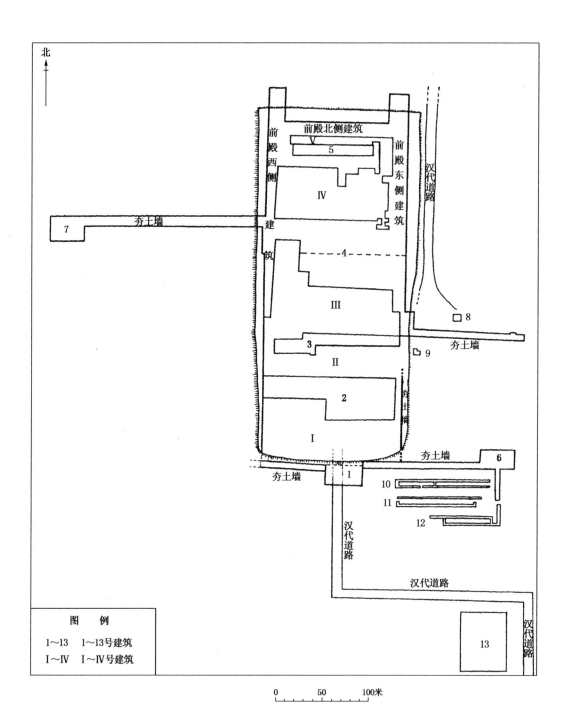

北

前殿北侧建筑

前殿西侧建筑

前殿东侧建筑

夯土墙

建筑

汉代道路

汉代道路

汉代道路

汉代道路

夯土墙

夯土墙

夯土墙

夯土墙

Ⅰ Ⅱ Ⅲ Ⅳ Ⅴ

1 2 3 4 5 6 7 8 9 10 11 12 13

图　例

1～13　1～13号建筑
Ⅰ～Ⅳ　Ⅰ～Ⅳ号建筑

0　　　50　　　100米

图91　未央宫前殿遗址钻探平面图

中，周边现为东马寨村、大刘寨村耕地。2000 年，未央区实施大绿工程，在前殿周边栽植速生杨林带 100 ～ 200 米不等。由于遗址东侧紧邻邓六路，一条生产路自邓六路由东向西横穿遗址中部，长期以来，农民的生产生活活动对遗址蚕食破坏比较严重。20 世纪 60 年代，地方政府曾在未央宫前殿周围夯筑土墙对前殿遗址范围进行保护，现今除西北侧有部分遗留土墙痕迹外，其他已不复存。

2005 年 10 月份，国际古迹遗址理事会第十五届大会在西安召开，这次会议的主题是"遗址与遗址环境"。对于这个问题的研究和探讨，不但具有深远的历史意义，对于我国文物事业现状来讲也具有十分重要的现实意义。

为迎接此次盛会，西安市非常重视大遗址的文物保护工作，并且期望借助这次盛会，让西安的大遗址保护再上一个新的台阶。其中汉长安城南城墙邓六路至西安门段保护工程、未央宫前殿遗址围栏保护项目就是在这种背景下开始实施的。项目方案由陕西省古建设计研究所设计，经多方论证后报送国家文物局审批。

2005 年 3 月 31 日，国家文物局文物保函〔2005〕289 号文批复，原则同意对未央宫前殿遗址采取钢围栏隔离保护。批复要求围栏应该在未央宫前殿遗址的外围预留足够的空间，确保遗址的完整性；围栏形式应尽量简化，不宜过密，立柱的基础不宜过深；施工前应请专业单位进行必要的文物勘探，如有重要发现应及时调整方案。

（2）考古工作

20 世纪 80 年代，中国社会科学院考古研究所对未央宫进行考古工作。未央宫前殿距离东、西、南、北宫墙分别为 990 米、1060 米、860 米、890 米。殿基遗址平面呈长方形，南北长约 400 米，东西宽约 200 米，由南向北分为三级台基排列，次第升高。每级台基上都有宫殿建筑，北端最高处高出今地面约 15 米，南端高出今地面约 0.6 米。1980 年，考古工作者对前殿遗址西南部和东北部遗址进行考古发掘。据其位置和出土遗物分析，两处遗址应属前殿的附属建筑，居住着服务于皇室的一般工作人员，他们在皇宫从事着保卫、医疗和管理等工作[1]。

2005 年 4 月至 5 月，西安市汉长安城遗址保管所委托中国社会科

---

① 刘庆柱、李毓芳《汉长安城》，文物出版社，2003 年。

图92　未央宫前殿遗址保护工程实施前原状

学院考古研究所陕西第二工作队对未央宫前殿遗址范围进行钻探（图91）。经钻探，未央宫前殿遗址平面呈南北向长方形，南北通长379.3米，东西通宽197米。除东南角外，其余三个角均有一个长方形凸出部分。在前殿周边还发现夯土台基和道路遗迹（图92）。

（3）保护工程方案及技术要求

按照国家文物局的批复要求和最新考古资料，我们对保护方案进行了调整，最后确定了以下方案：

① 保护方案设计原则

在保护方案编制及整个保护实施过程中遵循的原则：

a. 遗址安全性原则。遗址是不可再生的文化遗产，有很高的历史、文化、科学艺术价值，在保护方案设计中，必须遵守文物保护法有关规定，保证文化遗存的安全。

b. 可逆性原则。所用工程材料及施工工艺全部有可逆性，对以后的保护工作不造成无法恢复的影响。

c. 最少干预原则。

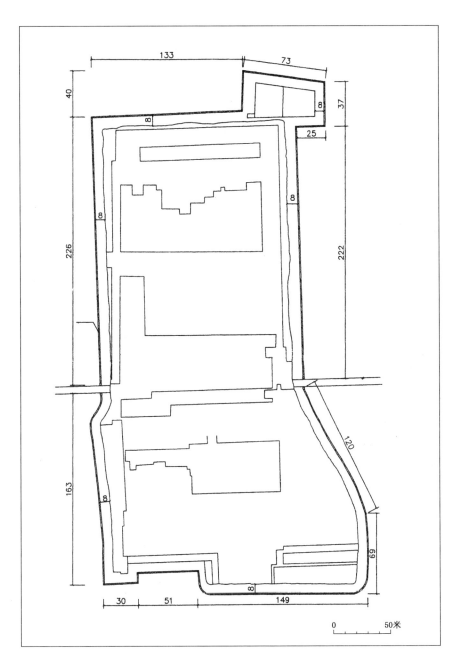

图 93 未央宫前殿遗址围栏保护工程施工平面图（采自《西安大遗址保护》）

d. 可行性原则。

② 保护方案

保护工程主体为钢围栏维护（图 93、94）。

a. 此本工程为遗址保护工程，必须在施工中切实做好该遗址工程
修复的保护工作，杜绝在施工中破坏遗址的现象，遵守施工规范，确保

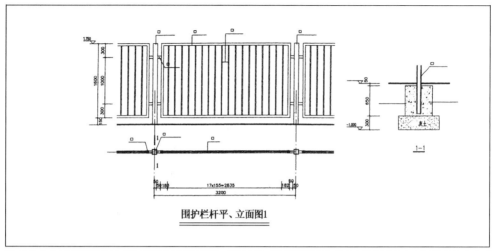

围护栏杆平、立面图1

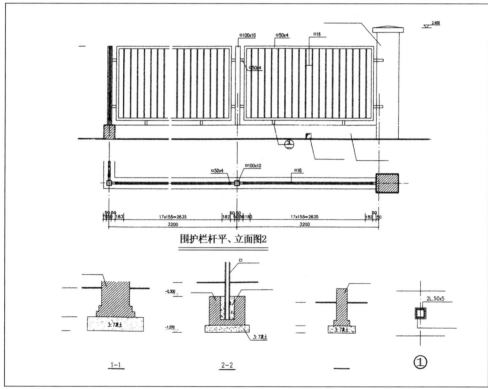

围护栏杆平、立面图2

图94 未央宫前殿遗址围栏保护工程施工图

按施工图施工。

b.围栏0.3米以下采用24厘米厚砖墙,1.3米以上采用50×4及Φ16黑色铁件。

c.铁件外露焊接部分均应锉平,所有外露铁件均刷防锈漆一道,调和漆两道,颜色为黑色。

d.自然地面如有坡度,围栏做成台阶式。

e.砖采用机砖MU10。水泥砂浆采用M5。混凝土采用C20。灰土采用3:7灰土,灰土的压实系数不得小于0.95。

f.首先应对遗址进行详细测量,施工尺寸以现场实测为准。

g.工程施工顺序为先上后下、先整理后保护,再施工、放线、验线、开挖、回填、夯实流水作业。具体围栏的顺序为清理放线→检验评定→基础开挖→检验评定→栏杆制作检验评定→栏杆安装→检验评定→栏杆刷油漆→检验评定。

(4)工程实施

2005年4月19日,经西安市文物局局长专题办公会议研究决定,未央宫前殿遗址围栏保护工程的施工方为西安市古代建筑工程公司,监理单位为陕西省古建设计研究所。2005年5月工程开工。

工程开工后,委派现场项目负责人,依据考古资料从放线、验线、开挖、回填到协调保护用地、现场水、电设施等进行现场管理。按照施工顺序和现场实际情况,工程按步骤完成了以下工作内容:

第一,协调保护用地。

第二,进行现场清理和环境整治,清除施工地段的杂草灌木,迁坟、清理垃圾,拆除苗圃内影响环境风貌的建筑物。

第三,开挖基坑,对部分地势低洼地面进行素土回填;浇注柱基。

第四,砖砌西南侧挡土墙,素土回填对遗址进行保护。

第五,钢围栏焊接、安装。

第六,围栏油漆。

第七,开通参观通道。

2005年年底,除几扇与遗址外相通的农用小路出口的铁门没有安装之外,此项保护工程基本完工。

和其他保护工程一样,前殿遗址围栏保护工程首先要解决的就是

图 95　未央宫前殿遗址围栏保护工程基础施工现场

图 96　西安市文物局局长郑育林（右三）、副局长向德（左五），未央区政府区长郭大为（右四）等在
　　　　未央宫前殿遗址协调保护工作现场

图 97　未央宫前殿围栏保护工程施工现场

图98　未央宫前殿围栏保护工程完工后现状

土地问题。前殿总面积约 120 亩，由于历史原因，遗址上约三分之二的区域，即北部第二、三台基上的土地属于文物部门管理。南面第一台基的土地由西马寨村集体使用，目前出租给一家苗圃，主要种植苗木。台基南端有少部分村民承包地。按照考古资料，前殿是一个完整的地上台基遗址，为了遗址不被分割，并进行完整保护，围栏必须通过苗圃和部分个人承包土地。为此，我们多次与区文化局、街道办、村委会、村民个人协商、沟通。由于遗址南部的苗圃占地面积大，全部搬迁补偿费用高，一时难于解决，当时可行的解决办法是由西马寨村委会负责按照文物部门提供的围栏施工线位，移除苗木提供土地；基址南部、西南部围栏和道路占地由当地政府负责出资租赁；文物部门负责保护工程的实施和进行环境整治（图 95 ～ 98）。

（5）保护效果

前殿遗址围栏保护工程的实施，不仅保护遗址本体，改善遗址周围环境，也使人们认识到保护遗址的重要性，逐步得到当地居民的理解支持，并营造出保护遗址的有利环境。

保护工程的实施，将遗址区与周围田野隔离，避免受到其他违法建设的破坏，有利于遗址的长久保存。

未央宫前殿遗址是汉长安城遗址内面积、规模最大的夯土台，是其标志性建筑，保护工程的实施，向世人展示了汉代未央宫正殿——前殿的恢弘气势，使现代人对两千多年前的汉代皇宫有一个基本的认识，并且逐步以此作为汉长安城遗址保护展示的示范重点和中心，从而带动整个遗址区的文物保护事业。

文化遗产保护产生的效益是综合的，前殿遗址保护工程的实施，对调整前殿周边村庄的产业结构，扩大对外开放，增加西安市的绿地面积和休憩空间，丰富人民生活，弘扬爱国主义教育，促进社会主义精神文明建设将起到一定作用。

（6）后续保护工程

在前殿遗址围栏保护工程实施后，汉长安城遗址保管所委托西安文物保护修复中心和陕西古迹遗址保护工程技术研究中心编制了未央宫前殿遗址本体保护方案，并上报国家文物局批准。2009年12月15日，国家文物局文物保函［2009］1516号文批复同意。根据国家局批复意见，经修改完善，该保护方案主要内容如下：

第一，覆土展示保护。

隔绝外界不利因素对遗址的影响，对土遗址进行覆土保护，同时展示前殿建筑格局。修葺遗址边坡，修整遗址表面的排水坡度，减少雨水对遗址的冲刷和浸泡。

第二，木质观览通道。

为了减少观览人群对遗址的踩踏，同时满足人们对遗址的近距离观瞻需要，在前殿遗址中部台基上搭建木质观览平台，通过参观栈道和外部道路连接。

第三，A区遗址地面复原展示。

对前殿西南侧A区房屋遗址进行原址地面复原展示。

为确保遗址安全，根据国家文物局批复，对前殿遗址补充开展必要的考古工作。2010年春，中国社会科学院考古研究所陕西第二工作队对未央宫前殿遗址及周边范围进行了考古钻探，钻探总面积15万平方米。

① 前殿台基

根据钻探，前殿上面有三处规模较大的建筑基址，北端有一呈东西向长条形的建筑基址。前殿遗址的南侧，中部为一方形建筑基址，东西两侧各连接一东西向夯土墙，南面正对前殿南侧的南北向汉代道路。在道路北部东侧还发现一组由夯土墙围成的汉代建筑基址。前殿遗址的周围分布有一些小规模的夯土建筑基址。

② 建筑遗迹

前殿上面及其周边共有夯土建筑遗址十三处，分别编号为 1 ～ 13 号建筑。

1 号建筑位于前殿南缘中偏东部，平面呈长方形，东西长 41 米，北部边界不明，南北现存最大宽度为 27 米，夯土筑成。夯土堆积在地面以下 0.3 米出现。根据其位置推断，有可能是未央宫前殿建筑群的南门。

1 号建筑的东西两侧各连接一条东西向的夯土墙。东侧的夯土墙位于 1 号建筑的现存东壁北端向东，东西长 126 米，南北宽 7 米。夯土堆积在地面以下 0.5 米出现。夯土墙的东侧与一方形夯土基址相接，编号为 6 号建筑。6 号建筑东西长 38 米，南北宽 20 米，夯土筑成。夯土堆积在地面以下 0.5 米出现。西侧的夯土墙位于 1 号建筑的现存西壁北端向西，东西长 71 米，南北宽 7 米。夯土堆积的埋藏深度为 0.5 米。

2 号建筑遗址北距 1 号建筑 51 米，东西总长 144 米，南北宽 44 米，可分东西两部分。东部呈长方形，东西长 75 米，南北宽 44 米。西部呈各式长条形，东西长 69 米，南北宽 23 米。夯土堆积在地面以下 0.5 米出现。

2 号建筑以北 34 米，分布有一条东西向的长方形建筑基址，编号为 3 号建筑。3 号建筑东西总长 135 米，南北最大宽度 23 米。可分为东西两部分，东部呈长方形，东西长 105 米，南北宽 12 米，西端南折。南折部分南北长 23 米，东西宽 14 米。其东南角有一凸出部分，呈长方形，东西长 6 米，南北宽 2 米。西部亦呈长方形，东西长 32 米，南北宽 15 米。3 号建筑的东部夯土在地面以下 0.5 米出现，西部夯土的埋藏深度为地面以下 0.8 米。

2 号建筑的东侧 9 米处发现一段南北向的夯土墙，南北长 76 米，东西宽 1.5 米。夯土堆积埋藏在地面以下 0.5 米处，夯土厚 1.7 米，地面以下 2.2 米为生土。

4 号建筑位于 3 号建筑以北 48 米处，东西长 141 米，南北宽 70～72 米，分为南北两部分。南部夯土埋藏较深，地面以下 1 米为夯土堆积，平面呈长方形，东西长 115 米，南北宽 34～36 米，西南部有一方形缺口。缺口东西 13 米，南北 15 米。北部埋藏较浅，地面以下 0.5 米即出现夯土堆积，东西长 141 米，南北宽 36 米。

5 号建筑位于 4 号建筑以北 68 米处，平面呈长方形，东西 87 米，南北 11 米。夯土堆积在地面以下 0.3 米出现。

5 号建筑的南面为一片夯土堆积，围绕 5 号建筑的东、南、西三面。南部大致呈长方形，东侧向南有曲尺形的凸出部分，东西长 87 米，南北宽 13 米，向南凸出部分东西 22 米，南北 20 米。东部呈南北向长方形，东西 8 米，南北 34 米。西部南北长 23 米，东西宽 15 米。其西侧与前殿西侧的长条形建筑基址相连。夯土堆积在地面以下 0.5 米出现。

前殿遗址的西侧，西北角以南 137 米处，2 号建筑北部向西有一道东西向的夯土墙，东西长 196 米，南北宽 11 米。夯土堆积在地面以下 0.5 米出现。其西端连接一方形建筑基址，编号为 7 号建筑，东西长 37 米，南北宽 26 米，夯土堆积的埋藏深度为 0.5 米。

前殿遗址的东侧，东北角以南 230 米处，亦有一道东西向的夯土墙，东西 122 米，南北宽 8 米。其东端以西 10 米处，向北有一处凸起。凸起部分东西长 7 米，南北宽 2 米。夯土堆积埋藏在地面以下 0.5 米处。夯土墙西北角以东 43 米，以北 10 米处，有一方形夯土建筑基址，编号为 8 号建筑，东西长 9 米，南北宽 7 米。夯土堆积在地面以下 0.5 米出现。夯土墙西端以南 14 米处，有一曲尺形夯土建筑，编号为 9 号建筑，东西长 8 米，南北宽 6 米。夯土堆积在地面以下 0.5 米出现。

前殿夯土台基的西南侧，还分布有三座由夯土墙围成的建筑基址，分别编号为 10～12 号建筑。

10 号建筑位于 1 号建筑以东，夯土墙南侧 12 米处，西北角距离 1 号建筑的东壁约 36 米。其平面呈长方形，东西长 103 米，南北宽 9～11 米。中部偏西有一南北向隔墙，将其分为东西两间。西间长 42 米（不含隔墙厚度），南北宽 11 米。南墙东部开一门，门道面宽 3 米，进深 2 米。四面围墙厚度不一，西墙厚 4 米，南墙厚 2 米，北墙厚 3 米。东间长 61 米，宽 8 米。四面围墙厚度不一，北墙厚 3 米，西墙厚

4米，南墙厚2米。东面开门，门道面宽4米。

11号建筑位于10号建筑以南12米处，平面呈长方形，北墙略长于南墙。东西总长92米，南北宽10米。北墙长92米，厚2米。西墙长10米，厚3米。北部开门，门道面宽3米，进深3米。南墙长86米，厚3米。东墙长10米，厚3米。北部开门，门道面宽4米，进深3米。

12号建筑位于11号建筑东部以南约9米处，平面基本呈长方形，东西长54米，南北宽12米。北墙的西部长出15米，南墙的东部长出5米。未发现门道。北墙长68.5米，厚3米。南墙长54米，厚3米。东墙长10米，厚3米。西墙宽10米，厚3米。

10～12号建筑的围墙夯土在地面以下0.3～0.5米出现，室内地面则埋藏在地面以下0.8米处，可见围墙尚在的高度在0.3米以上，12号和11号之间的地面则埋藏在地面以下1.5米处，可见此处夯土墙的现存高度应在1米以上。

10～12号建筑的东侧，有一道南北向的夯土墙，北与6号建筑的南壁相接，南面与12号建筑的南墙东端相连。墙长60米，北端以南33米处有一缺口，似为门道。门道面宽4米，进深5米。门道以北墙厚5米，门道以南墙厚4米。

前殿夯土基址的东南侧分布有一座夯土建筑，编号为13号建筑。13号建筑平面呈长方形，南北长62米，东西宽50米。夯土堆积在地面以下0.5米出现，夯土厚1.5米。其下为生土。

前殿上面北部东西两侧，各有一南北向的长条形建筑基址。在Ⅳ号庭院的北侧，也有一座东西向的长条形建筑。

前殿东部的长条形建筑位于5号建筑、Ⅳ号庭院的东侧，南北向。西缘有部分凹凸部分。南北长88米，东西宽16～20米。夯土埋藏在地面以下0.5米。

前殿北部的长条形建筑，分布于Ⅳ号庭院北部的北侧，东西长113米，南北宽16米，夯土堆积埋藏在地面以下0.5米。

前殿西部的长条形建筑分布于Ⅳ号庭院、4号建筑和Ⅲ号庭院的西侧，南北长206米，东西宽7～18米。夯土堆积埋藏于地面以下0.5米。

③庭院

前殿遗址上面的夯土建筑基址之间，分布着若干庭院。目前，共发现五处，分别编号为Ⅰ～Ⅳ号庭院。

1号建筑以北、2号建筑以南为Ⅰ号庭院，平面呈曲尺形，东西长150米，南北宽44～68米。分为东西两部分，东部宽66米，西部宽68米。

2号建筑与3号建筑之间为Ⅱ号庭院，平面大致呈长方形，略有曲折。东西长149米，南北宽23～34米。分为东西两部分，东部东西长92米，南北宽34米；西部东西长47米，南北宽23～25米。

3号建筑与4号建筑之间为Ⅲ号庭院，平面基本呈曲尺形，东西长140米，南北宽48～104米。分为东西两部分。东部东西长110米，南北宽48米。其东北部有一缺口，南北长14米，东西宽9米。西部东西长30米，南北宽104米。

Ⅳ号庭院位于4号建筑以北。其北部环绕5号建筑的南、东和北部，形状大致呈长方形，东西长135米，南北宽96米，可分为南、东、北三部分。南部位于4号建筑和5号建筑之间，平面基本呈长方形，东西长124米，南北宽55米，北缘东部和东缘北部有部分凹进。东部位于5号建筑东侧，平面呈长方形，南北40米，东西14米。北部位于5号建筑以北，平面呈长方形，东西长110米，南北宽8米。

④汉代道路

前殿周边的汉代道路共发现两处（编号为1、2号路），分别位于前殿遗址的南侧和东侧。

1号路位于前殿遗址南侧，平面呈之字形，可分为北、中、南三部分。北部呈南北向，北端在前殿遗址南缘中部偏东以南。其西缘距离前殿遗址的西南角约78米。路南北长119米，东西宽11米，路土堆积埋藏在地面以下1.1米处。中部呈东西向。其西端接北部的南端，东端与南部的北端相接，东西长218米，南北宽10米。南部呈南北向，北端与中部的东端相接，路宽10米，向南延伸至西安门。

2号路位于前殿遗址东侧。其西缘距离前殿遗址的东缘9～14米，北端始于前殿遗址东北角以北约9米，南端延伸至8号遗址北侧附近。路长216米，宽10米左右，南端变宽东折，折角处东西宽44米左右。

钻探表明，前殿遗址夯土台基南北总长420米，东西宽164米。自南向北分为三级，各级台基上分布着若干规模不等的建筑遗迹。

前殿南部的1号建筑，从其位于前殿南部基本居中位置及其向南有一条南北向的汉代道路分析，应该是前殿遗址的门址。前殿各级台基

图 99 建章宫双凤阙遗址保护工程完工后现状

上分布的 2、3、4 号建筑，应该是前殿上面的主要殿址。5 号建筑位于前殿的最北端，平面呈东西向的长条形，高度最高，有可能是见于史籍的后阁。前殿周围的 6 ～ 9 号、10 ～ 12 号建筑，规模均不大，或与前殿通过夯土墙相连，或距离前殿位置很近，应该是服务于前殿的某些功能性建筑。13 号遗址距离前殿较远，规模也较大，应是前殿以外、未央宫内的另外一处宫殿建筑。

前殿南侧的道路，直通前殿，应是汉代登临前殿的主要通道。至于前殿东侧的汉代道路，由于距离前殿较近，功能亦应与前殿有关。

目前，遗址保护项目正在实施中。

（二）建章宫双凤阙遗址包砌保护工程

包砌保护也是实施地面现存夯土台基遗址的保护方式之一。其保护措施是对濒危夯土台基遗址用青砖或夯土包砌，主要采取此项保护措施的是建章宫双凤阙遗址（图 99）。

建章宫位于汉长安城西城垣外，是汉武帝时活动的主要宫室。宫城周回二十余里，四面各有一座宫门。双凤阙位于宫城东门外，西距建章宫前

图100　唐感业寺遗址维修保护工程实施前原状

殿 700 米。双凤阙遗址是我国现存最早的古代阙址，由一对东西并立的阙台基址组成，两基址东西间距 53 米。西阙基址保持较好，现高 8.5米，底部直径约 17 米。东阙保存较差，现高 6 米，底部直径约 5 米。

　　1997 年夏季，由于雨水肆虐，双凤阙基址夯土受损严重，为抢救此主要遗迹，汉长安城遗址保管所委托西安市古代建筑工程公司对此遗址实施包砌保护。主要内容是清理夯土台基周围植被，对开裂夯土进行填充浇注，从下向上对现存夯土用砖包砌。

　　此项保护工程为抢救保护项目，保护资金 2 万元，由西安市地方财政支付。

　　（三）唐感业寺遗址维修保护工程

　　唐感业寺遗址位于汉长安故城北部，唐禁苑内。遗址保存一通明代重修感业寺石碑和一座民国时期风格的建筑。遗址附近曾出土唐代板瓦、筒瓦、瓦当等建筑材料和日用瓷器，其中蓝色琉璃板瓦相当精美，说明原有建筑等级较高。据新旧唐书载，武则天曾削发为比丘尼，居感业寺。这里也曾出土北朝时期的佛教石造像，推测西魏、北周时期这里

图 101　唐感业寺遗址维修保护工程施工现场
图 102　唐感业寺遗址维修保护工程完工后现状

可能就是一座佛寺（图 100）。

2003 年，西安市文物局出资 4 万元，地方政府配套 1 万元，对此遗址中民国时期风格的建筑进行维修，对明代重修感业寺碑进行加固。维修工程由西安市古代建筑工程公司承担（图 101、102）。

（四）桂宫 2 号建筑南区遗址、霸城门遗址、长乐宫 6 号建筑遗址覆土复原展示保护工程

覆土复原展示保护指的是对已发掘的遗址进行实测、照相、录像等资料收集后回填，填土覆盖 1.5 米左右，在其上按照 1∶1 的比例复原保护并展示遗址。

此种保护方式适合于保存状况较好、研究价值较高、面积较大、周围环境单一的已经考古发掘的地下遗址。已采取此种保护方式的有汉长安城桂宫 2 号建筑南区遗址保护展示工程和霸城门、长乐宫 6 号建筑遗址保护展示工程，与之保护方式相关的有南城墙邓六路口至西安门段城墙城门遗址保护工程。

1. 桂宫 2 号建筑南区遗址

（1）遗址概况

桂宫位于汉长安城中西部未央宫之北，是汉武帝时的后妃之宫。经考古勘探，宫城平面呈长方形，南北长 1840 米，东西宽 900 米，周长 5480 米，面积约 1.66 平方公里。其南、北、东三面各发现一座宫门，南、北宫门之间有纵贯宫城的南北道路相连，从东宫门有东西向道路通至宫城南北大路。此次实施保护展示的是桂宫 2 号建筑南区遗址。

（2）考古工作

① 第一次考古发掘

桂宫 2 号建筑南区遗址位于西安市未央区六村堡街道办事处夹城堡村东北约 1 公里处。1997 年 11 月至 1998 年 5 月，由中国社会科学院考古研究所和日本奈良国立文化财研究所组成的中日联合考古队联合发掘，发掘范围东西长 84 米，南北宽 56 米，面积 4704 平方米。

依据考古发掘结果可知，桂宫 2 号建筑遗址为桂宫正殿。它由三部分组成，即南区、北区和北面的高台建筑。南区主体建筑——宫殿殿堂居中，东西两侧为附属建筑，南为广庭，北为院落。宫殿殿堂台基东西长 51 米，南北宽 29 米。台基四壁有壁柱，外环绕廊道和散水。廊道

地面铺砖，宽 2 ～ 2.1 米。散水有卵石散水和以瓦片竖立铺装的散水。

殿堂南面设东西二阶，为上下殿堂的通道。二阶对称分布。

殿堂台基东有一组半地下建筑房址，南北长 22 米，包括门道、传达室、通道和主室四部分。门道有南北两处，南门道自东向西由台阶、平道、坡道和平道组成，北门道自西向东由坡道、平道组成。传达室在南门道北侧，坐北朝南，南墙西部辟门。主室位于地下建筑南北居中位置，平面呈方形，边长 6.9 米。主室东北有一附室。通道分为南北通道，南通道在主室以南，北通道在主室以北。该房址地面均铺方砖，并设有多重门槛。房址四壁有壁柱，主室中部有一明柱。房址的地下部分是在夯土台上挖出的，四壁内侧均为夯土，夯土外砌土坯，土坯外抹麦秸泥。由于该房址发掘时有大量红烧土堆积，推测可能是在王莽末年的战争中被焚毁。

殿堂台基东部还有一些附属建筑，其南部有瓦片竖砌的南北向通道通向遗址东南。遗址东北角清理出砌砖地漏和排水道，地漏与地下排水道进水口相邻，排水方向为由南向北。

殿堂台基北面东西并列两座院落，二者平面结构相近，均为长方形，中为天井，周设回廊，廊道铺方砖，廊外置散水。二院落北侧为一东西向廊道，院落与廊道间以木坎墙隔开，廊道东西两端辟门。

二院落西部连接殿堂台基各有一南北向通道，每个通道之间又用土墙分成两股道。西通道旁有类似现代传达室（或门卫室）之类的建筑房址。

在殿堂台基中北部还有一地下建筑，坐南朝北，北墙辟门，门道北端置门槛，出门进入殿堂北廊。

南区遗址与北区遗址被一堵土墙隔开。南区遗址西北部有一宽大门道，沟通二院。从北区遗址已发掘和勘探的情况来看，北区建筑主要用于生活起居。站在北区的高台建筑上，未央宫前殿、石渠阁、天禄阁和建章宫双凤阙可以尽收眼底。

在殿堂台基西北部有一眼水井。井台平面呈方形，地面铺砖，井深 5 米，井壁上部以扇形砖券筑，下部砌陶质井圈。西部有一些小型院子和类似沐浴场所的砖池设施。

该遗址出土遗物主要包括陶器、铁器、铜器、钱币等，陶器主要是建筑材料和生活器皿，铁器有生产工具和兵器，铜器有镞、环等。

桂宫2号建筑南区遗址北面有同组建筑中的北区遗址,再北为一处长51米、宽48米、高12米的夯土台基。此台基可能就是《三辅黄图》引《关辅记》所记载的桂宫之中的"土山"。

从桂宫2号建筑南区遗址的具体位置、建筑规模和布局来看,该遗址应为桂宫中的重要宫殿。桂宫南区和北区反映出汉代建筑"前朝后寝"或"前堂后室"的布局特点,即将大朝正殿置于南部,其北有用于寝居的宫室和象征大自然的山水,这也集中体现了人与自然的和谐。此建筑风格对后代宫殿建筑影响深远,明代北京皇宫北邻景山的设置,就可能是这种设计思想的反映[①]。

桂宫为后妃之宫,由于同时期的宫殿建筑——建章宫、明光宫等建筑遗迹发现较少,进行的考古工作有限,因此,桂宫2号建筑遗址的发掘对复原研究当时汉都长安城中后妃的生活场所有重要的历史价值。

② 第二次考古发掘

由于第一次考古工作结束后对遗址进行了回填保护,因此,在协调好前期的土地、资金等问题后,开展遗址保护之前,必须进行第二次考古发掘。2001年10月,中国社会科学院考古研究所陕西第二工作队对该遗址进行了第二次考古发掘。

(3)工程实施

① 保护方案

该遗址保护方案由陕西省古建设计研究所编制。1999年8月11日,西安市文物局邀请陕西省文物局、陕西省文物保护中心、西北大学、西安建筑科技大学等单位的领导、专家学者对桂宫2号建筑遗址的保护方案进行论证(图103、104)。保护方案主要遵循以下原则:

第一,在完整保护基址和一切遗址现象的前提下,将遗址区建设成保护为主的展示服务区。

第二,鉴于西安地区年降水量在700毫米以下,冬季冻结深度为800毫米,因此覆土保护层最薄不能薄于800毫米,再加管道距地表厚度,总厚度当不小于1500毫米。

第三,在进行保护时,为同时兼顾保护和展示的需要,对遗址的

---

① 中国社会科学院考古研究所汉长安城工作队、日本奈良国立文化财研究所中日联合考古队《汉长安城桂宫二号建筑遗址发掘简报》,《考古》1999年第1期;《汉长安城桂宫二号建筑遗址B区发掘简报》,《考古》2000年第1期。

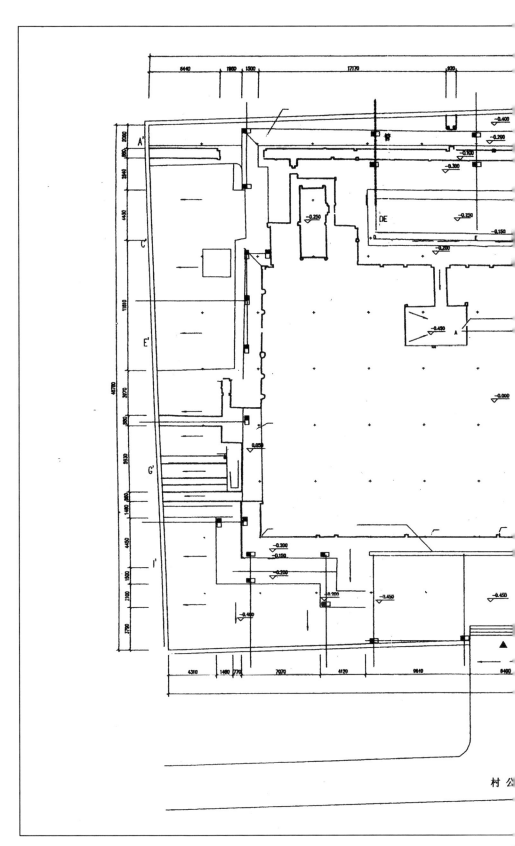

图104 桂宫2号

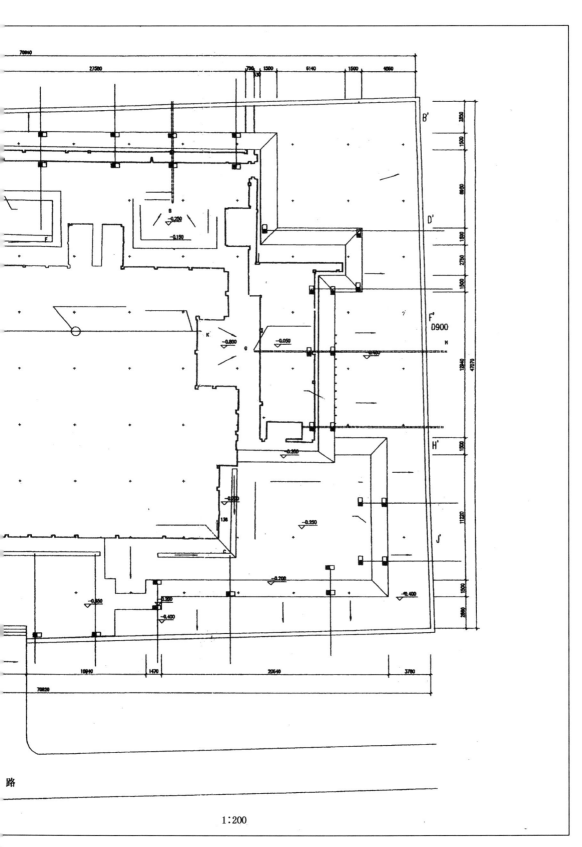

1:200

建筑南区遗址保护工程排水平面图

地面原铺砖情况进行部分复原，复原后的汉代云纹方砖兼做以后的观览通道。

第四，此次设计方案的主要内容是对遗址发掘现场进行实测，在获取准确详细的实测数据后再进行回填，填土约1.5米对原真遗址进行保护，然后将原遗址整体向上平移。

以上保护原则得到与会领导和专家的肯定。

2001年4月16日，国家文物局文物保函〔2001〕264号文批复，原则上同意汉长安城桂宫2号建筑南区遗址的保护方案。同时，要求遗址与周围农田进行必要的隔离，观览通道的铺设不能影响遗址的整体环境风貌，在遗址展示区外可建设临时性的管理用房。

② 具体实施

a. 前期准备工作

桂宫2号建筑遗址（南区）及周围均是当地农民的果园和农田，保护首先是征用土地。

遗址发掘区土地约8亩，南部地表下亦为遗址区，再南为现代农用小路，北部紧靠农用灌溉渠，西邻历史上形成的鱼池，东为果园。1998年4月3日，西安市文物局请示市委、市政府对该遗址先进行回填保护，同时办理征地手续。4月28日，市委书记崔林涛同志批示：这是汉长安城考古的重大发现，应重视和支持，建议拨款50万元围起来，并作遗址简易保护。至于复原，等论证后慎重处理。此后，在西安市文物局和未央区政府的共同努力下，征用桂宫2号建筑南区遗址发掘区及其附近遗址保护用地共计约12亩。

b. 实施保护工程

第二次考古发掘结束后，根据西安市文物局招投标领导小组办公会议研究，桂宫2号建筑南区遗址的施工由具有文物保护二级资质的西安市古代建筑工程公司承担。2002年初，开始现场测量工作。

由于该项目为遗址本体保护项目，因此在施工过程中，要求施工单位必须做到以下几点：

遗址施工前要有严密的防护措施，防止雨水淋湿或灌注到遗址中。

一切施工行为要以保护遗址为首要前提。

对遗址进行的工程测量要求准确翔实，以免复原遗址变形。

原遗址有铺砖部分采用与原砖型号、颜色、花纹一致的仿汉砖铺砌，规格为 34×34×8 厘米的青砖，强度不小于 Mu7.5（要求做旧），M5 水泥砂浆砌筑。其余部分采用新砖铺砌。

卵石、瓦片散水做法要求按照原做法复制。

在遗址主要轮廓折点上埋设标杆，控制遗址轮廓范围，以免大形走样。埋设点可在遗址四角及地下室转角。

遗址以上两步灰土（或素土）在不影响遗址的前提下夯打密实，其余部分压实要求不小于 0.93。

c. 具体工程

对遗址进行覆土保护，保护层上对遗址现象做复原重现，覆土厚度 1.5 米。遗址高差超过 60 厘米的地方，在距夯土基址边缘 60 厘米处，于 5 厘米厚隔离层上，砌 37 厘米厚的砖墙挡土，其余部分分层夯实。施工时，要求边缘外放出 20 厘米宽，再铲除到要求尺寸，并挖出柱洞、房址等。

d. 各个单体遗址的做法

夯土基址：在整个遗址上铺设 5 厘米厚细沙隔离层。为避免夯土基址边缘及壁面遗址特征重复受损，凡与夯土基址有高差的部分，在隔离层上，沿壁面用 M25 水泥砂浆砌筑 12 厘米砖墙支顶（相对高度超过 60 厘米用 24 厘米砖墙支顶），与夯土基址间的缝隙及柱洞用细沙填实。

墙体：原遗址用隔离层保护，其上原位置重新砌筑。要求做法用料与原状一致，残破情况与原状达到神似即可。

半地下室：面层做 34×34×8 厘米仿汉方砖铺砌，在隐蔽处做管道排水。

遗存铺砖：按遗址现状复原，要求位置轮廓尺寸准确，瓦件、卵石、砖尺寸与原件一致，残破情况与原址神似即可。

渗井：复原深度 50 厘米，渗井底素土夯实，预埋管道排水。遗址中的排水道按原遗址复原，长度参照考古平面。

草地：隔离保护层上覆耕土 30 厘米厚，上植草皮。

护栏：C15 混凝土压顶，24×18 厘米配。

排水：地面排水采用自然排水，由夯土台中部向四周排。地面排水坡度为 3%，管道排水坡度为 1%。管道距地表以不触及遗址为原则，兼顾西安地区防冻要求，可根据管道长度调整距地表。

围墙基部均设排水方孔，长 30 厘米，高 18 厘米。方孔洞为现浇

图105 桂宫2号建筑南区遗址保护工程施工现场

件，壁厚8厘米，内齐墙面，外出墙面10厘米。方孔排水内底标高均
为－0.35米；间距不应大于4米。

建筑物围墙外设散水一周，宽度不小于1.5米，坡度为2%，标
高应低于－1.25米；

修筑院墙围栏共计346米。

竖立文物保护标志碑一块。

桂宫2号建筑南区遗址在施工过程中由于解决了土地问题，在相
对较为单一的环境中进行，因此，施工时遇到的阻力较少，偶有当地村
干部和部分村民认为征地时利益分配不均进行阻挠，经过汉长安城遗址
保管所管理人员与当地街道办事处、当地区政府的多方协调，最终解决
了矛盾。2003年年初，由于"非典"的影响，工地的施工停滞了一段
时间，随后一切照常进行（图105、106）。2004年8月，整个遗址保护
工程完工并顺利通过国家文物局的验收。

（4）保护效果

桂宫2号建筑南区遗址保护模式受到国家、省内外领导、有关专
家的一致好评。大家普遍认为，桂宫2号建筑南区遗址覆土复原展示保

图 106　桂宫 2 号建筑南区遗址保护工程施工现场

图 107　桂宫 2 号建筑南区遗址保护工程完工后现状

图 108　桂宫 2 号建筑南区遗址保护工程完工后现状
图 109　2004 年，国家文物局博物馆司司长宋新潮（中）在桂宫 2 号建筑南区遗址保护工程验收现场
图 110　2005 年，陕西省委常委、西安市委书记袁纯清（左一）视察桂宫 2 号建筑南区遗址工作现场

护工程的实施，不仅回填保护了地下遗址的原真性，亦向游人复原展示
出该遗址的发掘现场，基本达到保护与展示的和谐统一，创造出一种展
示保护的新模式，为中国的大遗址保护提供了借鉴。

　　保护工程的实施扩大了大遗址保护工作的影响，间接地宣传了遗

图 111　1998 年，西安市委书记崔林涛（右二）视察桂宫 2 号建筑南区遗址发掘现场

图 112　2005 年，全国人大代表视察团考察汉长安城遗址保护工程工作现场

图 113　专家视察桂宫 2 号建筑南区遗址工作现场

址的重要性，提高了当地政府和老百姓对文物保护事业的认识，激发了广大干群保护遗址的积极性（图 107 ～ 113）。

2. 霸城门遗址

（1）遗址概况

霸城门是汉长安城东城墙最南端的城门，霸城门的东面为汉时的灞上，故以此而得名，又称青城门、青绮门、青雀门、青门、万城门，王莽时更名为仁寿门。霸城门南距城墙东南角 1410 米，北距清明门 1530 米。

因汉初国都的主要威胁来自关中以东六国余部，东城墙防守非常重要，故东城墙几个城门形制均在两侧向外凸出，类似后世瓮城。

经过历史变迁，至 1949 年底，霸城门的中门道和北门道都已经遭到破坏，被挖去很深，一条东西向道路从这里经过。城外有壕沟，壕沟之上有小桥。20世纪50年代修建团结湖水库时，将该道路切断，城门外的小桥也被淹没。南门道保存较好，门道内侧地面上保留着两块从门道上掉下的柱础石。城墙两侧保存较好，最高处距现地表10米左右。城墙上有若干大小不一的洞穴。

在保护工程实施前，霸城门遗址城墙夯土裂缝明显，城门北侧墙体上的洞穴不断发生垮塌情况；城门南侧向外凸出的墙体被团结湖水库不断蚕食；一条现代水泥路斜穿此门；城门处栽植了柳树和银杏树；内侧为苗圃，并在城墙内侧修筑一条浇灌用的水渠，每次灌溉时流水不断对城墙夯土进行冲刷；城墙上的窑洞垮塌现象十分严重。

同时，城门两侧城墙上长满了深根性的植物，风化现象非常严重。城门处夯土被挖，地势低洼。城墙内外遍布现代坟墓和垃圾，环境恶劣。城墙东面团结湖水库水质恶劣，散发着刺鼻的气味。

为保护遗址，汉长安城遗址保管所委托陕西省古建设计研究所编制该遗址保护方案。该方案经国家文物局文物保函〔2002〕269号文批复原则同意。

（2）考古工作

① 霸城门南门道遗址考古发掘

1957年，中国科学院考古研究所对霸城门进行考古工作，基本搞清城门的形制规格。霸城门共三个门道，现存南门道，宽8米。门道与门道之间隔墙14.5米。霸城门南北的凸出部分分别距南门道和北门道20米。

据发掘资料表明，南门道东端被破坏，残长10.5米，推测原来的长约16米。门道南北两侧各有一排础石，宽约1米，因此，门道实际宽度为6米。础石都铺列在门道地面以上，其中南侧一排残存十四块，北侧一排残存十二块，推测原来各有约二十块。础石长约0.8米，宽0.2～0.8米不等，厚约0.2米，有的排列紧密，有的存在一定间隙，均为明础。在南北两侧的础石上各纵列两排"枕木"，一般长1.4米，个别的长达2.7米，宽约0.35米，厚约0.2米。里侧一排"枕木"上立木柱，它们之间没有任何套合措施。木柱截面呈圆形，直径约0.3米。木柱在南门道残存十五根，推测原来南北侧各二十根以上。木柱间隔一般为0.2米，个别的较疏或较密。与这些木柱位置相应，在门道南

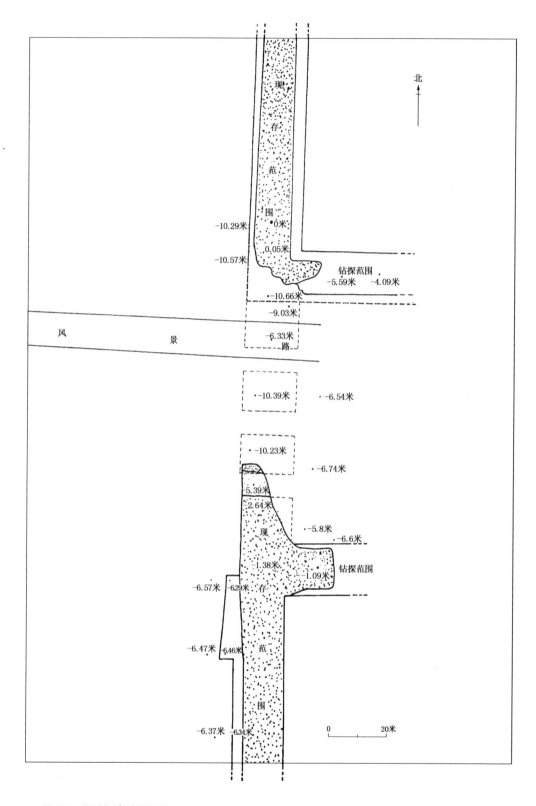

北

现

存

范

围

-10.29米
• 0米

-10.57米
• 0.05米

钻探范围
-5.59米 • -4.09米

• -10.66米

-9.03米

风　　景　　路
• -6.33米

• -10.39米　　• -6.54米

• -10.23米

• -6.74米

• -5.39米

• -2.64米

现

• -5.8米

-6.6米

• -1.38米　　• -1.09米　钻探范围

-6.57米　-6.29米　存

-6.47米　-6.46米　范

围

0　　20米

-6.37米　-6.34米

图 114　霸城门遗址平面图

图 115　霸城门遗址保护工程实施前原状
图 116　霸城门遗址保护工程实施前原状
图 117　霸城门遗址保护工程施工现场

壁中设有深约 5 厘米的圆弧形凹槽，以便嵌入木柱，在门道北壁则没有这种凹槽。

　　②考古勘探

　　根据国家文物局对霸城门遗址保护方案的批复，2003 年 10 月，汉长安城遗址保管所委托中国社会科学院考古研究所陕西第二工作队对霸城门遗址及南北两侧城墙进行了细致的考古勘探（图 114）。勘探表明，

图 118　霸城门遗址保护工程施工现场

图 119　2005 年，陕西省文物局文保处处长
　　　　周魁英（左一）、西安市文物局副局
　　　　长向德（左二）讨论霸城门遗址保护
　　　　方案工作现场

图 120　2005 年，中国社会科学院考古研究
　　　　所汉长安城队队长刘振东（左一）、
　　　　西安市文物局副局长向德（左二）、陕
　　　　西省古建设计研究所所长侯卫东（右一）
　　　　在霸城门遗址保护工作现场

霸城门与东城墙最北部的宣平门一样，南北两侧城墙均向外（东）凸出一段墙体，形式如后世的瓮城。城门南侧在距南门道南沿约 16 米处向东折拐，南北宽 17.5 米。其东端没入现今团结湖水库，东西残长 23.5 米。城门北墙向东折拐的墙体，其南沿可能已毁，按照对称的假设，南北宽度也应为 17.5 米。其东端同样没入团结湖水库中，东西残长 34 米。据门道南部向东凸出墙体及南门道南侧城墙位置，可以复原门道北部向东凸出墙体及北门道北侧城墙的位置，由此测得城门总宽为 50 米，那么，门道之间隔墙各宽约 13 米，宽于其他城门隔墙（图 115、116）。

门道南北城墙现存宽 10～16 米，钻探原始宽约 18～19 米，现存高 10 余米。城墙北侧保存较好，城墙南侧多有毁坏，现墙根部已经暴露出生土，可见城墙南部取土之甚。

在城门以南城墙内（西）侧、北距南门道之南沿约 27 米处，向西增筑了一段墙体，东西宽约 3～5 米，因其北段被毁，长度不详。现存南北长 28 米，夯土色、质与城墙全同，推测其性质或为马道。

风景路东端穿过霸城门门址北部，叠压了北门道和城墙的一部分。

（3）工程设计

① 城门遗址保护

霸城门遗址保护采用覆土复原展示的模式。主要设计方案是根据考古方资料，按照汉代格局，对霸城门遗址进行回填夯筑；北门道和中门道复原后的高度以现有水泥路的高度为准，以不影响当地群众的出行；展示隔墙比门道高 0.5 米，对门道内的柱础等遗迹并不进行复原展示；南门道展示现存的几块柱础石，并对门道进行复原，恢复所有的柱础石；在城门内侧，由于高差很大，修建挡土墙，并用土色水泥涂抹；城门外广场，用泥结石铺筑，在上面撒一层细沙（图 117～121）。

② 城墙遗址保护

清除城墙上的灌木植被、坟墓、垃圾，对城墙上的洞穴进行填补，对容易产生垮塌的城墙进行加固支护，对被破坏的城墙遗址夯筑 0.5 米，显示城墙格局。同时，在城墙遗址内侧夯土痕迹明显的地段，用卵石铺成参观通道，方便游人的参观。

③ 瓮城（城墙向外延伸段）遗址保护

对瓮城的保护与城墙类似，先清除灌木，同时填补城墙上的洞穴，对南侧瓮城上面由于行人行走形成的沟渠进行填补，使其成为一个有机

图 121　霸城门遗址保护工程施工现场

整体。对遭受团结湖水库侵蚀的南侧瓮城，在其东侧用土填高，形成与团结湖水库之间的隔断，再在上面修建简易沙石路，形成绕行线路。对被破坏的地方，夯筑 0.5 米，显示墙体边界。

（4）工程实施

① 确定相关单位和人员

霸城门遗址保护方案的编制单位为具有国家文物局颁发的文物保护方案设计甲级资质的陕西省古建设计研究所。经招标，监理单位为陕西省古建设计研究所文保监理部，施工单位为西安市古代建筑工程公司。

② 周边环境保护范围的清理及整治

a. 首先将城墙上及周边杂草进行人工铲除，去除城墙本体上的灌木植被，将城墙上的坟墓进行迁移。

b. 汉长安城遗址保管所与汉城街道办、樊寨村领导多次协调，最后达成由汉城街道办筹措资金，将工程范围内的 553 棵柳树、119 棵银杏进行迁移；租用工程范围内土地，无偿提供用于遗址保护。

c. 清运门址北侧、城墙东侧原为樊寨村村民倾倒的建筑垃圾。

d. 对保护范围内的坟墓,经协商,将其迁移。在城墙周边回填夯实 3:7 灰土,并按比例放坡切边,显示城墙边界。

③ 门道及门道隔墙部分回填土方

a. 南门道及北门道隔墙

现存南门道保存,清理门道上杂土,修整边坡,回填夯实素土,3:7 灰土垫层。门道两边新铺柱础石,复原原貌,缝隙中填麦草泥。门道西侧砌挡土墙,外涂土色水泥砂浆面层。

隔墙已被破坏,根据设计要求将其回填至自然地平。隔墙回填四周 3:7 灰土分层夯实,并按比例东西侧放坡,北侧为垂直切边,内心素土回填夯实,表面抛撒 4:6 灰土。

b. 中门道、北门道和门道隔墙

北门道位置原为农村公路,两侧为深坑,将两侧坑进行清理,用素土回填,夯实至广场地平。门道 3:7 灰土夯实,泥结石路面。门道四周 3:7 灰土分层夯实,内心回填夯实素土。隔墙东西两侧按比例放坡,南北侧垂直切边,上面抛撒 4:6 灰土。

④ 南北瓮城保护

a. 北瓮城破坏严重,根据考古资料和设计要求,重新回填夯实展示瓮城遗址,南北两侧 3:7 灰土夯实放坡切边,切出瓮城边界线。

b. 南瓮城上部原为村民出行便道,东侧为团结湖水库,长年污水浸泡瓮城墙基,导致城墙风化严重,墙体裂缝明显。因此,将瓮城基础向东扩,用碎砖回填河道至河床水面以上,再回填夯实素土和灰土垫层,上面铺沙石路面。北侧与东广场连接,南头与原人行道路相接。瓮城上原便道用 3:7 灰土分层夯实。

c. 南瓮城东北侧,用 3:7 灰土回填夯实,并按比例切边放坡。瓮城东头原窑洞用土坯和灰土封实。

⑤ 东广场保护

拆除原路边的文化墙,修整河道边垃圾及杂物,按设计要求外扩回填河道,使广场东侧边达到基本平整方正,避免河水冲毁广场侧边。广场地面素土回填,3:7 灰土垫层上面为泥结石路面,铺撒粗沙保护层,广场排水向东至河道。

⑥ 参观通道和挡土墙

a. 南参观道

原状为深坑，在西侧砌挡土墙，外涂土色水泥，用仿土砂浆喷涂。内心回填素土夯实，门道部分做切坡处理，展示遗址的延续性。城墙根部按设计尺寸回填夯实切边。

b. 北参观道

按图纸要求回填素土及3：7灰土夯实，铺2.5米沙石参观道，道路外侧用3：7灰土封边。回填路两侧，做切坡处理。城墙根部按图回填夯实灰土台基，切边放坡。

霸城门遗址保护工程从2005年5月开始，2007年5月进行验收，历时二十四个月。

（5）工程监理

经会同各方人员，霸城门遗址保护工程监理评定结果如下：地基与基础、隐蔽工程、挡土墙、广场泥结石路面、门道、隔墙、参观道都在设计图纸要求和验收标准之内，合格率均在98%以上。

① 周边环境治理检查评定

周边环境保护范围内（包括城墙上）铲除杂草、丛树、树根，清运垃圾。对影响城墙保护范围内的坟和当地村民小组协商进行迁移，按设计要求，城墙周边按要求切出分界线。

新开道路约67米（废除南城墙上原道路）保护现存城墙，沿河道边修沙石便道一条，暂解决周边来往行人，总体治理结果认为合格。

② 门道工程质量检验评定

地面砼工程量、伸缩缝、砼地面四周支钢模板、所用水泥批次稳定性能经检验合格。整个全数检查及观察符合施工条件要求，检验认为合格率达到100%。

③ 东广场、瓮城保护工程质量检查评定

门道东广场东侧河道回填砖渣及素土，3：7灰土夯实，避免河水冲毁广场侧边，按设计要求外扩达到保护广场目的。

经检验质量评定，东广场瓮城保护均符合变更设计条件要求，质量合格。

④ 参观道路、挡土墙砌筑、回填土方及粉墙体工程质量检验评定

参观道路土质密实度资料齐全，全城墙西侧参观道路约长70米，

图 122　霸城门遗址保护工程完工后现状

图 123　霸城门遗址保护工程完工后现状

图 124　霸城门遗址保护工程完工后现状

符合工程质量图纸设计要求。

　　机砖砌挡土墙体，回填土方及粉墙体，砌挡土墙约 75 米。

　　⑤工程质量验评报告

　　该项工程按照设计图纸和变更文件要求，已经全部实施，符合设计和文件保护技术规范要求。施工保护资料、技术资料、管理资料、自检资料和竣工图等各类资料经过监理单位的检查、纠正、补充、整理，完备齐全。按照国家建筑工程施工质量验收标准 GB5030－2001 与古建筑遗址保护工程管理条例的验收标准 CJ39－91 核定，霸城门遗址保护工程质量综合评定为合格。

（6）竣工验收

2007 年 12 月 6 日，由李居西、李乃夫、黄香山、韩保全、薛遵义、薛凯、刘振东组成专家组，李居西担任专家组组长。

专家组经过实地勘察、检查和查阅资料，提出意见如下：该保护工程方案合理，保护措施得当，设计详细。方案经过了国家文物局批准，施工组织周密细致，施工工序衔接合理，工程资料齐全，工程监理工作严格有序。分项工程均进行了阶段性验收，符合国家有关验收规范。该工程能够对霸城门遗址发挥有效地保护和展示作用，建议通过验收。霸城门遗址保护工程是汉长安城遗址首次进行保护展示的城门遗址工程，也是城门遗址保护展示的尝试（图 122 ～ 124）。霸城门遗址保护工程的顺利完工，为西安门遗址、直城门遗址的保护展示积累了丰富经验。下一步，将结合团结水库改造，对其周边环境进行改善，使其发挥应有的社会效益。

3. 长乐宫 6 号建筑遗址

（1）遗址概况

长乐宫 6 号建筑遗址紧靠罗家寨村北，北距 4 号建筑遗址约 30 米，为特大型建筑基址。长乐宫西北区域内分布着多座（组）大型建筑遗址，其中以 6 号遗址规模最大，中心主要夯土台基的范围东西长约 120 米，南北宽 50 米以上。这也是迄今在长乐宫遗址内钻探到的规模最大的一座建筑遗址。该遗址南临宫内东西主道，北有包括 1、4 号遗址在内的数座大型建筑遗址，西北、西南分布有包括 2、3 号遗址在内的更多座大型建筑遗址，东有仓库性质的 5 号遗址。在其东北不远处钻探出范围较大的踩踏面，似为一广场，再向东北基本无建筑遗址分布。

（2）考古工作

2005 年冬，发掘了主殿夯土台基以北附属建筑的一部分。据钻探、发掘可知，主殿台基的范围东西长约 120 米，南北宽在 50 米以上（南部进入村庄）。发掘揭示出主殿台基东沿和北沿的一部分、地下通道、附属建筑、庭院和北边的院墙等遗存。另外，还发现水井、沉淀池、排水管道等给水、排水设施。主殿台基北侧有铺砖廊道，廊道外置卵石散水。台基以北的东、西方各有一座附属建筑。东部附属建筑平面呈长方形，中心为一庭院，四周为夯土台基，东西两侧台基外有铺砖廊道，其中东侧台基廊道外置卵石散水。西部附属建筑夯土台基平面形状不太规则，在台基的南部、东南部、东部和北部各有一个庭院。台基的中部有一组半地下房屋，已清理出东、中室及西室的一部分，西室的西部未进行发掘。各室四壁多为夯土壁，在中室和西室的北壁上各向北开出一条通气道，中室的南壁设有空心砖踏道。出土遗物主要为西汉砖、瓦及瓦当等建筑材料，还有一些铁器、铜器和铜钱等。

长乐宫中最大的建筑应该是前殿。据6号建筑遗址的规模及其在西北区域内所处的位置分析，它有可能是长乐宫的前殿遗址。《水经注·渭水》记载了长安城内明渠的走向，"明渠又东经汉高祖长乐宫北……，殿前列铜人，殿西有长信、长秋、永寿、永昌诸殿，殿之东北有池"。6号建筑遗址与南面东西主道之间尚有140～200米的距离，可以列置铜人。西边有五座（组）大型遗址，可能是长秋、永寿诸殿。东北少见建筑遗址，正好可作池苑之地。另据《三辅黄图》记载："前殿东西四十九丈七尺"，约合今115米，与6号遗址主殿台基东西120米接近。因此，长乐宫6号建筑遗址非常重要，有可能是长乐宫前殿遗址。《三辅黄图》曰："长乐宫有鸿台，有临华殿，有温室殿。"又曰："临华殿，在长乐宫前殿后，武帝建。"若6号建筑遗址为宫内最重要的前殿旧址，其北的4号遗址当为临华殿旧址。

（3）方案设计

该保护工程设计单位为陕西省古建设计研究所。

方案在设计上严格贯彻《中华人民共和国文物保护法》确定的"有效保护，合理利用，加强管理"的工作指导原则，保护好现存的长乐宫6号建筑遗址和文物，充分发挥资源优势，实现社会效益、环境效益、经济效益的统一。

依照《世界自然和文化遗产公约》等相关国际文件，真实、完整地保存并延续遗址所包含的全部历史信息。

科学、合理、有效地制订保护、管理及环境整治措施，为遗址的永续存在、研究和利用提供保证。在有效保护遗址的前提下，适当地向公众展示文物遗址。

展示方法上为进行回填复原展示保护。

图 125　长乐宫 6 号建筑遗址保护工程施工现场

图 126　长乐宫 6 号建筑遗址东部散水保护工程施工现场

图 127　长乐宫 6 号建筑遗址保护工程施工现场

（4）工程实施

实施长乐宫 6 号建筑遗址保护工程主要分为以下三个阶段；

① 临时保护阶段

考古工作结束后，2006 年 4 月，将该遗址交由汉长安城遗址保管所进行保护和管理。土遗址的保护工作同其他文物保护不一样，存在许多的技术难题，首先必须做到防止雨雪等自然因素的破坏。因此，汉长安城遗址保管所上报上级主管部门，立即采取了临时保护措施。首先在遗址上部覆盖塑料布和部分沙袋加固，其次对遗址进行局部回填保护。具体措施是对遗址进行塑料布覆盖（起到与遗址隔离、有效保持水分和防止雨水渗透的作用），然后用沙袋保护墙壁，并用土进行堆砌覆盖保护。

② 工程前期准备阶段

国家文物局（文物保函［2005］288 号文）批复该保护工程后，立即对该项工程进行招投标工作，最终确定施工单位为西安古代建筑工程

图 128　长乐宫 6 号建筑遗址保护工程完工后现状

公司，监理单位为陕西省古建设计研究所监理部。由于保护土地属当地村民所有，汉长安城遗址保管所克服各种困难，采用租地的方式取得文物保护用地。

③ 工程实施阶段

工程于 2007 年 8 月正式开工，遗址保护工程的重点是首先确保文物本体的安全。因此，施工中对施工单位的施工组织工作进行了详细的研究（图 125 ～ 130）。在施工过程中进行全程监控，确保文物安全。施工时，西安市古代建筑工程公司首先对遗址本体进行保护，在遗址上部全部覆盖无纺布使之与遗址本体隔离后，覆盖 5 厘米细沙。上部进行黄土回填保护，回填的高度是 1.5 米，然后在其上进行遗址的复原展示保护工程。由于该工程是在遗址本体上部进行，因此严格禁止大型机械进入遗址区内，全部采用人工完成黄土的搬运。施工中克服村民阻拦和缺水等各种困难。在建设、施工、设计、监理等各方面的共同努力下，2008 年 12 月工程全面完工。

图 129　长乐宫 6 号建筑遗址保护工程完工后现状

图 130　长乐宫 6 号建筑遗址东部散水保护工程完工后现状

（5）竣工验收

2008 年 12 月，陕西省文物局受国家文物局委托，由陕西省文物局专家组成员李乃夫、李居西，陕西古迹遗址保护技术研究中心总工薛凯，中国社会科学院考古研究所汉城考古队副队长张建锋组成的专家验收组进行了验收。

验收组及与会同志，在听取回报、审阅资料和现场检查工程质量后，进行了质询和申疑。

验收组最终意见如下：

第一，该遗址保护工程设计合理，采用遗址回填保护，上部复原展示保护方式，技术成熟。该方案经国家文物局批准后实施，程序合法，施工单位工程技术熟练，选料得当，各工序密切衔接，监理单位认真负责，监理工作到位，各方工程资料齐全有效。该保护工程质量符合国家相关验收规范，可以通过验收。

第二，为了方便游客参观，建议在陈列展示上多做一些工作，使观众能够理解遗址原貌和保护工程的意义，还需增加一些必要的服务设施。

第三，应加强今后的管护工作，在遗址保护工程的周边环境整治上做好协调工作。

最后，由专家验收组组长李乃夫在竣工验收单上签字。该工程通过了验收。

（6）资金来源和决算

根据国家文物局的批复，长乐宫 6 号建筑遗址保护工程的资金来源全部是国家大遗址保护专项资金。

长乐宫6号建筑遗址保护工程资金来源细目

序 号	项 目	金 额（元）	备 注
1	资金来源	3000000	国家文物局大遗址保护专项资金
2	实际支出数	2345802.12	
3	保护工程总价款	2077983.77	
3.1	工程款	1865595.63	西安市古代建筑工程公司
3.2	临时保护工程款	100000	西安市古代建筑工程公司
3.3	遗址绿化工程款	91233.47	西安天吉园林绿化公司
3.4	陈列展示牌工程款	8000	
3.5	青石说明牌	13154.67	陕西九龙石材公司
4	待摊投资	267818.35	
4.1	设计费	130591.69	陕西省古建设计研究所
4.2	监理费	37311.91	陕西省古代建筑设计研究所监理部
4.3	审计费	28200	陕西正衡工程造价咨询监理有限公司、陕西衡兴会计师事务所
4.4	土地补偿费	30024.28	罗家寨村
4.5	可行性研究费	14055.3	
4.6	建设单位管理费	27635.17	

（五）西安门、南城墙遗址（邓六路至西安门段）保护工程

1.遗址概况

汉长安城城墙中东城墙基本平直，西、南、北三面城墙多曲折，尤其以南、北城墙更为明显。西安门位于西安市未央区未央宫街道办事处西马寨村南约160米处，是汉长安城南城墙由东向西第三个城门。《三辅黄图》卷一记："长安城南出第三门曰西安门，北对未央宫，一曰便门，即平门也。"西安门是汉长安城保存较好的门址之一，除西门道被现代灌溉水渠破坏外，其他两个门道保存基本完整。西安门至邓六路

图 131　南城墙遗址邓六路口保护工程实施前原状

段南城墙遗址全长 600 米，是汉长安城城墙遗址中保存最好的一段，最高处高出现地面 8 米左右，宽度约 17 米。遗址周边现为东南马寨村耕地和果园，邓六路由南向北穿城墙而过，将城墙东西隔断。城墙顶部高低不平，杂草和灌木丛生，植物根系对墙体破坏严重，城墙底部有不同程度的塌陷空洞。遗址悬空崩塌，表面开裂，空洞剥离，雨水冲刷浸蚀，植物根系对遗址产生严重危害。其中最大的威胁还是当地农民的生产生活对城墙遗址破坏（图 131）。

2005 年，汉长安城遗址保管所委托陕西省古建设计研究所进行城门、城墙遗址保护方案的编制。其目的是在加强保护的同时，对现有遗址积极合理利用，改变传统的比较被动的文物保护手段。在城墙与农田之间开通隔离通道，既对遗址起到隔离保护作用，又形成参观线路，对汉代城墙、城门遗址进行展示，逐步形成一条包括城墙、城门、道路、宫殿以及周边附属建筑群等有代表性遗址点的参观道路系统，使之形成一条完整的旅游路线。

2005 年 4 月，国家文物局文物保函［2005］326 号文批复，同意西安门、南城墙遗址保护方案。

2. 考古工作

1957 年春，中国科学院考古研究所汉长安城工作队对这一城门进行了考古发掘。发掘结果显示，西安门共有三个门道，城门东西总宽52 米，现仅存东门道与中门道，西门道已被破坏。

东门道和中门道东西夯土壁之间的宽度为 7.9 米，除去门道东西两侧立柱部分的宽度 1.8 米，门道实际宽度为 6.1 米。东门道残长12.4 米，中门道残长 12.6 米，三个门道之间的城垛各宽 14 米。门道的东、西边缘各有一排南北向分布的础石。中门道东缘存十块，西缘存十一块。东门道东缘存十一块，西缘存九块（南部础石曾被扰动，已不在原位）。这些础石为自然的花岗岩石块，较平整的一面向上，形状不规整，大小亦不一致，长 0.4～1.4 米，宽 0.5～1 米，厚 0.3～0.5米，础石面与门道地面基本平齐。础石上面南北向平铺两排地栿，地栿长 1.6～2.3 米不等，断面为长方形，宽约 0.35 米，厚约 0.2 米，内侧地栿上立排插柱，其中中门道西缘残存排插柱十六根，排插柱断面为圆形，直径 0.3～0.35 米。

在东、西门道之间的两个城垛北侧，发现有房屋遗存，中、东门道之间的房屋仅存南端不足 1.5 米部分，总体形制已无法究明。房屋地面与门道地面平，推测为城门守卫人员所用建筑。东门道下面有一条砖券排水渠，涵洞东西两壁用条砖砌成，上部用楔形子母砖券顶。渠下部宽 1.65 米，高 1.32 米。渠底部北高南低，斜度为 1 度，水是从城内排向城外。

为配合西安门保护工程实施，中国社会科学院考古研究所陕西第二工作队 2005 年 4 至 5 月对西安门遗址、南城墙遗址进行了重点钻探（图 132）。

钻探表明，西安门是汉长安城南城墙西侧的城门，门址西部被一条东南—西北向的排污渠和一条小路破坏。东侧两个门道保存较好，西侧的一个门道已被破坏。三个门道东西面宽 8 米，南北进深 19～20米，门道与门道之间的隔墙宽 14 米。

西安门西侧城墙宽 19 米，东侧城墙宽 21 米。东侧城墙北壁距离东门道东壁约 6.5 米处，向东有一东西向夯土结构，东西长 60.5 米，南

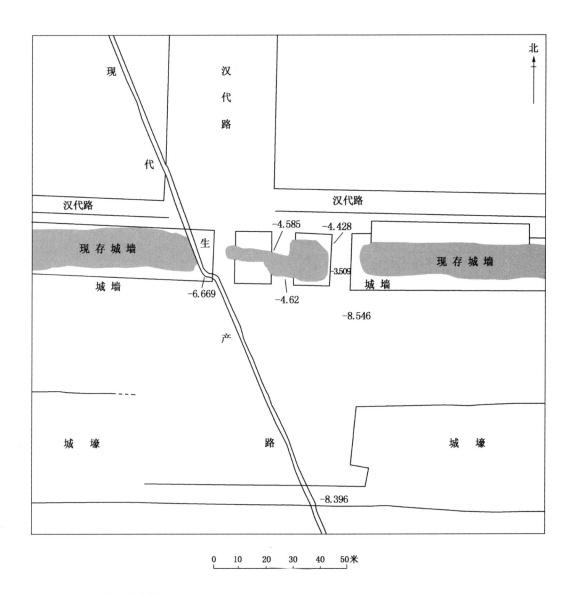

图 132　西安门遗址钻探平面图

北宽 8.5 米，南部宽约 3.5 米嵌入城墙之内。现存较多瓦片堆积，并发现有朱红地面。推测可能是马道一类建筑，其西部下面可能有房屋建筑。

城门东西两侧的城墙以北发现道路遗迹。城门西侧道路位于城墙以北 4 米左右，路宽 6 米左右。城门东侧道路位于城墙以北约 3 米，路宽 6 米左右。

城门南侧发现有城壕遗迹。城壕距城门约 75 米，城门正南的城壕部分南北宽 8 米左右，现存东西长 83.5 米。其东西两侧的城壕，则距离城墙约 43 米，宽 40 米左右。

图 133　清理后的西安门东门道遗址
图 134　清理后的西安门东门道下排
　　　　水涵洞遗址

　　2008 年，中国社会科学院考古研究所陕西第二工作队对西安门遗址进行了清理，柱础石上面有两排南北向的方木，现仅存一少部分，已经炭化。在城门的东侧、城墙以北发现一排房子，现仅存南部靠近城墙北壁的一部分，共有五间，西侧的四间应为城门的守卫管理人员居住及工作场所，最东面的一间地面东部呈斜坡状，自西向东逐渐升高，应是登上城墙的马道（图 133、134）。

图 135　西安门遗址保护方案效果图

在清理东门道下排水涵洞时，发现一座侵入遗址的近现代窑址。

3. 方案设计及技术要求

（1）保护方案设计原则

在保护方案编制及整个保护实施过程中遵循的原则：

① 依照《中华人民共和国文物保护法》"不改变文物原状"的原则，对该段遗址进行本体保护，整体环境综合治理，通过本体保护及环境治理，改善遗址的保护与管理环境；

② 尽最大可能保持遗址的真实性、完整性；

③ 所用工程材料及施工工艺全部有可逆性，对以后的保护工作不造成无法恢复的影响。

④ 最少干预原则。

（2）保护展示方法

保护工程设计以保护和展示西安门遗址平面布局、地面现存城墙遗迹为主导思想（图135）。

① 城墙

清除墙顶部杂树，对城墙底部的孔洞用土坯填充加固，防止继续坍塌。城墙周围用道路、绿篱等进行隔离保护。

② 城门

在汉代门道地坪上用稳定粗沙土（粗沙 30%，水泥 2%，石灰 8%）覆盖保护，展示出汉代城门形制（与霸城门保护方式相类）。

③ 门道路面

在汉代东、中门道遗址上覆土回填保护，面层为水泥石灰稳定粗沙土。西门道参照东、中门道高度，覆土复原。

④ 门道隔墙

据考古研究成果，依据隔墙原有的体量范围内，做出高于门道覆土保护地面 0.6 米的门道隔墙，素土夯筑、切边，面层为 2：8 灰土抛撒。

⑤ 门前地面

素土夯实，面层为水泥石灰稳定粗沙土。

⑥ 隔离道路

以城墙南侧现存夯土边界向外扩展 5 米，作为参观通道。路面铺水泥石灰稳定粗沙土，在通道外侧采用 0.6 米宽、长度随通道长的绿化隔离带，使遗址空间区别于周边的农田。通道路面为适宜遗址保护的可逆性材料，颜色与遗址的历史环境风貌相协调，为非机动车通行路面，参观人员可以乘仿汉马车、电瓶车等交通工具代步。

⑦ 城墙内侧房屋建筑遗址

建筑遗址采用覆土复原展示保护。

⑧ 排水涵洞和近现代窑址

利用东门道高差在坡道下建保护厅原址展示，保护厅采取钢结构，面积 50 平方米。

（3）工程做法

① 西门道道路地面

a. 15 厘米厚稳定粗沙土（粗沙 30%，水泥 2%，石灰 8%）；

b. 15 厘米厚土石屑；

c. 20 厘米厚石灰土（12%）；

d. 20 厘米厚石灰土（10%）；

e. 素土夯实。

② 中、东门道地面

a. 15 厘米厚稳定粗沙土（粗沙 30%，水泥 2%，石灰 8%）；

b. 30 厘米厚 3∶7 灰土垫层；

c. 5 厘米厚沙隔离层；

d. 原夯土层。

③ 坡道

a. 15 厘米厚稳定粗沙土（粗沙 30%，水泥 2%，石灰 8%）；

b. 15 厘米厚土石屑；

c. 20 厘米石灰土（12%）；

d. 20 厘米厚石灰土（10%）；

e. 素土夯实。

④ 城墙外隔离道路

a. 水泥石灰稳定粗沙土；

b. 45 厘米厚 3∶7 灰土；

c. 素土夯实。

⑤ 城墙内侧房屋建筑遗址

a. 复原土坯墙；

b. 15 厘米厚 3∶7 灰土；

c. 30 厘米厚素土夯实；

d. 50 厚沙保护层（土坯墙两侧沙袋保护）；

e. 土坯墙遗迹。

（4）施工要求

一切施工行为要以保护遗址为首要前提。施工前应对遗址进行清理，并进行详细测绘。施工过程中如遇新的遗址迹象立即会同考古、设计等相关单位研究实施方案的修订。遗址开挖前要有严密的防护措施，防止雨水浸泡、人为踩踏等影响遗址安全的一切因素。

施工中遗址需采用小型机械设备，大型机械使用需远离遗址 3 米以外。

现有图注尺寸与遗址位置发生冲突时，以现场遗址实测为准。

覆盖在遗址上的灰土（或素土），以不影响遗址的前提下夯打密实，其余部分压实系数要求不小于 0.95。

设计中未涉及的问题，施工单位应及时与设计单位联系协商。

4. 工程实施

经 2005 年 4 月 19 日西安市文物局局长办公研讨会决定，西安门、南城墙遗址（邓六路至西安门段）保护工程的施工单位由具有文物保护施工二级资质的西安市古代建筑工程公司承担，监理单位为陕西省古建设计研究所（图 136 ～ 138）。

2005 年 4 月 29 日工程开工。

在工程实施过程中，按照先清理后保护，再进行施工的原则，严格按照考古资料进行现场作业，从放线、验线、开挖到回填夯实严格执行专业技术人员现场管理，每道工序进行检验评定后才能进行下一步。按照施工顺序和现场实际情况，大致进行了以下几个步骤的工作：

第一，与当地街道办、村委会联系，协调遗址保护中占用土地问题；

第二，清除城墙上的乔灌木，改造城墙外侧的灌溉渠；

第三，清除城墙垃圾，拆除影响施工和遗址环境的建筑物，进行环境整治；

第四，对城墙遗址本体实施填充加固，铺设参观道路；

第五，对城门遗址实施复原保护展示。

在以上过程中，土地协调问题是一个难点问题，这也是近年来实施大遗址保护中一个普遍存在的难点问题。西安门保护用地共涉及东南马寨村四十多户农民的承包土地和少部分集体用地，由于受现行土地承包政策和村民自治体制的制约，街道办事处和村干部从农民手中取得土地的阻力非常大。在工程实施当中，常常因土地问题与村民发生矛盾，致使施工受阻，严重的还会发生殴打施工人员、围攻前来协调的政府干部的情况，还出现过在已施工地段农民自行复耕现象。从 2005 年至 2008 年，保护工程时干时停，不仅延长了工期，还造成资金浪费。

造成问题的主要原因有以下几个方面：

一是村民认识不到位，认为遗址保护就是恢复，盖殿堂。当这种认识没有达到满足时，便会将希望变为失望。

西安门遗址南 600 米的大兴路已是繁华城区，遗址内村民收入与之相比相差悬殊，客观上刺激遗址内农民将经济落后的根源归咎于文物保护政策，认为遗址限制了他们的发展，极大挫伤了农民的积极性。他们一方面抱怨遗址，一方面又盼望着国家对遗址进行开发。由于受文化因素的影响，他们对覆土展示这种保护方式非常不理解，因此，当满怀欢喜的农民看到盼望已久的遗址开发并不像他们想象的那样，刚刚燃起

图 136　西安门遗址清理排污保护工程施工现场

图 137　西安门遗址保护工程施工现场

图 138　西安门遗址城墙清理杂草工作现场

的一点希望又破灭了，恢复到以往的冷漠，甚至是反感。

二是没有现成模式，且适用法规政策难度大。

目前，我国多个保护村民合法利益的政策与文物保护法律、法规之间有衔接上的漏洞和冲突。1949年后，在多种形式的土地所有制变更中，造成遗留在田野的大遗址土地产权制度不够完备，产生了农村集体同国家文物保护用地争地的局面。

土地承包到户最大的特征就是农民有了土地处置权，除了不能买卖之外，农民有追求收益最大化的要求，土地暗地流转改变用途情况非常普遍，根本不可能无偿将土地提供为文物保护用地，同样集体用地也是如此。

三是我国农村政治的现状和体制问题。

从政治体制上看，过去人民公社时期，公社与村之间是上、下级关系，现在的乡、街道与村委会是指导、帮助关系，在这种关系下，乡、街道不能干涉属于村民自治范围内的事务，这必然影响到乡、道街对村的管理权，产生政府管理权利和村民自治之间的矛盾。这一矛盾产生主要是制度设置中，配置模式没有分清，以及在两者发生冲突时，没有有效的解决机制。

根据《村民委员会组织法》，村委会不仅管理村集体土地和财产，而且还具有支持和组织全村发展经济的责任和义务，并需承担本村生产、服务、协调工作。但事实上，土地承包到户，农民自主经营，村委会很难对承包土地进行控制。

在解决西安门保护工程用地过程中，未央区政府给予了大力支持，街道办做了大量工作。

此项保护工程首次将城墙、城门遗址整体实施保护，并且以旅游线路的形式进行设计，将汉长安城有代表性的遗迹向游人进行展示，扩大宣传，对于提高遗址内群众的文化素质，陶冶情操，继承优秀传统文化，促进汉长安城遗址旅游业的发展，引导当地农民调整产业结构，具有重要的现实意义。

（六）长乐宫4、5号建筑遗址博物馆展馆保护工程

汉长安城遗址采取展馆保护的遗址主要有长乐宫4号建筑遗址博物馆和长乐宫5号建筑遗址博物馆。

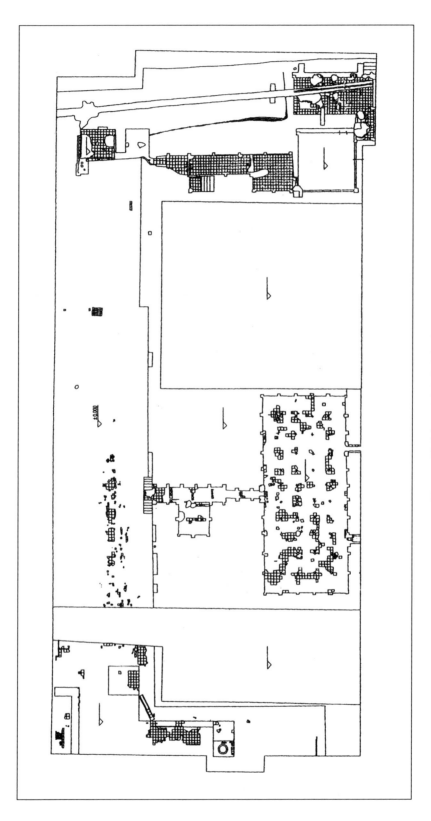

图 139　长乐宫 4 号建筑遗址实测图

1. 长乐宫 4 号建筑遗址

（1）遗址概况

据文献记载，西汉长乐宫之地，秦时为分布在渭河南岸诸离宫之一的兴乐宫。兴乐宫建成较早，秦始皇时又有所增建。高祖得天下后，于五年（公元前 202 年）"后九月，徙诸侯于关中，治长乐宫"。一年多以后，于七年（公元前 200 年）"二月，高祖自平城过赵、洛阳，至长安。长乐宫成，丞相已下徙治长安"。王莽篡汉后，改长乐宫名为常乐室。长乐宫是汉都长安营建最早的宫城，其重要性仅次于皇宫未央宫。汉世未央、长乐二宫并居都城南部，未央宫在西，又称西宫，为帝王所居；长乐宫在东，又称东宫，高祖时用作皇宫，此后一直为太后居住。

长乐宫 4 号建筑遗址位于未央区汉城街道办事处罗家寨村北约 120 米，2003 年冬至 2004 年春发掘。此次发掘的是一大型宫殿建筑基址（图 139）。

（2）考古工作

汉长安城长乐宫 4 号宫殿建筑遗址地处汉代长乐宫遗址的西北部。中国社会科学院考古研究所汉长安城工作队对其进行考古发掘。发掘面积 2000 平方米。

遗址大体分为三部分，即主殿夯土台基、院墙和附属建筑。

主殿夯土台基平面大致呈东西向长方形，长 79.4 米，发掘宽 27.4 米。台基南部因村路占压未进行发掘。台基北面和西面有铺砖廊道和散水，散水外为铺砖庭院。台基中部和东部有两处半地下建筑，编号为 1 号房址和 2 号房址。1 号房址南北清理长 26.66 米，东西最宽 24 米，从北向南由北部通道、门房、主室、南部通道（东西两条）组成。墙壁多为夯土外包砌土坯，土坯外抹草泥皮，最外面粉刷白灰面。墙壁的底部均贴砌一排立砖，推测地面原来铺有木板。1 号房址的地面之下填满建筑物火焚后的倒塌堆积，说明建筑在使用中曾经毁于火灾，后来又加以重建。据出土遗物断定，火灾年代在西汉中期以后。2 号房址位于台基的东部，从北向南由附室、北通道、楼梯间、主室和侧室组成。附室为南北二间，楼梯间内有草泥皮外涂朱的台阶，主室为南北二间，侧室也是南北二间，主室与侧室之间以过道相连。主室南间平面呈方形，边长约 6.8 米，是最大的一个房间。墙壁结构与 1 号房址相同，地面多铺砖，只有主室的南间为浆泥地面且表面涂朱。楼梯间和主室的南间出土了大量壁画残块，内容以几何形花纹为主，色彩丰富，异常鲜艳。此外，在遗址西部的庭院中还发现一眼水井和一条圆形排水管道。出土遗物主要是西汉砖、瓦及瓦当等建筑材料，还有一些铁器、铜器、铜钱和一枚"荆州牧印章"封泥等。

院墙在主殿夯土台基西北角外侧发现一段，东西长 8 米，宽 0.9 米，东端直角转向北。墙北侧有铺砖廊道和卵石散水。

附属建筑（编号 3 号房址）位于夯土台基西北部的庭院中。

长乐宫 4 号建筑遗址主殿台基虽然破坏严重，但是保存了 1 号房址和 2 号房址两座重要的地下建筑。这是西汉宫殿建筑遗迹中布局最为完整的一次发现。整个建筑结构完整清晰，功能相对比较清楚，装修十分考究，建筑等级很高，这些都为研究汉代经济社会的发展和宫廷制度、宫殿建筑等提供了翔实资料[①]。

《三辅黄图》曰："长乐宫有鸿台，有临华殿，有温室殿。"又曰："临华殿，在长乐宫前殿后，武帝建。"《汉书·成帝纪》曰："（永始四年）长乐临华殿、未央宫东司马门皆灾。"根据考古和史料推断，长乐宫 4 号建筑遗址很可能就是临华殿。

（3）保护设计原则及方案

由于土遗址保护的特殊性，提出以下保护设计原则和方案：

① 在设计上执行"有效保护，合理利用，加强管理"的保护工作指导原则，保护好现存的长乐宫 4 号建筑遗址，充分发挥资源优势，实现社会效益、环境效益、经济效益的统一。

② 使用现代手段、科学的方法对现存建筑遗址进行保护与展示设计，在保证建筑遗址完整性和真实性的基础上对其进行展示。方案的设计考虑建筑遗址在汉长安城历史文化区整体中的关系。同时，起到展示与宣扬中华民族优秀传统文化的作用，并逐步将之发展为文化教育的基地。

③ 保护建筑不能对现已发掘的遗址造成损害，即最小伤害、最小干预的原则。保护建筑风格、建筑形式应符合遗址保护陈列的基本要求，并保护建筑能为遗址的进一步科学研究提供良好的条件，较合理地

---

① 中国社会科学院考古研究所汉长安城工作队《西安市汉长安城长乐宫四号建筑遗址》，《考古》2006 年第 10 期。

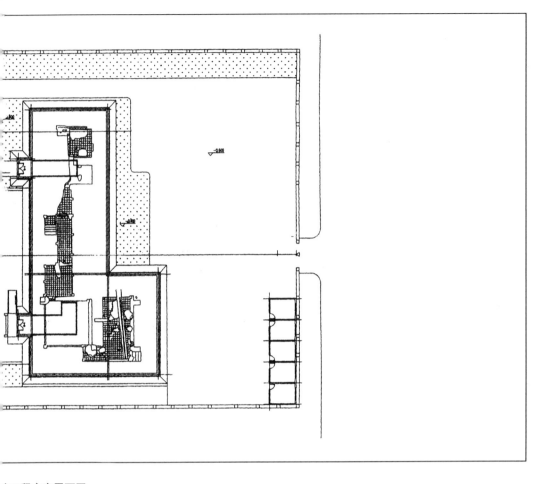

护工程方案平面图

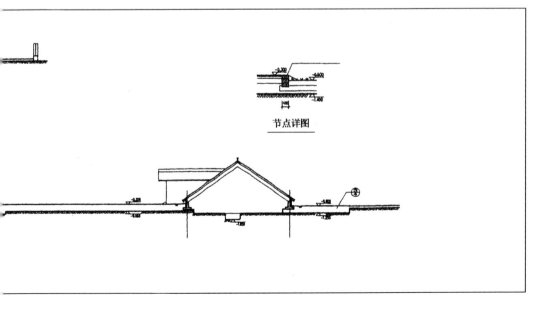

节点详图

护工程方案剖面图

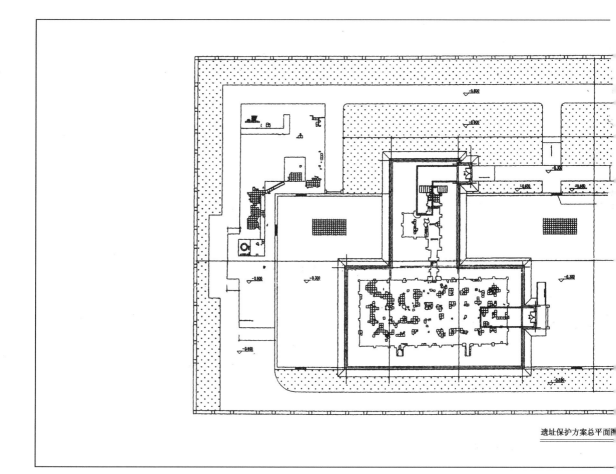

遗址保护方案总平面图

图140 长乐宫4号建筑遗址保

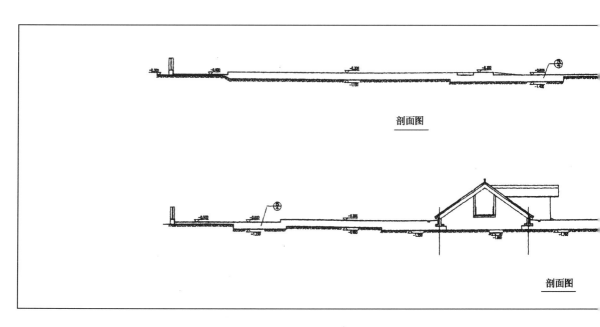

剖面图

剖面图

图141 长乐宫4号建筑遗址保

图 142　长乐宫 4 号建筑遗址保护工程施工现场

用于遗址的展示和陈列。

　　④ 设计坚持可持续利用和可持续发展的思想，坚持动态原则。保护建筑尽可能用轻质的、可拆卸的材料与结构。

　　⑤ 建筑设计分为室内保护展示、室外展示及后勤管理三大部分。室内保护展示厅分为东保护厅与西保护厅，室外设有一个广场和大面积绿化，后勤管理主要是五间管理辅助用房。建筑结构采用抗震设防类别乙类，抗震烈度为 8 度。保护建筑采用大跨度轻质三角拱屋架，屋面采用压型钢板，基础做在回填土层以上，不触及遗址表面（图 140、141）。

　　（4）工程实施

　　长乐宫 4 号建筑遗址保护工程的实施主要分为以下三个阶段（图 142 ～ 147）：

　　① 临时保护阶段

　　2004 年 12 月，中国社会科学院考古研究所汉长安城工作队考古结束后，将该遗址交由汉长安城遗址保管所保护和管理。为防止雨、雪等自然因素的破坏，汉长安城遗址保管所立即实施了临时保护措施，首先

图 143　长乐宫 4 号建筑遗址保护工程施工现场
图 144　长乐宫 4 号建筑遗址保护工程施工现场

图 145　长乐宫 4 号建筑遗址保护工程施工现场

图 146　长乐宫 4 号建筑遗址保护工程施工现场

图 147　长乐宫 4 号建筑遗址保护工程施工现场

图 148　长乐宫 4 号建筑遗址博物馆

图 149　长乐宫 4 号建筑遗址博物馆内景

在遗址上部搭建彩条布大棚，然后由陕西省文物保护中心对遗址本体进行了局部抢救性加固和整体沙袋加固工作。由于彩条布容易风化，损坏前没有征兆，夏季的暴雨对遗址的安全构成了严重威胁，在更换两次的情况下，最终决定改用彩钢板棚顶。

② 工程前期准备阶段

在获得国家文物局（文物保函［2005］287 号文）的批复后，委托西北（陕西）国际招标有限公司对该工程进行了公开招投标，最终确定施工单位为西安文物保护修复工程有限公司，监理单位为陕西华茂建设监理公司。由于保护用地属当地村民所有，在文物部门的努力下，采用租地方式取得了文物保护用地问题。

③ 工程实施阶段

工程于 2005 年 8 月正式开工，经过建设、施工、设计、监理等各方面的共同努力下，克服各种困难，于 2007 年 12 月工程全面完工。

（5）竣工验收

2008 年 1 月陕西省文物局受国家文物局委托，组成验收组对长乐宫 4 号建筑遗址保护工程进行了验收（图148、149）。验收意见如下：

第一，该保护工程方案合理，保护措施得当，设计翔实，方案经过了国家文物局的批准，工程监理和施工单位均通过社会招投标选定，程序合法。施工组织周密细致，工程监理工作严格有效，施工单位选择符合国家标准，施工工序衔接合理，水电等设施完善，工程资料齐全，分项工程均进行了阶段性验收，符合国家有关验收规范。该工程能够对 4 号建筑遗址发挥有效的保护和展示作用，建议通过验收。

第二，建议尽快建立遗址的温湿度监测系统，完整、全面搜集遗址环境保护的各种资料，使今后的保护工作更加有效，总结保护经验，发挥该遗址在今后同类遗址保护中的指导作用。

第三，施工单位应按照规定做好工程后期服务，发现问题及时处理，使工程设施正常发挥保护展示作用。

最后，由专家验收组组长李居西在竣工验收单上签字，该工程通过了验收。

（6）资金来源和决算

根据国家文物局批复，长乐宫 4 号建筑遗址保护工程的资金来源全部是国家大遗址保护专项资金。

长乐宫4号建筑遗址保护工程资金细目

序号	项目	金额（元）	备注
1	资金来源	5469357.62	国家文物局大遗址保护专项资金
2	实际支出数	5469357.62	
3	保护工程总价款	4741177.63	
3.1	工程款	4412206.44	西安文物保护修复有限公司
3.2	临时保护工程款	114963.59	西安市古代建筑工程公司
3.3	遗址临时保护看护、三通费用	85351	
3.4	陈列展示工程款	69279	中国社会科学院考古研究所陕西第二工作队
3.5	监控系统工程	59377.6	西安科纳电讯技术有限公司
4	设备购置	243299	购建250变压器一台235000元，电脑一台8299元。
5	待摊投资	484880.99	
5.1	设计费	264732.39	陕西省古建设计研究所
5.2	监理费	97950.98	陕西华茂建设监理公司
5.3	审计费	37253.86	陕西华诚工程造价咨询监理有限公司、陕西华正会计师事务所
5.4	土地补偿费	6598.68	
5.5	建设单位管理费	78345.08	

2. 长乐宫5号建筑（凌室）遗址

（1）遗址概况

长乐宫5号建筑（凌室）遗址位于罗家寨村北约30米，2004年冬至2005年春由中国社会科学院考古研究所汉城工作队发掘。发掘面积约1769平方米。根据文献及考古资料推测，此遗址是仓储类建筑基址，可能是长乐宫内藏冰的库房（图150）。

（2）考古工作

长乐宫5号建筑（凌室）遗址由一座大房子（1号房址）和五座小房子（2～6号房址）组成，房子的周围为铺砖庭院。1号房址平面呈东西向长方形，房内长27米，宽6.7米。房子四周围以夯土墙，墙宽3.6～5.6米。房内地面铺砖，沿墙内侧一周平铺条砖，形成回廊，中

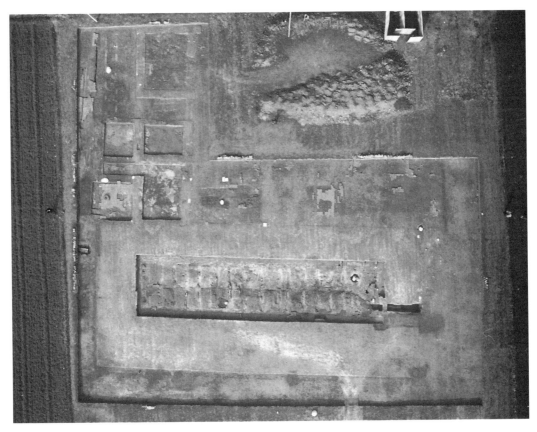

图 150　长乐宫 5 号建筑（凌室）遗址

部则用条砖长侧面立起，南北向铺砌。铺砖分别由南北两侧向中部倾斜，在房子中部形成一条东西向的小水沟，水沟底部东西向顺长平铺条砖，西高东低，南北两侧的铺砖面也有意形成若干条南北向的小沟，与前述东西向小沟相接。在 1 号房址东墙之下埋设陶质五角形管道，现残存两节，管道口正好与东西向水沟的东端相对应。1 号房址门道的位置不清。2～6 号房址位于 1 号房址的西北部，房内面积 12～30 平方米，房子四周围以夯土墙，于一面墙上开门，房内地面有的铺砖，有的为夯土，多低于庭院地面。出土遗物多为西汉砖、瓦、瓦当等建筑材料，还发现一些铁器和铜钱。从 1 号房址的结构特征看，应属西汉长乐宫内藏冰的凌室遗址，2～6 号房址则可能是相关管理人员的办公场所[①]。

---

① 中国社会科学院考古研究所汉长安城工作队《汉长安城长乐宫发现凌室遗址》，《考古》2005 年第 9 期。

（3）保护设计原则及方案

保护工程在设计上遵循以下原则：

① 在设计上严格贯彻《中华人民共和国文物保护法》确定的"有效保护，合理利用，加强管理"的保护工作指导原则，保护好现存的长乐宫凌室建筑遗址和文物，充分发挥资源优势，实现社会效益、环境效益、经济效益的统一。

② 依照《世界自然和文化遗产公约》等相关国际文件，真实、完整保存并延续遗址所包含的全部历史信息。

③ 科学、合理、有效地制订保护、管理及环境整治措施，为遗址的永续存在、研究和利用提供保证。

④ 在有效保护遗址的前提下，适当地向公众展示文物遗址。

⑤ 建筑设计上对 F1——长乐宫凌室建筑遗址部分，用轻钢结构建筑进行覆盖维护，F6 遗址进行覆盖保护。参观廊道为架空木廊道。对 F2～F5 附属建筑遗址保护建筑：采用双坡顶轻钢结构保护棚与凌室遗址保护建筑相连，外部维护材料为钢化玻璃，对凌室遗迹进行化学加固后，进行回填复原展示。

（4）工程实施

汉长安城长乐宫 5 号建筑（凌室）遗址保护主要分为以下三个阶段（图 151～159）：

① 临时保护阶段

考古工作结束后，2005 年 1 月，将该遗址交由西安市汉长安城遗址保管所保护和管理。为防止雨雪等自然因素的破坏，汉长安城遗址保管所采取与长乐宫 4 号遗址一样的临保措施——用彩钢板搭建临保棚。

② 工程前期准备阶段

在取得国家文物局（文物保函［2005］288 号文件）的批复后，立即委托西北（陕西）国际招标有限公司对该项工程进行了公开的招投标，最终确定施工单位为西安文物保护修复有限公司，监理单位为陕西华茂建设监理公司。由于保护用地属当地村民所有，在文物部门的努力下，采用租地的方式取得了文物保护用地问题。

③ 工程实施阶段

工程于 2005 年 8 月正式开工，在建设、施工、设计、监理等各方面共同努力下，克服各种困难，于 2007 年 12 月工程全面完工（图 160）。

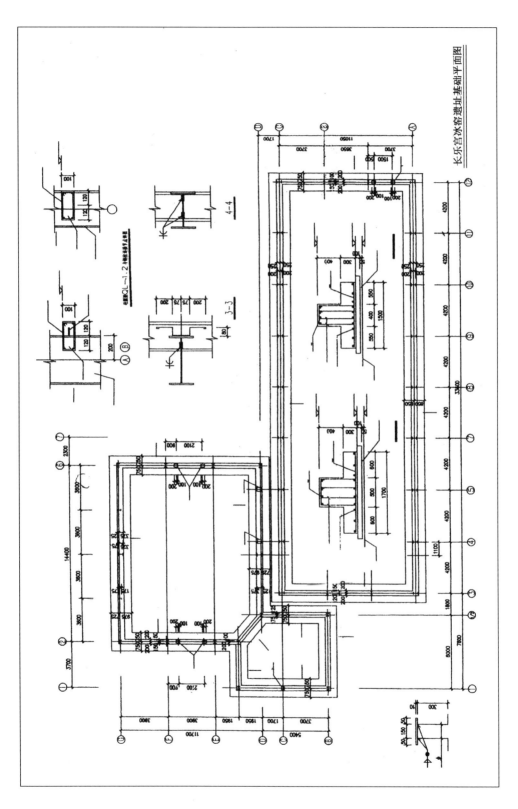

长乐宫冰窖遗址基础平面图

图151 长乐宫5号建筑（凌室）遗址保护工程方案图（一）

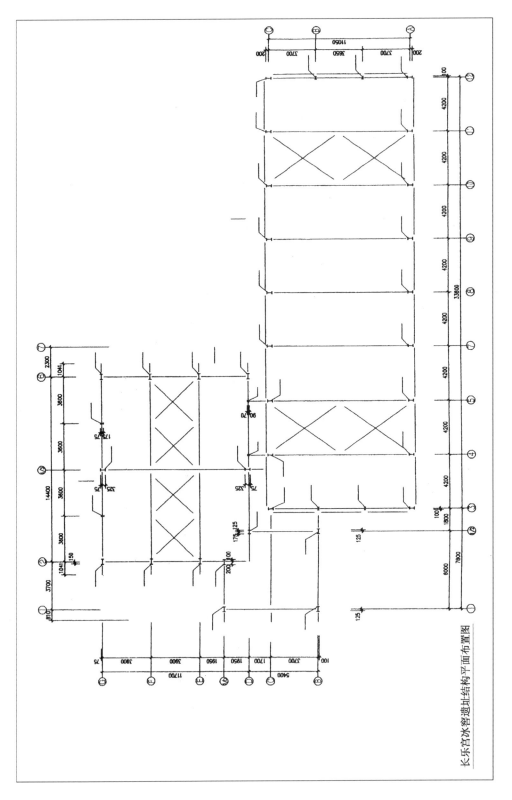

长乐宫冰窖遗址结构平面布置图

图 152 长乐宫 5 号建筑（凌室）遗址保护工程方案图（二）

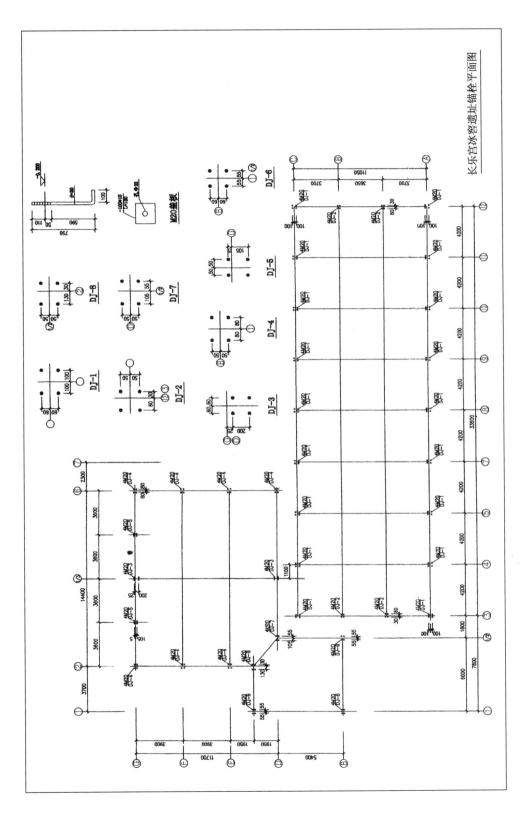

长乐宫冰窖遗址·锚栓平面图

图 153　长乐宫 5 号建筑（凌室）遗址保护工程方案图（三）

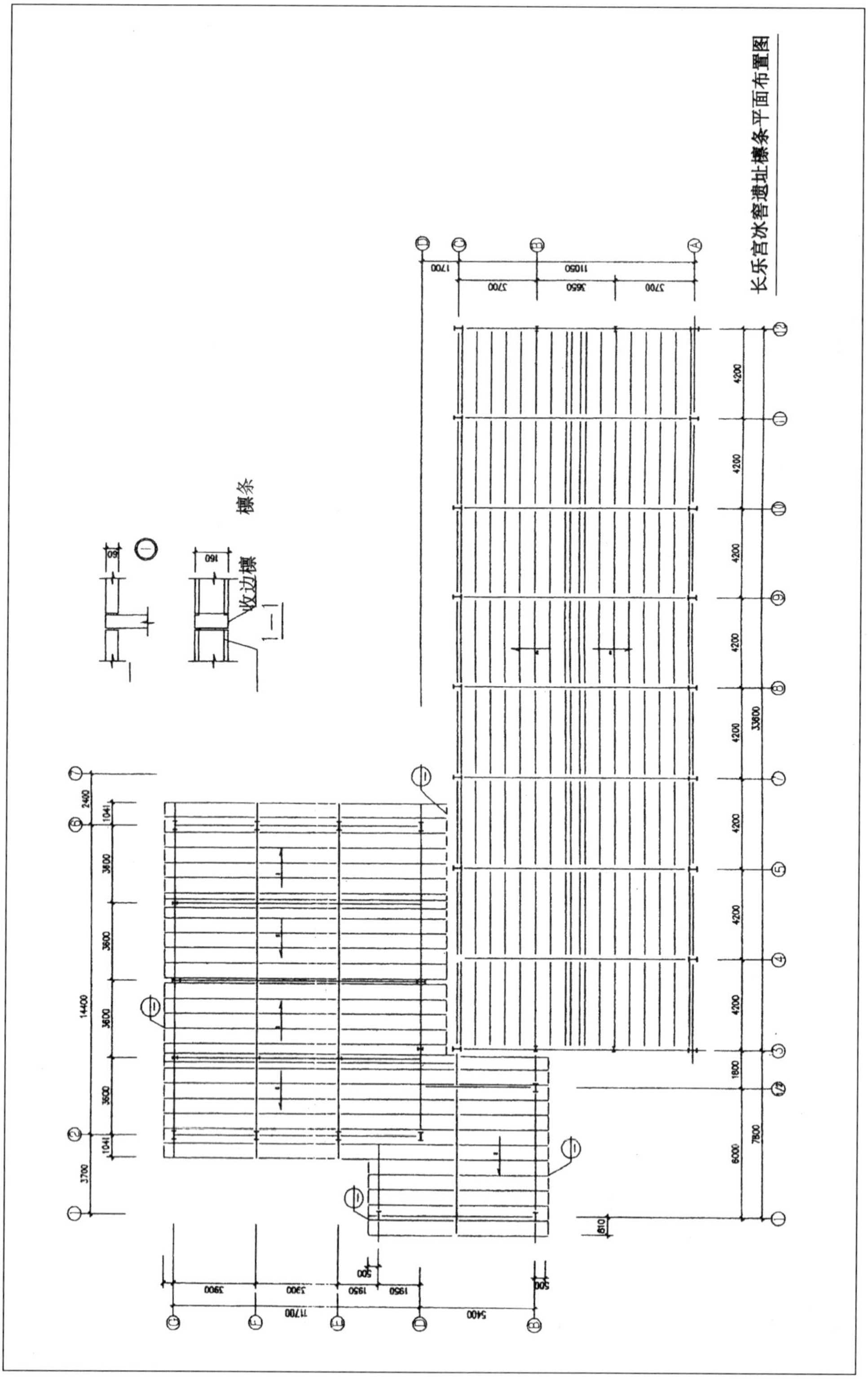

长乐宫冰窖遗址檩条平面布置图

图154 长乐宫5号建筑（凌室）遗址保护工程方案图（四）

图 155　长乐宫 5 号建筑（凌室）遗址保护工程施工现场
图 156　长乐宫 5 号建筑（凌室）遗址保护工程施工现场

图 157　长乐宫 5 号建筑（凌室）遗址博物馆

图 158　长乐宫 5 号建筑（凌室）遗址博物馆

图 159　长乐宫 5 号建筑（凌室）遗址博物馆内景
图 160　2005 年，西安市文物局局长郑育林（右二）视察长乐宫 5 号建筑（凌室）遗址保护工程施工现场
图 161　长乐宫 4、5 号建筑遗址保护工程阶段验收会会议现场

（5）竣工验收

2008 年 1 月，陕西省文物局受国家文物局委托，组成验收组对长乐宫
4、5 号遗址验收。验收意见与长乐宫 4 号遗址的验收意见相同（图 161）。

（6）资金来源和决算

根据国家文物局批复，长乐宫 5 号建筑（凌室）遗址保护工程的
资金来源全部是国家大遗址保护专项资金。

长乐宫5号建筑（凌室）遗址保护工程资金细目

序号	项　目	金　额（元）	备　注
1	资金来源	3049979.96	国家文物局大遗址保护专项资金
2	实际支出数	3049479.69	
3	保护工程总价款	2778034.27	
3.1	工程款	2531926.16	西安文物保护修复有限公司
3.2	临时保护工程款	70611.21	西安市古代建筑工程公司
3.3	遗址临时保护看护、三通费用	32020	
3.4	陈列展示工程款	94212.6	中国社会科学院考古研究所陕西第二工作队
3.5	监控系统工程	49264.3	西安科纳电讯技术有限公司
4	待摊投资	271445.42	
4.1	设计费	151915.57	陕西省古建设计研究所
4.2	监理费	56208.76	陕西华茂建设监理公司
4.3	审计费	20222.38	陕西华诚工程造价咨询监理有限公司、陕西华正会计师事务所
4.4	土地补偿费	6094.24	罗家寨村
4.5	建设单位管理费	37004.47	

（七）汉长安城遗址陈列馆建设工程

1. 概况

汉长安城经过高祖、惠帝、武帝三次大规模营建以及西汉末年的补充建设，逐渐成为一座规模空前宏大的都城，可与当时欧洲的罗马城相媲美。

随着西汉王朝的灭亡，汉长安城遭受严重破坏。西晋愍帝时，汉长安城"墙宇颓毁"，破败不堪，后虽进行过不同规模的整修和沿用，但已无法再现昔日的辉煌。至隋代，文帝杨坚弃汉城而筑新都大兴城，将汉代故城划归内苑，遂成杨家一姓之私产，因而人称"杨家城"。入唐以后，汉长安城属于禁苑，曾经盛极一时的长安帝都，成为历史的遗迹。

西汉长安城，作为都城营建的代表，蕴涵着中国封建社会初期鼎盛阶段的政治、经济、军事、文化、工程技术等方面丰富的历史文化信

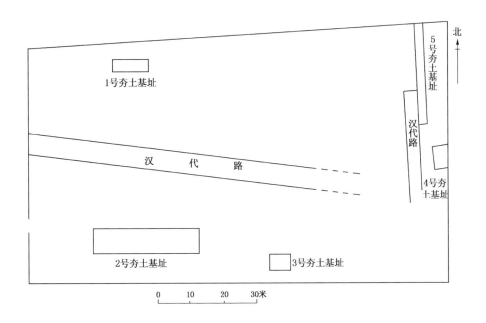

图 162　汉长安城遗址保管所、陈列馆钻探平面图

息，具有很高的研究价值，不仅是中华民族的瑰宝，而且是人类发展史上珍贵的文化遗产。1961 年，汉长安城遗址被国务院公布为第一批全国重点文物保护单位。

汉长安城现行政区划属于西安市未央区，分属汉城、未央宫、六村堡、三桥四个街道办事处，分布着五十四个行政村，五万余人口。对地上、地下建筑遗迹安全威胁最大的是人口的生产生活活动。进入 90 年代，这一问题更加突出，成立专门的管理机构势在必行。1994 年，西安市人民政府批准成立汉长安城遗址保管所。

保管所成立后，对遗址区内的各种破坏行为进行了有效控制，并对部分遗址实施了保护工程。

保管所建立初期，就保管所办公地点选址问题经过近半年的实地勘察和调研，在广泛征询考古、文保、规划专家意见的基础上，经反复研究，最终将汉长安城遗址保管所建设位置确定在未央区未央宫街道办大刘寨村南、未央宫前殿遗址正东约 200 米处的邓六路东侧。这一带是汉长安城未央宫遗址的中心地带，距离未央宫前殿、天禄阁、石渠阁、少府、椒房殿和建章宫等地上、地下建筑遗迹较近，便于对遗址实施管理。

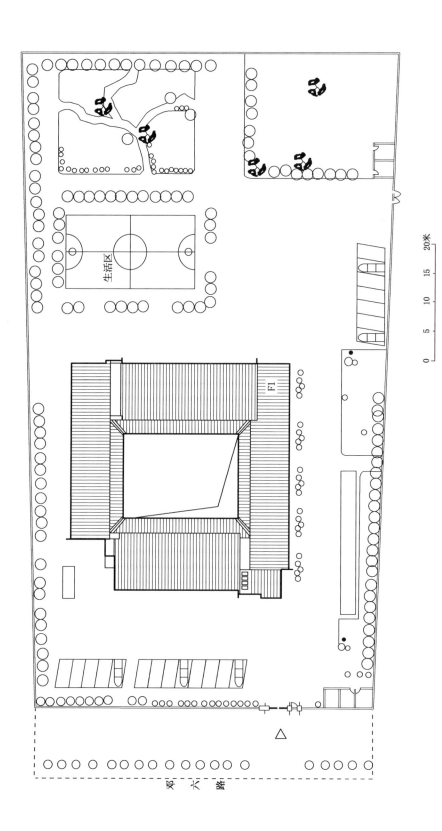

图163　汉长安城遗址保管所、陈列馆总平面图

图 164　汉长安城遗址保管所、陈列馆工程施工前原状

　　1995 年 6 月正式向西安市计委上报征地计划，1997 年完成所有征地手续。共征用土地 14.537 亩作为保管所办公室、陈列馆建设用地，其中包括莲湖区友谊村四组菜地 4.316 亩，未央区未央宫街道办大刘寨村二组耕地 8.032 亩、西马寨村耕地 2.198 亩。西安市文物局出资 8 万元，接收了所址上原顺达铁厂、顺达养猪场和西安市前进化工研究所留下的五间简易办公用房和水、电设施等，作为汉长安城遗址保管所临时办公用房。

　　2. 方案确定

　　关于保管所的建设方案，经社会各界的广泛参与和反复论证。大家一致认为，在遗址区建设保管所受到各种条件的制约和限制。首先是文物保护的要求，既不能对地下文物构成破坏，又不能对遗址整体环境风貌造成影响，这就要求在方案的选择上慎之又慎，不能因一时之需而造成千古遗憾（图 162 ～ 165）。

　　为此，汉长安城遗址保管所委托西安地区唯一具有文物保护工程

图 165　汉长安城遗址保管所、陈列馆工程施工前原状

甲级设计资质的陕西古建设计研究所进行方案设计。

在先后提出的诸多方案中，经省、市文物局组织专家会多次论证，最终确定一套仿汉式庭院建筑和一套现代风格的庭院式钢结构建筑，并上报国家文物局审批。

2005 年 5 月，国家文物局文物保函〔02005〕547 号文批复同意庭院式一层钢结构坡屋顶建设方案，钢筋混凝土基础，钢构架（墙面及屋面）轻型结构。设计内容包括陈列厅、藏品库、办公室、会议室、厕所等，设计总建筑面积 1268.27 平方米，国家计划投资 420 万元（包括追加经费 120 万元）。

3. 组织施工

2005 年 6 月，西安市汉长安城遗址保管所委托西北（陕西）国际招投标有限公司面向国内公开招标施工单位和监理单位。2006 年 3 月 28 日在陕西省政务大厅进行了公开开标。经评委会评审，西安市建筑工程总公司、陕西省华茂建设监理公司中标，分别为此项目施工单位和监理单位。项目实施过程经过以下三个阶段：

（1）前期工作

在项目实施前，2005年4月至5月委托中国社会科学院考古研究所陕西第二工作队对建设用地地下遗址分布情况进行了全面详细的考古勘探，以确定地上建筑位置，避免对地下遗存造成破坏。经勘探，共发现夯土遗迹五处，道路遗迹两处，分别位于场地的周边和地下0.5～2.5米范围内，为确定建筑方位提供了依据。

建筑用地位于汉长安城未央宫遗址的中部，西距未央宫前殿遗址250米左右。经过钻探，发现了一些夯土基址和道路。现分别介绍如下：

① 夯土基址

共发现五处，分别编号为1～5号夯土基址。

1号夯土基址位于钻探区域的西北部，西距保管所西院墙26米，北距北院墙5米。基址平面呈长方形，东西长11.6米，南北宽4.8米。夯土基址埋藏较深，在地表以下2米开始出现，厚0.5米左右，其下为生土。

2号夯土基址位于钻探区域的西南部，西距保管所西院墙约19米，南距南院墙约8.5米。基址平面呈长方形，东西长32米，南北宽8米。夯土在地表以下1～1.5米开始出现，最大厚度为1.5米，距地表2.5米以下为生土。

3号夯土基址位于钻探区域的南偏东部，南距保管所南院墙约3米，东距东院墙48米左右。基址平面略呈方形，东西长7米，南北宽6米。夯土在地表以下0.5米始发现，厚0.8米，其下为生土。

4号夯土基址位于钻探区域的东部，部分延伸出保管所东院墙以外，东西现钻探宽4.5米，南北长6.8米。地表以下0.5米开始发现夯土，厚1.3米，其下为生土。

5号夯土基址位于钻探区域的东北部，东距保管所东院墙约6米。基址平面呈长方形，南北长29米，东西宽3米。地表以下0.7米开始发现夯土，厚1.8米。其下为生土。

② 汉代道路

发现两条。一条道路位于钻探区域西部，略呈东南—西北向，现钻探长87米，宽6米。另一条道路位于钻探区域的东北部，北距保管

图 166 汉长安城遗址保管所、陈列馆工程施工现场
图 167 汉长安城遗址保管所、陈列馆工程施工现场
图 168 汉长安城遗址保管所、陈列馆工程施工现场

所北院墙约 19 米，东距东院墙 8～9 米。路大致呈南北向，南北现钻探长 33 米，东西宽 3.5 米左右。两条道路均埋藏较深，地表以下 2 米才开始发现路土，厚度在 0.5 米以上，未钻探到生土。

此外，在 1 号夯土基址与其南侧的汉代道路之间，地表以下 2 米发现灰土堆积。同时，委托机械工业勘察设计研究院对建设用地进行了地质岩土工程勘探。

按照西安市建设工程管理规定，在 2006 年 4 月至 10 月份先后完成了消防、人防、规划等报建手续，完成了项目的前期准备工作。

（2）工程实施

2006 年 10 月 25 日工程破土动工。为了保证工程顺利实施和确保地下文物安全，汉长安城遗址保管所加强项目管理，委派现场项目负责人，负责项目的实施和各工作部门的协调工作。施工单位按照遗址保护区施工规范制定了细致的施工组织设计，重点强调区域内文物安全、施工人员人身安全、消防安全。同时，制定了《冬季施工措施专项方案》、《墙体砌筑工程施工方案》、《安全施工措施》、《钢结构工程施工方案》、《现场施工用电专项方案》，保证了工程的顺利进行（图 166～171）。

工程从内容上分为三个步骤实施：

第一，主体工程建设阶段。

自开工以来，在国家、省、市文物局各级领导和专家的指导下，于 2007 年元月 18 日主体工程封顶，举行了隆重的封顶仪式。

按照设计要求，主要工程指标包括：

① 建筑等级：三级；

② 防火及耐火等级：二级；

③ 抗震设计：烈度 8 级；

④ 设计主要荷载：基本风压 0.30KN/㎡；基本雪压 0.20KN/㎡；屋面静载：0.25KN/㎡；活载 0.30KN/㎡；

⑤ 基础处理：独立混凝土基础；

⑥ 墙体：维护结构墙体为 24 厘米厚非承重空心砖；

⑦ 钢结构：承重结构截面为 H 型钢，构建主材采用 Q235-B 钢，所有钢结构表面经防锈防火处理；

⑧ 屋面：表面为彩钢板瓦，保温层为玻璃丝毡，底层为彩钢压型板；

图 169　汉长安城遗址保管所、陈列馆工程施工现场

图 170　汉长安城遗址保管所、陈列馆工程施工现场

图 171　汉长安城遗址保管所、陈列馆工程封顶施工现场

第二，配套设施建设阶段。

为了保障汉长安城遗址陈列馆满足面向公众开放的要求，在主体工程建成的同时，对场地周边必需的环境配套设施进行了完善。

① 安装 250 千伏安变压器，保证场馆的正常运行和今后遗址保护工作的用电；

② 完善场地内给排水设施和消防设施。室外生活水管道、消防管道采用球墨给水铸铁管，管径 DN100，安装地下消火栓五个。雨水排水管道采用增强聚丙乙烯（ERPP）模压排水管，检查井相连管径为 DN200，主出口为 DN300。

③ 考虑到目前汉长安城遗址没有完整的市政污水排放管道，化粪池采用标准型号 G9 - 30F，有效容积 30 立方米。

④ 完成院内参观道路和停车场建设以及环境绿化。

第三，陈列馆布展阶段。

2007 年 12 月，保管所陈列厅基建工程全部完工，陈列大纲已经编制完成。经过多次专家讨论和论证，2008 年上半年最终确定通过。

在展陈工程实施前，为了保证场馆在使用过程中的展品安全，2007 年 7 月在场馆内和周边安装了录像监控和红外报警设备。

经过认真的考察和征求专家意见，确定采用陕西古迹遗址保护工程技术研究中心编制的陈列方案。该方案主要内容为将整个陈列馆分为两个展厅，第一展厅为历史沿革展厅，主要展示汉长安城历史沿革及整体概况，从宏观角度对汉长安城进行一个整体说明。具体陈列内容为汉长城遗址历史沿革文字图片说明，汉长安城遗址沙盘模型，多媒体演播厅，城墙城门遗址照片及部分文物展品。第二展厅为文物展厅，主要陈列历年来在汉长安城遗址考古工作中出土的部分文物实物，展示汉代社会的各个方面（图 172、173）。

展陈工程施工单位为西安大彩设计工程有限责任公司。

4. 资金来源与使用情况

汉长安城遗址陈列馆及文管所工程资金来源由国家财政拨款。

国家财政拨款共计 420 万元（原计划 300 万元，后追加 120 万）。

项目总支出 420 万元。

5. 展馆工程竣工验收

受国家文物局委托，2007 年 12 月 28 日陕西省文物局会同西安市

图 172　汉长安城遗址陈列馆
　　　　工程完工后现状
图 173　汉长安城遗址陈列馆
　　　　内景

文物局组织有关专家、学者组成验收组，对汉长安城遗址陈列馆及文管所基础建设工程进行了验收。按照议程，验收组选举李乃夫为专家组组长。验收组听取了汉长安城遗址保管所关于工程实施情况的汇报，陕西省古建设计研究所、陕西华茂建设监理公司、西安市建筑工程总公司分别进行了工程相关情况总结。通过对工程的实地勘察及查阅工程资料，验收组提出验收意见如下：

第一，该工程项目经报国家文物局批准，工程监理和施工单位均通过招投标选定，程序合法，设计周到，选材得当，施工组织严密，工序衔接合理，室内外总体工程布局得当，工程监理认真有效，工程资料齐全且和工程同步填报，工程施工符合国家有关工程验收规范，建议通过验收。

第二，建议对检查中发现的展厅地面砖平整度问题，墙面涂料局部色调不一致等问题进行进一步修整。在资金许可的情况下，对安全监控系统作进一步完善。

第三，建议该工程应完善后续项目和陈列展示更合理地结合，使该工程发挥更有效的作用。

6. 对外开放及展陈工程验收

2009年6月13日第四个中国文化遗产日期间，汉长安城遗址陈列馆对外开放。当天举行了开馆仪式，西安市和未央区政府及省、市文物局领导，以及文物保护专家学者和群众代表二百多人参加了仪式。市政协副主席、文物局副局长向德和未央区区长杨广亭为遗址陈列馆揭牌。

经过近三个月的试运行，2009年9月11日，汉长安城遗址保管所邀请有关专家及西安市文物局，对汉长安城遗址陈列厅展陈工程进行了验收。

按照验收组专家意见，推选陕西省室内装饰协会设计师分会秘书长宋宏伟为专家组组长。验收组听取了汉长安城遗址保管所关于工程实施情况的汇报；陕西古迹遗址保护工程技术研究中心、陕西华茂建设监理公司、西安大彩设计工程有限公司分别代表设计、监理、施工方对工程相关情况进行汇报总结。通过现场勘察及查阅工程资料，验收组提出验收意见如下：

第一，该展陈工程施工符合设计要求，有明确的时代特征，形式和内容协调一致，能达到陈列展示的目的；

第二，使用材料合理，工程管理严格，现场施工组织有序，质量符合国家标准；

第三，监理单位对工程管理严格，达到了对工程质量、进度、造价的有效管理。

专家一致认为，质量合格，可以通过验收。

图 174　汉长安城遗址测绘工作现场

图 175　汉长安城遗址测绘工作现场

图 176　汉长安城遗址测绘工作现场

（八）汉长安城遗址测绘工程

为了贯彻落实国家关于保护汉长安城遗址，加快建设汉长安城大遗址保护展示工作的决定。受西安市汉长安城遗址保管所的委托，机械工业勘察设计研究院于 2008 年 6 月承担了汉长安城遗址 1：2000 地形测量工作，同年 12 月完成。

此项工程主要是通过建立测区平面控制和高程控制系统，实测 1：2000 地形图，为遗址发掘、规划、设计、古迹保护、景点标识、标志性建筑复原提供基础资料（图 174～176）。

1. 测区范围及自然地理状况

汉长安城遗址包括大遗址区域和建章宫遗址区域等，本次 1：2000 地形图测量范围仅为大遗址区域。

该区域位于西安市西北郊，东临朱宏路，南临北二环，西临西三环，北临绕城高速公路北段。其地理位置大致为东经 108°50′36″～108°54′53″，北纬 34°17′34″～34°21′20″，面积约为 36 平方公里。

测区内有四个街道、五十四个行政村，村庄间各种圈地、小工厂或小作坊有百余家，分布较零乱。测区内道路纵横交错，通行方便，路边多种植杨树。测区南部树林较多、较稠密。整个测区高差不大，通视条件一般。

2. 测绘内容

（1）建立汉长安城遗址保护区的平面和高程控制系统；

（2）测绘汉长安城遗址 1：2000 地形图。

3. 作业依据

（1）《工程测量规范》（GB 50026-2007）；

（2）《全球定位系统（GPS）测量规范》（GB/T 18314-2001）；

（3）《1：500、1：1000、1：2000 地形图图式》（GB/T 7929-1995）。

4. 平面控制测量

为便于汉长安城遗址保护与城市规划的统一，本次采用的坐标系统为西安市城市坐标系，中央子午线为 108°56′，投影面高程为 427 米。

点号	等级	位 置	纵坐标 X（m）	横坐标 Y（m）	高程 H（m）	附 注
六村堡 B	E 级 GPS 点	北绕城高速，六村堡立交桥东	18191.459	2684.612	379.913	高程系统为 1985 年国家高程基准
朱宏 A	E 级 GPS 点	北绕城高速，张道口村段	19944.703	8925.030	378.164	
朱宏 C	E 级 GPS 点	北绕城高速，朱宏路立交	20345.630	9953.521	379.107	

本次测量的坐标起算点为搜集的属于西安市城市坐标系的三个 GPS 点，点号分别为六村堡 B、朱宏 A、朱宏 C，坐标及高程详见上表。

5. 首级平面控制测量

（1）GPS 布网情况

本测区首级平面控制测量布设为 E 级 GPS 网。该网由五十个点组成，平均边长为 1.88 千米。其中包括三个起算点，三个检核点，为构网及建章宫等遗址测量需要而布设的三个点，其余四十一个均位于 1:2000 地形图测区内。

为了便于保存，选点时，尽量避开耕地，点位设置在接受卫星信号较好的水渠渠沿上和道路的交叉路口处。

位于 1:2000 地形图测区内的四十一个点中有二十个点本次埋设了水泥预制标石，四个点利用了城市三角点标石，编号为 G10、G13（三角点 020）、G16（三角点 036）、G41，其余点皆为钢钉标志。

为今后建章宫测量需要布设的三个点，点号为 XYSH、GSH2、B110，其中 B110 为水泥预制标石，其余两个为钢钉标志。

（2）GPS 观测

GPS 网的观测使用六台中海达静态 GPS 接收机进行作业。该型号接收机的平面标称精度为 ±（5 mm + 1 ppm）。接收机自动接收并记录观测数据，天线高使用钢尺量至毫米。

外业观测基本参数统计见下表：

项　　目	规范要求	实测结果统计
卫星截至高度角（°）	15	15
同时观测有效卫星总数	≥4	一般5～7颗，极少4颗
有效观测卫星总数	≥4	4～9颗
观测时段数	≥1.6	2.1
观测时段长度（min）	≥40	≥44
采样间隔（s）	10～30	5
时段中任意一颗卫星有效观测时间（min）	≥15	≥15
接受机数		4到6台
总点数		50
时段数		22
每点设站数		2.0
总基线数		195
必要基线数		49
独立基线数		82
多余基线数		33
GPS网可靠性指标		0.40
闭合环或附和路线的边数	≥10	≥6
平均边长（km）	0.2～5	1.88

（3）数据处理

GPS 观测结束后，采用中海达 GPS 随机数据处理软件进行基线处理和平差计算。

（4）基线向量解算

全网 195 条基线均采用双差固定解作为最终结果，检查基线向量方差比（Ratio）均大于 10，数据采用率大于 90%，参与解算的向量均符合要求。

根据《GPS 规范》要求，各级 GPS 基线精度计算公式如下：

$$\sigma = \sqrt{a^2 + (b \cdot d \cdot 10^{-6})^2}$$

按 E 级控制网精度要求，取 a ≤ 10 mm，b ≤ 20，d 为平均边长 1.881 km，则 σ = 38.9 mm，$2\sqrt{2}\sigma$ =1 10.1 mm，$\frac{\sqrt{3}}{5}\sigma$ = 13.5 mm，33σ = 202.3 mm，9σ = 350.3 mm，3σ = 116.8 mm。

经过对 GPS 网的基线进行解算，按规范要求对观测质量做以下检核：

① GPS 网复测基线较差

规范要求复测基线的长度较差 d_s，两两比较应满足下式的规定：

$$d_s \leq 2\sqrt{2}\sigma。$$

全网复测基线 16 条，复测基线的长度较差 d_s 最大为 10.1mm，小于规范规定 $2\sqrt{2}\sigma$。

② GPS 网同步环闭合差

全网共构成 119 个三边同步环。其三边同步环坐标闭合差：W_X 最大值为 12.9 mm，W_Y 最大值为 11.4 mm，W_Z 最大值为 11.3 mm，均满足下式的规范要求：

$$W_X \leq \frac{\sqrt{3}}{5}\sigma;$$

$$W_Y \leq \frac{\sqrt{3}}{5}\sigma;$$

$$W_Z \leq \frac{\sqrt{3}}{5}\sigma。$$

③ GPS 网异步环闭合差

全网共形成 106 个独立闭合环或附合路线。其坐标闭合差：W_X 最大为 13.0 mm，W_Y 最大为 21.4 mm，W_Z 最大为 29.9 mm，W_S 最大为 33.3 mm，均满足下式的规范要求：

$$W_X \leq 3\sqrt{n}\sigma;$$

$$W_Y \leq 3\sqrt{n}\sigma;$$

$$W_Z \leq 3\sqrt{n}\sigma;$$

$$W_S \leq 3\sqrt{3n}\sigma;$$

式中：n —闭合环边数，最小值取 3。

由以上比较及评价说明，基线处理合理，结果可靠，没有含粗差的基线向量存在。所有参与组成异步环的基线向量（195 条）均可作为基本观测量参加网的平差计算。

（5）三维无约束平差

GPS 基线向量网在 WGS - 84 坐标系下进行三维无约束平差，各项精度指标统计如下：

① 基线向量改正数分布情况如下表所示：

	V<−0.01m	−0.01m≤V<0m	0m≤V≤0.01m	V>0.01m	V绝对值最大(m)	V绝对值平均(m)
DX	0	99	95	1	0.012	0.002
DY	7	91	92	5	0.030	0.004
DZ	3	97	93	2	0.019	0.003

② 无约束平差后基线弦长相对精度统计见下表：

弦长相对精度	低于1/7万	1/7万～1/10万	1/10万～1/30万	1/30万～60万	1/60万～100万	高于1/100万
基线条数	0	3	26	85	56	25

③ 无约束平差结果 GPS 网点位中误差在 0.0016 m ～ 0.0053 m 之间，平均为 0.0029 m。

④ 基线分量改正数的绝对值 $V_{\triangle X}$ 最大值 11.9 mm，$V_{\triangle Y}$ 最大值 29.9 mm，$V_{\triangle Z}$ 最大值为 19.4 mm，均满足下式的规范要求：

$V_{\triangle X} \leqslant 3\sigma$；

$V_{\triangle Y} \leqslant 3\sigma$；

$V_{\triangle Z} \leqslant 3\sigma$。

以上平差结果表明，GPS 网具有较高的内部符合精度，观测值不含有粗差，基线向量解所确定的协方差阵相互间的比例关系合理，可以作进一步数据处理。

（6）二维约束平差

采用西安市城市坐标系参数，对全网的 GPS 三维基线向量平差值进行高斯投影变换，并以六村堡 B（LCBB）、朱宏 A（ZHA）和朱宏 C（ZHC）作为平面坐标已知点，进行二维强制约束平差。

平差结果及转换参数见下表：

	基线向量中误差		尺度比	旋转角	点位精度		基线向量边长相对中误差
	m_{dx}（mm）	m_{dx}（mm）	ppm	（"）	Mx（mm）	My（mm）	
最大	5.3	5.6	−17.3453	−4.6092	5.1	5.9	1/60600
平均	2.9	2.7			3.7	3.5	1/473500

从表中可以看出基线向量中误差、尺度比、基线向量边长相对中误差及各点的点位中误差都较小，均符合规范要求。

本次测量还将测区附近距离已知点较远的三个城市导线点作为未知点纳入 GPS 网平差，已知值与平差值比较见下表：

点　　号	纵坐标 x（m）			横坐标 y（m）			备　　注
	已知值	平差值	较差	已知值	平差值	较差	
中未4（ZW4）	16412.480	16412.560	0.080	10586.428	10586.387	0.041	中未4、中未13、中未18为城市道路中桩，其测设精度接近于三级导线
中未13（ZW13）	15384.978	15385.038	0.060	11336.413	11336.340	0.073	
中未18（ZW18）	16338.651	16338.711	0.060	12193.718	12193.642	0.076	

比较结果表明，其较差满足规范要求，可以认为其坐标系和西安市城市坐标系严格一致。

（7）导线测量

为了满足 1∶2000 和更大比例尺地形测量和工程建设施工放样的要求，在首级 GPS 控制网的基础上，在测区内以二级导线、三级导线进行平面控制网加密。除遗址区域的南北边界上布设了六条三级导线外，其余均为二级导线。二、三级导线的精度要求见下表：

等级	测角中误差（"）	测距相对中误差	导线全长相对闭合差
二级	8	1/14000	1/10000
三级	12	1/7000	1/5000

二、三级导线均使用 SET2$_{30RK3}$ 型全站仪进行观测。该仪器测角精度为 ±2″，测距标称精度为 ±（2 mm + 2 ppm）。导线的水平角按方向法观测一测回，距离往返观测各一测回，每测回三次度数，取其平均值。

导线观测结束后，经检查合格后使用计算机相关软件，采用严密平差法进行平差计算，平差后测角中误差，二级为 ± 4.3″，三级最大为 ± 11.3″； 最大边长比例误差二级为 1／25700，三级为 1／90100；导线全长相对闭合差二级最大为 1／31600，三级最大为 1／131500。以上各指标均满足《工程测量规范》要求。

（8）精度统计

汉长安城遗址平面控制测量所布 E 级 GPS 网和二、三级导线网的各项精度指标统计结果见下表：

平面控制网	最弱点点位误差（m）			最弱边相对中误差	测角中误差（"）		最大导线全长相对闭合差
	m x	m y	M		平差前	平差后	
E 级 GPS 网	0.0043	0.0059	0.0073	1：60000			
二级导线网			0.0177		4.1	4.3	1：31600
三级导线网			0.0144			11.3	1：131500

从上表可以看出汉长安城遗址 E 级 GPS 网和二、三级导线精度较好，符合《规范》要求。测区内共布设 E 级 GPS 点和二、三级导线点 209 个，平均每平方千米 6 个点，控制点的密度较大。综上所述，说明该平面控制网不仅能满足汉长安城 1：2000 测图的要求，而且还能满足 1：500 测图要求和工程建设施工放样的需要。

（9）高程控制测量

本次采用的高程系统为 1985 年国家高程基准。高程起算点位于西安市北郊凤城四路的长庆宾馆附近的二等高程控制点 BSBM，其高程为 388.8515 米，附近另有一个二等高程控制点 QSBM 作为其检核点。本次使用前对两点间的高差进行了检核。已知高差和检核高差较差为 0.4mm，满足使用要求，BSBM 可以作为本次高程的起算点。

（10）三等水准测量

首级高程控制采用三等水准测量。三等水准技术要求见下表：

等级	路线长度	往返较差及附和或环线闭合差	每千米高差全中误差
三等	≤ 50 km	$12\sqrt{L}$ mm（L为km计路线长度）	± 6 mm

在测区内地质条件较好、周围环境相对稳定的地方埋设水准点五个，利用城市三角点标石两个，因这两个点埋设时间较长、点位稳定，

可作为水准点使用。以上这些点连同大部分 E 级 GPS 点构成三等水准网。

三等水准的测量采用瑞士产莱卡数字水准仪 DNA03 及其配套铟钢条码水准尺进行观测，观测数据经检核后，使用计算机相关软件进行严密平差计算，平差后每千米高差全中误差为 ±1.1mm，符合《工程测量规范》要求。

（11）四等水准测量

在三等水准的控制下，进行了四等水准加密。四等水准的技术要求见下表：

等级	路线长度	往返较差及附和或环线闭合差	每千米高差全中误差
四等	≤16 km	$12\sqrt{L}$ mm （L 为 km 计路线长度）	±10 mm

四等水准路线经过少量 E 级 GPS 点和部分二、三级导线点。

四等水准的测量采用日产索佳 C32 型水准仪及其双面木质水准尺进行观测。观测数据经过检核后，使用计算机利用相关软件进行严密平差计算，平差后每千米高差中误差最大为 ±8.3 mm，符合《工程测量规范》要求。

（12）三角高程测量

在二、三级导线测量的同时，对导线点进行了四、五等三角高程测量。其主要技术要求见下表：

等级	每千米高差全中误差（mm）	边长（Km）	观测方式	对向观测高差较差（mm）	附和或环形闭合差（mm）
四等	10	≤1	对向观测	$40\sqrt{D}$	$20\sqrt{\sum D}$
五等	15	≤1	对向观测	$60\sqrt{D}$	$20\sqrt{\sum D}$

除测区南北边界处导线点采用五等三角高程测量外，其余大部分导线点均采用四等三角高程测量。四、五等三角高程测量均使用 SET2$_{30RK3}$ 型全站观测。观测结束后，使用计算机利用相关软件进行严密平差计算，平差后每千米高差中误差四等为 ±7.1 mm，五等最大为 ±14.1 m，符合《工程测量规范》要求。

（13）精度统计

汉长安城遗址高程控制测量所布设的三、四等水准和四、五等三角高程测量各项精度指标见下表：

高程测量	每千米高差全中误差（mm）					
	三等		四等		五等	
	规范要求	实测	规范要求	实测	规范要求	实测
水准测量	6	1.1	10	8.3		
三角高程测量			10	7.1	15	14.1

由以上统计可以得出，汉长安城遗址三、四等水准和四、五等三角高程测量精度指标符合《工程测量规范》要求。

本次测量还使用了测区内三等水准高程点对 GPS 网各点高程进行了拟合。拟合结果与城市已知高程点和其他等级观测的控制点进行了高程比较。其结果见下表：

点号	已知高程（m）	本次测量高程（m）				较差（mm）	附注
		四等水准	四等三角高程	五等三角高程	GPS 拟合高程		
中末 13（ZW13）	391.358				391.289	69	道路中桩
中末 18（ZW18）	388.219				388.160	59	道路中桩
六村堡 B（LCBB）	379.913				379.903	10	城市 E 级 GPS 点
朱宏 A（ZHA）	378.164				378.159	5	城市 E 级 GPS 点
朱宏 C（ZHC）	379.107				379.096	11	城市 E 级 GPS 点
G 1		390.372			390.380	8	
G 10		411.964			411.943	21	
G 11		393.780			393.780	0	
G 38		377.707			377.702	5	
G 32		381.071			381.066	5	
G 19		384.506			384.511	5	
J 219			381.209		381.189	20	
G 16				392.936	392.930	6	
G 35				381.818	381.829	11	

由上表可以看出，GPS拟合高程精度较好。鉴于规范规定GPS拟合高程测量仅适用于五等及以下等级高程测量，本次GPS拟合高程测量仅作为其他等级高程测量的一个检核参考。

以上统计及比较说明，本次使用的高程系统和西安市城市采用的高程系统（1985年国家高程基准）相一致。其精度可以满足1∶2000及更大比例尺测图和工程建设施工放样的需要。

6. 地形图测绘

比例尺为1∶2000。

基本等高距1米。

图幅500×500 mm标准分幅，共48幅。各图图幅编号采用图廓西南角坐标公里数加本工程图幅顺序号组成，如∶13.0－6.0（40）。

为了满足测图的需要，在E级GPS点和二、三级导线点的基础上布设了图根导线点，并对每一图根导线点以图根高程精度要求施测其高程。

在测区内共布设图根控制点625个，每平方公里平均有图根导线点17个。

非建筑区测量采用全站仪草图法或GPS - RTK测图法，进行野外数据采集。

建筑区测量采用全站仪草图法结合钢尺量距进行野外数据采集。

测绘内容包含现有道路、村庄、工厂、耕地和经济作物地类界、电力和通信线路杆塔、沟渠、陡坎等地物、地貌。其中村庄的绘制根据用图需要综合取舍后用晕线法表示，其余均按图式要求表示。

地形图的绘制采用计算机数字化成图。将GPS-RTK或全站仪所采集的地形特征点三维坐标数据传输到计算机，采用基于Auto CAD 2002之上的CASS成图软件进行地形图图形编辑。图式执行国标《1∶500、1∶1000、1∶2000地形图图式》（GB/T7929-1995）。电子地形图的图形格式为Auto CAD图形格式（＊.dwg）。图形编辑完成后使用HP Deskjet T 1100打印机喷绘成图。

7. 检查、审核

（1）设站检查及野外巡视检查

地形图测绘完后按每平方千米平均设一站的要求进行了实测检查，检查的工作量为全部工作量的10%。检测结果显示地物点的点位中误差及等高线的高程中误差均在规范要求的精度范围内。同时，对整个测区进行了野外巡视检查，对检查出的问题进行了修改，并对遗漏处进行了补测。

（2）内业检查、审核

对所有的观测记录、成果、成图均经过了二查（作业者自查和互查）、二审（初审和复审），对检查、审核提出的问题一一进行了修改。

汉长安城遗址1：2000地形测量成果成图符合甲方技术要求，达到了《工程测量规范》规定的精度指标，可以作为该遗址区域规划、设计的基础资料。

（九）未央宫汉代道路保护一期工程

1. 项目概况

未央宫汉代道路保护一期工程为西安城市交通综合改善工程的子项目之一，投资总额为1.65亿元，其中世界银行贷款资金为894万美元，地方政府配套资金5040.2万元、市文物局自筹5000万元。

主要内容为恢复保护未央宫遗址区域五条汉代道路，道路总长度8.4公里，道路总面积约11.1万平方米，道路绿化总面积约4.7万平方米（图177）。

2. 立项及资金情况

此项目已列入2009年西安市城市维护建设计划，西安市基础建设投资公司为项目法人，西安市文物局为具体实施单位。

项目世界银行贷款资金已经落实，西安市文物局从国家文物局申请到2100万元专项经费。目前，已完成该项目的设计招标工作，考古工作接近尾声。此部分费用目前使用国家文物局专项经费。

3. 项目实施的紧迫性

当前，汉长安城遗址已纳入中国政府与中亚五国联合申报"丝绸之路"世界文化遗产工作，未央宫汉代道路一期工程项目也包括在内，须在2012年底前完成主体工程。

根据汉长安城遗址"丝绸之路"申遗工作安排，2012年9月年内必须完成未央宫汉代道路保护一期工程中西安门外大街、未央宫前殿东侧南北向宫内道路两条道路的建设。

图 177　世界银行集团专家考察汉长安城遗址

4. 资金安排计划

第一，2009 年，计划完成西安门外大街、未央宫前殿东侧南北向宫内道路的建设任务。资金安排计划如下：

（1）征地拆迁费用 5002.86 万元，申请使用市政府配套资金 5002.86 万元。

征地拆迁费用分解表

	项目内容	金额	经济指标		
			单位	面积（m²）	单价（元）
1	永久征用土地	2133.09			
1.1	耕地	367.65	亩	57	64500
1.2	工业用地	1765.44	亩	62.76	281300
2	农村房屋拆迁补偿	2531.2			
2.1	房屋补偿	2527.5	m²		
	砖木结构	135.00	m²	1500	900
	砖混结构	695.50	m²	6500	1070
	其他结构	80.00	m²	1000	800
	厂房补偿	1617.00	m²	14700	1100
2.2	其他补偿费	3.70			
	搬家补助费	3.70	户	37	1000
3	地面附着物	131.8			
3.1	果树	120.00	棵	8000	150
3.2	其他树木	5.00	棵	2500	20
3.3	渔塘	6.80	亩	3.4	20000
4	有关税费	206.77			
4.1	耕地开垦费	142.6	m²	142600	10
4.2	耕地占用税	64.17	m²	1426008	4.5
	合 计	5002.86			

（2）道路建设工程款 3691.76 万元，其中未央宫前殿东侧南北向宫内道路 1630.08 万元；西安门外大街道路 1731.28 万元；外部供电、界外污水 330.4 万元。申请使用世行贷款 3322.58 万元，文物局自筹专项资金 369.18 万元。

未央宫前殿遗址东侧南北向宫内道路建设投估算表

序号	工程和费用名称	建筑工程	设备	安装工程	合计	技术经济指标		
						单位	数量	指标（元）
	第一部分工程费用				1630.08			
1	道路工程				932.57			
1.1	土方工程（填方）	121.29			121.29	m³	34653	35
1.2	道路	472.10			472.10	m²	23664	200
1.3	排水暗渠	280.02			280.02	m	3944	710
1.4	道路绿化	59.16			59.16	m²	11832	50
2	给水工程				66.75			
2.1	PE管 de110	54.82			54.82	m	1958	280
2.2	PE管 de50	2.64			2.64	m	120	220
2.3	预埋钢套管 F100	4.41			4.41	m	120	368
2.4	砖砌阀门井 F1200	2.00			2.00	座	10	2000
2.5	室外消火栓 SA100型	2.88			2.88	个	16	1800
3	污水工程				86.08			
3.1	UPVC管 de200	25.02			25.02	m	662	378
3.2	UPVC管 de400	57.02			57.02	m	594	960
3.3	污水检查井 F700	4.03			4.03	座	31	1300
4	道路照明				203.03			
4.1	路灯			80.00	80.00	套	200	4000
4.2	电力管线 PVC F100	59.99			59.99	m	4×1970	305
4.3	照明电缆 V₂₂－1KV（5X25）	63.04			63.04	m	3940	160
5	通信管线 PVC F100	72.43			72.43	m	4×1970	368
6	文物保护工程				200.00			
6.1	西安门基址复原	200.00			200.00	m²	1250	1600
7	配套设施工程				69.22			
7.1	指示标牌	0.72			0.72	个	6	1200
7.2	500KVA箱式变电站	1.25	21.50	2.25	25.00	座	1	250000
7.3	厕所	40.00			40.00	座	2	200000
7.4	垃圾箱	1.50			1.50	个	30	500
7.5	公用电话	2.00			2.00	个	4	5000

西安门外大街道路建设投估算表

序号	工程和费用名称	建筑工程	设备	安装工程	合计	技术经济指标		
						单位	数量	指标（元）
	第一部分工程费用				1731.28			
1	道路工程				991.16			
1.1	土方工程（填方）	210.55			210.55	m³	60156	35
1.2	道路	672.71			672.72	m²	33720	200
1.3	排水暗渠	79.80			79.80	m	1124	710
1.4	道路绿化	28.10			28.10	m²	5620	50
2	给水工程				30.06			
2.1	PE管　de160	17.98			17.98	m	562	320
2.2	PE管　de50	3.96			3.96	m	180	220
2.3	预埋钢套管　F100	6.62			6.62	m	180	368
2.4	砖砌阀门井　F1200	0.60			0.60	座	3	2000
2.5	室外消火栓　SA100型	0.90			0.90	个	5	1800
3	污水工程				5.81			
3.1	UPVC管　de200	5.29			5.29	m	140	378
3.2	污水检查井　F700	0.52			0.52	座	4	1300
4	道路照明				74.17			
4.1	路灯			36.00	36.00	套	90	4000
4.2	电力管线　PVC　F100	17.05			17.05	m	4×560	305
4.3	照明电缆 V22－1KV（5X25）	21.12			21.12	m	1320	160
5	通信管线	20.59			20.59	m	4×560	368
6	停车场	60.00			60.00	m²	2500	240
7	服务用房	450.00			450.00	m²	3000	1500
8	配套设施工程				387.48			
8.1	道路监视系统		54.60	15.40	70.00	套	1	700000
8.2	指示标牌	0.48			0.48	个	4	1200
8.3	厕所	20.00			20.00	座	1	200000
8.4	垃圾箱	2.00			2.00	个	40	500
8.5	公用电话	7.00			7.00	个	14	5000

未央宫汉代道路保护一期工程——其他界外工程建设投估算表

序号	工程和费用名称	建筑工程	设备	安装工程	合计	技术经济指标		
						单位	数量	指标（元）
	第一部分工程费用				330.40			
1	外部供电	263.80			263.80			
2	界外污水	66.60			66.60	m	370	1800

（3）考古勘探、工程设计等工作费用

考古勘探、工程设计等费用分解表

序号	工程和费用名称	建筑工程	设备	安装工程	合计	技术经济指标		
						单位	数量	指标（元）
1	建设单位管理费				164.07			
2	工程监理费				156.28			
3	项目前期咨询费				65.98			
4	工程勘察费				40.61			
5	工程设计费				214.41			
6	考古勘探				38.00	m^2	126656	3
7	施工图审查费				21.44			
8	环境影响评估费				15.88			
9	招标代理服务费				24.09			
10	预备费				911.62			
	合计				1652.38			

第二，2012 年底将完成剩余三条道路建设工作。

（一〇）汉城湖（团结水库）水环境综合治理工程

1. 项目简介

汉城湖（原名团结水库）右岸紧邻北二环、朱宏路，左岸紧靠汉长安城南城墙和东城墙遗址，自大兴路至朱宏路郭家村，全长 6.2 公里，原来承担着西安市城市污水和城市雨洪的排泄任务。

图178 汉城湖（团结湖水库）水环境综合治理工程完工后现状

2. 项目内容

随着城市的快速发展，湖区的环境日益恶化。近年来，在市委、市政府的领导下，西安市开始实施汉城湖水环境综合治理工程。这是城市基础设施重点建设项目（图178）。项目建设的主要内容为修建长6.277公里的截污暗涵（管），使城市污水及城市雨洪不再入库；实施库区治理，清运淤泥181万立方米，砌护坝坡及岸坡12.86公里，改造大坝溢洪道和放水洞；新建交通桥梁五座；修建沣三干向库区注清水管道11.849公里；实施监测系统建设；实施库周绿化、管道坡路及附属设施建设；实施团结水库规划区内征地拆迁工作，征地1909亩，拆迁企业467户，搬迁小白杨、李下壕两村计352户，拆迁面积63万平方米。工程概算投资17.1亿元。

3. 项目进程

2006年1月启动项目征地拆迁工作，四年时间累计拆迁面积71.59万平方米。2008年2月启动截污暗涵工程建设，2009年7月底达到蓄水条件的目标，2009年12月底完成库区绿化、园区道路、广场铺设、供电系统等工程建设任务。2011年10月正式对外开放。

图 179 第三次全国文物普查汉
　　　长安城遗址工作现场
图 180 西安市文物局局长郑育
　　　林（左五）、副巡视员邸
　　　亚秦（右三）慰问第三
　　　次全国文物普查工作工
　　　作人员

4. 项目实施效果

汉城湖（团结水库）水环境综合治理工程是汉长安城遗址保护的重
大工程，是改善区域环境的重点工程，是提升新北城品质的重要工程，
也是提升西安旅游品位的产业工程。工程建成后形成 850 亩清水水面，
营造 1031 亩园林景观。一个南有唐文化曲江池、北有汉文化汉城湖、

东有浐灞河广运潭、西有高新昆明湖（待建）的水文化格局得到充分显现。团结水库也成为新北城的一个亮点，成为市民休闲、娱乐的好地方。

工程集防洪保安、园林景观、水域生态、文物保护和都市农业灌溉为一体，对改善汉长安城遗址区域人居环境、生态环境、投资环境及水环境，彰显"人文西安、活力西安、和谐西安"理念，提升城市综合承载能力，保障区域社会经济全面协调可持续发展，将起到极其重要的作用。

六　第三次全国文物普查工作

经国务院批准，国家文物局部署的第三次全国文物普查工作从2007年4月开始，到2011年12月结束，共五年的时间，分试点培训、实地调查、成绩公布等三个阶段进行。这次普查工作将准确把握我国文化遗产资源的变化和现状，对于扩大文物保护工作的范畴，促进文化遗产全面有效保护，促进经济社会全面发展都具有重要的历史和现实意义。

2007年4月20日，西安市文物普查工作正式拉开帷幕。此次普查的范围是西安市行政区域内地上、地下、水下的不可移动文物，其中包括古遗址、古墓葬、古建筑、石窟寺及石刻、近现代重要史迹及代表性建筑等六大类文物。普查登录的内容是每处不可移动文物的名称、位置、地理坐标、年代、类别、数量和文物特征等基本情况；文物本体的保存情况和损毁情况；文物周边的自然环境和人文环境现状以及文物的所有权属和使用管理情况等信息、资料。调查中应同时测绘文物线图、摄制文物照片、采集文物标本以及其他相关资料，一并进行登记。

汉长安城遗址的文物普查工作于2009年7月14日至7月30日进行。此次文物工作由西安市第三次全国文物普查领导小组负责实施。普查共登录汉长安城遗址文物点四十六处，其中有宫殿遗址、道路遗址、城门遗址、遗物出土点等（图179、180）。

七　"丝绸之路"世界文化遗产申报工作

（一）文化遗产的定义和评审标准

《保护世界文化和自然遗产公约》中对文化遗产的定义有文物、建筑群、遗址三条，其中"遗址"的定义是：从历史、美学、人种学或人类学的角度来看，具有突出的普遍价值的人造工程或自然与人类结合的工程以及考古遗址的地区。文化遗产的评审标准有如下几点：

第一，申报项目自身价值。

① 代表一种独特的成就，一种创造性天才的杰作。

② 能在一定时期内或世界某一文化区域内，对建筑艺术、纪念物艺术、城镇规划或景观设计方面的发展中，产生重大影响的作品。

③ 能为一种已经消失的文明或文化传统提供一种独特的或至少是特殊的见证。

④ 可作为一种类型建筑群或景观的杰作范例，展示出人类历史上一个（或几个）重要阶段的作品。

⑤ 可作为传统的人类居住地或使用地的范例，代表一种（或几种）文化，尤其是处在不可挽回的变化之下，容易损毁的地址。

⑥ 与现行传统思想、信仰或文化艺术作品有直接或实质关联，具有特殊普遍意义的实物。

第二，当地政府和人民群众保护该遗产的自觉性和积极性。

第三，该遗产项目环境的协调及对不协调状况的克服程度。

申报世界文化遗产，对于保护本国的文化遗产，丰富全人类的精神财富有着重要的意义。同时，世界遗产可以极大地提高遗产所在地和城市的世界知名度，并带来可观的经济、社会、环境效益。自《保护世界文化和自然遗产公约》颁布之后，世界各国都积极对世界遗产进行保护，并积极进行申报。20 世纪 90 年代是世界遗产保护迅速发展的时期，但《世界遗产名录》开始出现越来越明显的不平衡性。为了更好地规范世界遗产保护事业的发展方向，保证其示范性和权威性，提出对世界遗产的申报进行控制，规定每一个《保护世界文化和自然遗产公约》缔约国每年至多可以申报两项世界遗产。世界遗产的申报标准越来越严格，申遗难度越来越大。目前，世界遗产的申报和保护呈现出一些新趋向，一是增加扩展项目的申报，二是大型综合性项目、跨国项目和强调自然与文化相结合的文化景观项目成为新的申报热点。其中文化线路项目是文化遗产中的新品类，其综合性和涉及范围远超以往的文化遗产项目。"丝绸之路"申报世界文化遗产项目就是在这一背景下产生的。

我国于 1985 年成为保护世界文化和自然遗产公约缔约国，经过二十多年努力，目前的世界遗产项目总数达到四十处（其中文化遗产二十七处，自然遗产八处，文化和自然双重遗产四处，文化景观一处），排在意大利、西班牙之后，位居世界第三。

（二）"丝绸之路"申报世界文化遗产的背景

1."丝绸之路"的来历及影响

公元前 2 世纪，经汉初的"文景之治"后，西汉王朝国力日渐强盛。汉武帝刘彻为联合西域诸国打击匈奴，派张骞出使西域。建元二年（公元前 139 年），张骞带一百多随从从长安出发，日夜兼程西行。张骞一行在途中被匈奴俘虏，遭到长达十余年的软禁。他们逃脱后历尽艰辛又继续西行，先后到达大宛国、大月氏、大夏。在大夏市场上，张骞看到了大月氏的毛毡、大秦国的海西布，尤其是汉朝四川的邛竹杖和蜀布。他由此推知从蜀地有路可通身毒、大夏。公元前 126 年，张骞几经周折返回长安，出发时的一百多人仅剩张骞和一名堂邑父了。史书上把张骞的首次西行誉为"凿空"，即空前的探险。

公元前 119 年，张骞时任中郎将，又第二次出使西域。经四年时间他和他的副使先后到达乌孙国、大宛、康居、大月氏、大夏、安息、身毒等国。自从张骞第一次出使西域各国，向汉武帝报告关于西域的详细形势后，汉朝对控制西域的目的由最早的制御匈奴，变成了"广地万里，重九泽，威德遍于四海"。为了促进西域与长安的交流，汉武帝招募了大量身份低微的商人，利用政府配给的货物，到西域各国经商。这些商人中大部分成为富商巨贾，从而吸引了更多人从事"丝绸之路"上的贸易活动，极大地推动了中原与西域之间的物质文化交流。

为加强对西域的控制，汉宣帝神爵二年（公元前 60 年），西汉王朝设立了对西域的直接管辖机构——西域都护府。以汉朝在西域设立官员为标志，"丝绸之路"——这条东西方交流之路开始进入繁荣时代。通过这条贯穿亚欧的大道，葡萄、核桃、胡萝卜、胡椒、胡豆、菠菜（又称为波斯菜）、黄瓜（汉时称胡瓜）、石榴等的传入为东亚人的日常饮食增添了更多的选择。稀有动物和鸟类、植物、皮货、药材、香料、珠宝首饰运入中国。而商队从中国运出的有铁器、金器、银器、镜子等，其中的丝、绸、绫、缎、绢等丝制品，也源源不断地运向中亚和欧洲。因此，希腊、罗马人称中国为"赛里斯"国，称中国人为"赛里斯"人。所谓"赛里斯"即"丝绸"之意。

19世纪末，德国地质学家李希霍芬将张骞开辟的这条东西大道誉为"丝绸之路"。德国人胡特森在多年研究的基础上，撰写成专著《丝路》。从此，"丝绸之路"这一称谓得到世界的承认。

通常说的"丝绸之路"为东起西汉国都长安，向西通过陇西黄土高原、河西走廊至敦煌分为两路，沿塔克拉玛干沙漠南北两缘，汇积并越过帕米尔高原（古称葱岭）经大宛、康居或大月氏（今阿姆河上中游）会于木鹿镇（今马里），再西经和椟城（达木干附近）、阿蛮（今哈马丹）、斯宾（今巴格达东南）等地达地中海沿岸，再转运罗马各地。

"丝绸之路"的开辟，促进了中国与中亚、西亚、南亚诸国的经济、文化交流。中国的铁器、丝绸和养蚕缫丝技术，以及铸铁术、井渠术、造纸术先后西传。两汉之际，佛教也通过丝绸之路传入中国。对推动科学技术进步、文化传播、物种引进，各民族的思想和政治交流及创造人类新文明，均作出了重要贡献。

2."丝绸之路"申报世界文化遗产的进展情况

"丝绸之路"东起中国古都长安，西经南亚、中亚直达欧洲、北非，全长近8000公里，中国段就占据4000公里。多年来，联合国教科文组织世界遗产中心十分关注"丝绸之路"的保护问题。经过三年多的前期调查研究，2006年8月1日至5日，联合国教科文组织世界遗产中心和中国国家文物局联合主持，在新疆的吐鲁番市召开了"丝绸之路申报世界文化遗产国际协商会议"。来自中国、哈萨克斯坦、吉尔吉斯斯坦、塔吉克斯坦、乌兹别克斯坦、意大利等"丝绸之路"沿线国家的代表，围绕"丝绸之路"联合申遗等问题展开实质性的讨论。五十多位来自联合国教科文组织和各个国家的代表通过了共同行动纲领，并达成基本共识，要在未来三至四年间做好"丝绸之路"沿线文化遗产的本体保护、环境整治、展示宣传工作，然后共同编制申报文本，正式向世界文化遗产委员会申报。而张骞两次出使西域的出发地汉长安城遗址作为"丝绸之路"的起点被列入申遗名单之中。

（三）汉长安城遗址申报世界文化遗产工作

1. 申遗规划

制定专项法规与规划是文化遗产保护的重要手段，也是申遗的重

图 181　参加"丝绸之路系列申报世界遗产国际协商会"的中外专家组成员考察未央宫前殿遗址

要指标。近些年来，陕西省和西安市努力健全文化遗产及其环境保护的法律、法规体系，不断加强文化遗产保护规划的研究编制。1995 年出台《西安市周丰镐、秦阿房宫、汉长安城、唐大明宫遗址保护管理条例》。2002 年，颁布了《西安历史文化名城保护条例》，明确了西安历史文化名城的保护内容、管理部门、管理要求、法律责任等重要事项。2006 年，修订《陕西省文物保护条例》。这些法律、法规的完善有效保持了古城的风貌，使包括此次"丝绸之路"申遗的十四处文物点在内的文化遗产得到了较好的保护（图 181）。西安市政府编制了《西安历史文化名城保护规划》作为《西安市城市总体规划》（2005 ～ 2020 年）的主要内容。

　　在国家文物局和省、市文物局的大力支持下，先后编制完成了《汉长安城遗址道路保护利用规划》，并经国家文物局审批通过；《汉长安城遗址绿化规划》，并经陕西省文物局批准；《汉长安城遗址保护总体规划》，经过专家多次论证、反复修改，得到了国家文物局的批复，并经陕西省人民政府常务会议审议通过；《汉长安城遗址申报世界遗产管理规划》也已编制完成。

2. 申遗工作简介

汉长安城遗址仅城垣面积就有 36 平方公里，里面居住有西安市未央区四个街道办，五十四个行政村，五万余人。其遗址类型众多，虽然经过五十余年的考古工作，但遗址考古工作仍不很全面，众多遗址未进行过考古发掘和详细钻探，因此在短短的数年时间，不可能对整个遗址进行全面保护和环境整治以满足申遗的需要。根据有关的历史资料并经专家考证。张骞出使西域时建章宫尚未建设，举行出使授节的仪式应该是在帝国皇宫未央宫举行。据此，经过与 ICOMOS 专家协商，将未央宫区域作为此次申遗工作的核心区域，将整个汉长安城遗址区作为申遗工作的缓冲区。

为落实"丝绸之路"申遗工作任务，西安市政府专门成立了以副市长为组长的申遗工作领导小组，各区县也成立了相应的工作机构。针对汉长安城遗址申遗工作，未央区政府与西安市文物局确定了联席会议机制和联合工作组。未央区政府还专门成立了以区长和政协主席任组长，区人大副主任和分管副区长任副组长的区申遗工作领导小组，各街道办事处和职能部门参与，并吸纳了汉长安城遗址保管所为成员单位，共同配合，有力地推进了汉长安城遗址保护和申遗工作的开展。

汉长安城遗址申遗工作是一个系统的遗址保护和环境整治工程，包括诸多的单体遗址保护工程，有着不同的投资渠道和资金来源，互相既独立又集中，其中包括：

第一，未央宫汉代道路保护一期工程。

该项目为世界银行贷款项目，也是汉长安城遗址申遗工作的核心项目之一，总投资 1.79 亿元。其中使用世界银行贷款 894 万元，计划保护展示未央宫区域内五条汉代道路，购置旅游参观交通工具等。国家文物局为此项目已配套 2100 万元，西安市政府 2009 年已拨付资金 2000 万元由未央区政府用于征地拆迁工作，2010 年列入城建计划资金 3500 万元，莲湖区政府也计划近期对占压西安门外大街遗址的厂房进行拆迁。

第二，未央宫前殿遗址保护工程。

该项目为申遗工作的核心工作之一，国家文物局拨款 1000 万元，未央区政府投资对遗址南侧占压在遗址上的苗圃进行了迁移，并对其

38.5亩土地进行国有土地回收工作，保证了遗址本体保护工程的顺利实施。同时，又对前殿遗址南侧、东侧、北侧的遮挡遗址的杨树进行了迁移，并进行了绿化和环境整治工作。

第三，直城门遗址保护工程。

该项目保护方案由西安建筑科技大学编制完成，根据国家文物局专家意见，已完成修订，并上报国家文物局审批。国家文物局在2007年拨款150万元的基础上，2010年又追加保护资金900万元。西安市汉长安城遗址保管所已委托中国社会科学院考古研究所陕西第二工作队对遗址进行了全面的考古发掘，取得了详细的考古资料。未央区政府也已对遗址范围内的土地进行了征用。

第四，直城门大街保护一期工程。

该方案由西安建筑科技大学编制完成，已上报国家文物局。西安市汉长安城遗址保管所委托中国社会科学院考古研究所陕西第二工作队，对位于未央宫天禄阁遗址西北部的直城门内大街进行了考古发掘，发掘面积约180平方米，明确了直城门大街的断面结构。国家文物局2010年已明确保护资金1000万元，未央区政府已对土地进行了征用。

第五，城墙重要段落（西安门至西南角段）保护工程。

该方案已经国家文物局批准，国家文物局拨款300万元，未央区政府也已对城墙外侧部分区域进行了绿化等环境整治工作。西安市汉长安城遗址保管所委托中国社会科学院考古研究所陕西第二工作队完成前期考古勘探工作。

第六，未央宫遗址区环境整治项目。

目前，未央区政府已投资对申遗工作核心未央宫区域的5000余亩土地采取征用或流转的方式控制起来，国家发改委也将其环境整治列入2010年国家重大遗产地项目进行投资，计划对区域内的影响历史环境风貌建筑物进行拆迁，对坟墓进行迁移，污水渠填埋覆盖，进行大面积绿化和环境治理，对部分遗址进行标示和环境整治，增加服务设施等。

我们每一步工作遵循的原则是必须满足申遗的标准和要求，汉长安城作为"丝绸之路"的起点在整个线路中具有重要的作用（图182）。通过上述保护展示工程和环境整治的开展和完成，汉长安城遗址申遗工作必将满足世界遗产的要求而成为申报工作的重点和推力。

图182　"汉长安城遗址申遗暨未央宫遗址生态公园建设"动员会会议现场

（四）前景展望

1.《汉长安城遗址保护总体规划》的总体目标

完整保护汉长安城遗址的遗迹本体、整体格局和历史环境风貌，逐步把汉长安城遗址规划建设成为具有"真实性、可读性和可持续性"的历史文化遗产保护与展示园区，完整体现遗址的历史价值和科学艺术价值，有效实现遗址的社会教育功能，充分发挥汉长安城遗址在社会主义和谐社会和精神文明建设中的作用。在遗址区内进行环境整治和绿化，使汉长安城遗址成为西安市区内面积最大的生态环境优化区和区域文化功能区，实现遗址保护与区域社会、经济协调发展，为申报进入世界文化遗产名录奠定基础。

2.规划分区目标

（1）汉长安城城址区

① 对汉长安城城墙、城门、街道、宫殿区、官署区、宅邸闾里区等汉代遗迹及其他历史时期的宫殿、官署、寺院等遗迹进行整体保护，加强保护管理措施，实施必要的保护技术措施，确保遗址安全。

② 对汉长安城城址实施整体格局展示，对未央宫等主要宫殿区实施重点展示，将古代遗址展示与遗址区内流传的历史民俗文化展示相结合。

③ 对汉长安城城址区内尚未探明遗迹分布状况的北宫、明光宫、东市和十六国、北朝时期的宫殿区等区域，加快考古勘探与发掘工作的进度，为汉长安城城址的保护和展示提供完整的资料依据。

④ 对汉长安城城址区内的现有聚落进行调整改造，分期搬迁居住在遗迹本体之上和重点保护范围内的聚落和居民，拆除对遗迹本体和遗址景观造成破坏的所有建筑物和构筑物，使遗址区内保留的聚落和居民的生产、生活与遗址保护和展示有机协调，消除对遗址造成破坏的各类人为因素。

⑤ 明确汉长安城城址区保护范围内土地的用地性质为遗址保护用地，对土地利用现状进行调整，逐步征用遗迹本体范围内的土地，以确保遗址安全。对遗迹本体范围外的土地使用实施统一管理，通过政策引导、行政措施和经济补偿等调控手段，将其用途逐步向遗址保护、遗址展示和遗址区绿化方向转化。

⑥ 彻底整治遗址区的环境，根治污水对遗址区的污染，彻底解决遗址区固体垃圾的处理，清除遗址区空气的污染源，根据遗址保护和遗址景观保护的需要对遗址区进行绿化，改善遗址区的生态环境。

⑦ 对遗址区的道路交通、给排水、电力通讯、环境卫生等基础设施进行改造，为遗址保护、展示和遗址区生态环境改善提供有利的基础条件。

⑧ 改革遗址区现有的管理体制和管理机构，根据遗址保护的需要调整行政区划，设立遗址区行政管理机构，全面负责遗址区的保护管理工作。

（2）建章宫遗址区

① 加强保护管理，禁止新的建设项目进入遗址区。冻结遗址区现有的企事业单位和居民住宅建筑，不准扩建和改建。搬迁对遗址造成直接破坏和严重环境污染的企业。拆除直接占压在重要遗迹本体之上的建筑物和构筑物。对遗址区内的重要遗迹采取有效的保护管理和保护技术措施，制止这些遗迹被继续破坏。

② 整治遗址区的环境，根治污水对遗址区的污染，清除遗址区空

气的污染源，逐步恢复遗址区原有的环境风貌。

③ 将该遗址区统一纳入汉长安城遗址行政管理机构实施保护管理。

（3）礼制建筑遗址区

① 在规划期内，将礼制建筑遗址区整体作为禁建区，区内企事业单位的所有建筑维持现状，不准扩建和改建，禁止新的建设项目进入区内，为今后礼制建筑遗址区的整体保护和展示创造较好的基础。

② 将礼制建筑遗址区的保护纳入西安市城市总体规划，随着城市改造和制造工业的外迁，逐步将其转化为遗址保护区域。文物管理机构进驻遗址区，加强对礼制建筑遗址区的管理和监控。

汉长安城遗址保护工作大事记

（1994～2010年）

1994 年

中国社会科学院考古研究所汉长安城工作队在桂宫以东、长乐宫以西、武库以北，今未央宫街道办事处和六村堡街道办事处讲武殿村、施家寨、周家堡、曹家堡一带，发现一座汉代宫城遗址，可能属于北宫遗址。在其南发现二十余座汉代砖瓦窑址，发掘十一座，时代上限不早于西汉初，下限不超过西汉中期，性质为将作大匠掌管的"官窑"。其产品砖瓦可能用于北宫、未央宫和武库等皇室建筑的修造。

9月30日，西安市机构编制委员会［1994］35号文成立西安市汉长安城遗址保管所，机构规格为科级事业单位，编制十五人，专门负责遗址的保护与管理，遗址区的文物征集、文物资料、档案的收集和整理及文物藏品的陈列和保管，宣传、组织遗址区群众对遗址进行保护。

12月16日，中共西安市文物园林管理局委员会中共市文园字［1994］58号文任命甘洪更为西安市汉长安城遗址保管所主任。

1995 年

6月30日，陕西省第八届人民代表大会常务委员会第十三次会议公布实施了《西安市周丰镐、秦阿房宫、汉长安城和唐大明宫遗址保护条例》。

6月19日，西安市计划委员会市计国发［1995］220号文同意西安市汉长安城遗址保管所建所征地15亩。

7月，西安市文物园林局联合市规划、土地、公安等部门拆除汉长安城遗址内违法建筑顺达铁厂。

8月，西安市文物园林局和西安市汉长安城遗址保管所联合对厨城门、城墙东北角、南城墙邓六路口两侧实施了围栏保护工程。竖立文物保护标志碑二十一块，竖立大型遗址保护说明牌三块。

8月25日，陕西省副省长姜信真视察汉长安城遗址。

9月，全国文物工作会议在西安隆重召开。国务委员李铁映在出席会议期间视察了汉长安城南城墙和未央宫前殿遗址。

1996 年

1996年，陕西文物保护技术中心考古调查研究室对汉钟官铸钱遗址进行全面调查。遗址地点位于陕西户县兆伦村，是汉长安城上林苑内三官铸币之一，为当时重要的国家铸钱工场。

4月至12月，西安市汉长安城遗址保管所对汉长安城遗址进行实地调查并撰写调查报告。

1997 年

1月至4月，西安市文物保护考古所在汉城遗址内的相家巷村南抢救性地发掘出土了大量秦封泥及其他遗迹、遗物。这些封泥反映了秦中央政府职官、地理及地方职官姓名。它们对于研究秦汉封泥制度、秦汉官制及相关的历史、地理、文化等方面的情况具有重要作用。

4月16日，西安市人民政府审批土地件市土地字［1997］074号文同意征用莲湖区、未央区所辖土地共14.537亩为西安市汉长安城遗址保管所建所用地。

7月，西安市文物园林局和西安市汉长安城遗址保管所对建章宫双凤阙遗址实施抢救加固保护工程。

10月至12月，中国社会科学院考古研究所汉长安城工作队和日本奈良国立文化财研究所联合考古队发掘桂宫2号建筑南区遗址，发掘面积4704平方米。中方领队刘庆柱，日方领队町田章，李毓芳主持考古发掘工作。西安市汉长安城遗址保管所李勤、刘和平配合进行发掘。

1998 年

2月至5月，中国社会科学院考古研究所汉长安城工作队和日本奈良国立文化财研究所联合考古队继续发掘桂宫2号建筑南区遗址，主要遗迹为院墙、殿堂、附属建筑等。根据发掘资料，此遗址似为处理朝政的殿堂建筑。西安市汉长安城遗址保管所刘勇、刘和平配合进行发掘。

4月，西安市委书记崔林涛视察汉长安城桂宫2号遗址发掘现场。

4月28日，西安市委书记崔林涛批示对桂宫2号建筑南区遗址实施征地保护。

6月5日，国家文物局文物保函〔1998〕370号文批复对汉长安城城墙东北角、西北角遗址实施保护。

10月至12月，中国社会科学院考古研究所汉长安城工作队和日本奈良国立文化财研究所联合考古队发掘桂宫2号建筑北区遗址，发掘面积3864平方米。中方领队刘庆柱，日方领队町田章，李毓芳主持考古发掘工作。西安市汉长安城遗址保管所刘和平、刘勇配合进行发掘。

10月18日，国家文物局文物保护司副司长杨志军视察汉长安城遗址。

1999年

2月至5月，中国社会科学院考古研究所汉长安城工作队和日本奈良国立文化财研究所联合考古队继续发掘桂宫2号建筑北区遗址，主要遗迹为殿堂、天井、庭院等。桂宫2号建筑南区遗址和北区建筑基址及其北面的夯土高台应分别为同一组建筑中的前殿、后殿与宫苑建筑遗址。西安市汉长安城遗址保管所李勤、刘勇配合进行发掘。

4月8日，国家文物局副局长郑欣淼视察汉长安城遗址。

5月，著名考古学家、国家文物局考古专家组成员、原故宫博物院院长张忠培等视察汉长安城遗址。

4月至10月，西安市文物园林局和西安市汉长安城遗址保管所实施汉长安城城墙东北角、西北角遗址保护工程，搬迁了遗址上的房屋，对遗址本体进行了加固、围栏隔离等保护工程。方案设计单位为西安市古建园林设计研究院，施工单位为西安市未央区利民修缮队。

10月至12月，中国社会科学院考古研究所汉长安城工作队和日本奈良国立文化财研究所联合考古队发掘桂宫3号建筑遗址，发掘面积2016平方米。中方领队刘庆柱，日方领队町田章，李毓芳主持考古发掘工作。西安市汉长安城遗址保管所刘和平、梁群岭配合进行发掘。

12月10日，西安市汉长安城遗址保管所在西安市文物系统业务知识竞赛中荣获集体第一名。

2000 年

3月7日，著名考古学家、国家文物局考古专家组组长黄景略考察桂宫3号建筑遗址发掘现场。

2月至5月，中国社会科学院考古研究所汉长安城工作队和日本奈良国立文化财研究所联合考古队继续发掘桂宫3号建筑遗址。该建筑遗址由南北两个大房址及两个房址之间的七座小房址、六堵墙垛组成。根据发掘资料推断，应当为桂宫中的一处仓储建筑遗址。西安市汉长安城遗址保管所刘和平、梁群岭配合进行发掘。

4月至5月，中国社会科学院考古研究所汉长安城工作队对相家巷遗址进行了勘探发掘，发掘面积500余平方米，出土了为数众多的封泥，其中字迹完整和较好有325枚，100多种。从内容上看，它们分别属于战国晚期或秦代中央官署或地方官署。

7月，西安市文物园林局和西安市汉长安城遗址保管所对天禄阁遗址实施抢救保护工程，方案设计单位为西安市古建园林设计研究院，施工单位为西安市未央区利民修缮队，保护方式为围栏隔离保护。

10月至12月，中国社会科学院考古研究所汉长安城工作队和日本奈良国立文化财研究所联合考古队发掘桂宫4号建筑遗址，发掘面积14880平方米。中方领队刘庆柱，日方领队町田章，李毓芳主持考古发掘工作。西安市汉长安城遗址保管所王建昌、党亚峰配合进行发掘。

西安市汉长安城遗址保管所被评为西安市文物园林局2000年度"双文明"建设先进单位。

2001 年

2月9日，敦煌寺塔、感业寺遗址被西安市人民政府公布为第二批市级重点文物保护单位。感业寺相传为唐代女皇武则天出家的寺院，遗址位于六村堡街道办感业寺小学内，有两方碑刻，为明代重修感业寺所立。敦煌寺位于长安故城宣平门外，始建于晋代。据传，当时有敦煌僧人在此寺译《法华经》，死后于寺中为塔，以龛其灵骨及舍利。清代重修此塔，现为一砖表土心的六角七级楼阁式砖塔。

2月至5月，中国社会科学院考古研究所汉长安城工作队和日本奈良国立文化财研究所联合考古队继续发掘桂宫4号建筑遗址。该遗址由中间通道分为东西两部分，出土遗物有陶器、铁器、铜器、石器、钱币等，其中一件疑为王莽封禅玉牒。根据发掘资料，桂宫4号建筑遗址是后妃们在宫中进行宫事活动的辅助地点及主要生活区。西安市汉长安城遗址保管所王建昌、党亚峰配合进行发掘。

3月1日至22日，中国社会科学院考古研究所汉长安城工作队对汉长安城长乐宫排水管道遗址进行了发掘，清理面积约76平方米，遗迹现象主要是四组五角形陶制排水管道。

3月7日，联合国教科文组织官员考察汉长安城遗址。

4月至6月，西安市文物园林局和西安市汉长安城遗址保管所对石渠阁、未央宫夯土台遗址实施了保护工程。工程采取了迁移坟墓、填补洞穴、围栏隔离等抢救保护措施。方案设计单位为西安市古建园林设计研究院，施工单位为西安市未央区利民修缮队。

4月16日，国家文物局文物保函〔2001〕264号文批复桂宫2号建筑（南区）遗址保护方案。

6月25日，兆伦铸钱遗址被国务院公布为第五批全国重点文物保护单位，作为汉长安城遗址的组成部分。

10月，中国社会科学院考古研究所汉长安城工作队重新揭露桂宫2号建筑南区遗址，为实施基址复原保护展示工程做准备。

11月24日，国家文物局局长张文彬视察西安市汉长安城遗址保管所、未央宫前殿遗址、桂宫2号建筑遗址。

西安市汉长安城遗址保管所被评为西安市文物园林局2001年度"双文明"建设先进单位。

2002年

1月22日，西北大学城市建设与区域规划研究中心、西安市文物局联合编制的《汉长安城保与利用总体护规划》论证会在北京召开。国家文物局考古专家组黄景略、严文明、张忠培、安家瑶、刘庆柱等先生参加会议并提出具体修改意见。会议结束后，根据专家意见对《汉长安城遗址保护规划》进行修改。

5月10日，国家文物局文物保函〔2002〕272号文批复城墙西南角遗址保护工程。保护方式采取迁移坟墓、局部加固、围栏隔离保护等措施，并在城墙上树立大型遗址宣传广告牌。方案设计单位为西安市古建园林设计研究院，施工单位为西安市古代建筑工程公司。

5月10日，国家文物局文物保函〔2002〕269号文批复霸城门遗址保护方案。

9月，西安市汉长安城遗址保管所李勤编写的《汉都长安》由三秦出版社出版发行。

9月，桂宫2号建筑南区遗址保护工程正式开工，工程设计单位为陕西省古建设计研究所，施工单位为西安市古代建筑工程公司，保护方式为基址复原保护展示。

10月27日，西安市委副书记李洪峰视察汉长安城遗址。

10月至12月，中国社会科学院考古研究所汉长安城工作队发掘长乐宫2号建筑遗址。发掘面积1500平方米，钻探试掘面积3000平方米，李毓芳为领队。西安市汉长安城遗址保管所李勤、王峰梅配合进行发掘。

2003 年

年初，中国社会科学院考古研究所汉长安城工作队对楼阁台遗址进行考古钻探。5月，在楼阁台遗址发现晚期宫城遗址。根据钻探结果，此遗址为十六国（前秦、后秦）至北朝（西魏、北周）时期的东、西宫城遗址。该遗址的发现为研究汉长安城的历史沿革和布局结构的变化提供了重要的实物资料。

2月至5月，中国社会科学院考古研究所汉长安城工作队继续发掘长乐宫2号建筑遗址。遗址分早、晚期，早期遗址发掘出三座房址（其中一座为套间）。另有散水、廊道等。根据发掘资料，该建筑遗址应为长乐宫中生活、休息、闲宴之处。晚期遗址为窑址，试掘三座，清理十二座。根据发掘资料，这批窑址大多用来烧造板瓦，有的也可能烧制一些筒瓦。西安市汉长安城遗址保管所李勤、王峰梅配合进行发掘。

3月至6月，西安市汉长安城遗址保管所委托中国社会科学院考古研究所汉长安城工作队钻探汉长安城内八条大街遗址，基本探明其具体位置。

5月，西安市汉长安城遗址保管所对感业寺遗址所留清代晚期危房进行维修保护，施工单位为西安市古代建筑工程公司。

10月15日，国家文物局文物保护司副司长关强视察汉长安城未央宫前殿遗址、桂宫2号建筑南区遗址、城墙西南角遗址保护工程。

10 月至 12 月，中国社会科学院考古研究所汉长安城工作队发掘长乐宫 4 号建筑遗址，刘振东为领队，发掘面积约 2000 平方米。长乐宫 4 号建筑遗址主要由六间相连的房屋和一个面积为 24×10 平方米的大型半地下室建筑组成。出土遗物有瓦当、铁钉、铺地砖等。在其中的一个房间发现地板和台阶有"涂朱"现象。"涂朱"为古代帝王专用，大臣不得僭越，说明此房间等级很高。长乐宫 4 号遗址的大型半地下建筑是迄今为止在汉都长安城里发现的结构最完整、保存最好、等级最高的一处建筑遗址。西安市汉长安城遗址保管所刘和平配合进行发掘。

11 月 13 日，陕西省文物局陕文物函〔2003〕231 号文批复《汉长安城遗址绿化规划方案》。该规划方案编制单位为西安市文物局、西北大学城市建设与区域规划研究中心。

西安市汉长安城遗址保管所被评为西安市文物园林局 2003 年度"双文明"建设先进单位。

2004 年

2 月，西安市文物园林局和西安市汉长安城遗址保管所对长乐宫 4 号建筑遗址搭建临时保护棚。

4 月 2 日，国家文物局文物保护司司长顾玉才视察汉长安城长乐宫 4 号建筑遗址临时保护工程和桂宫 2 号建筑南区遗址基址复原展示保护工程。

7 月至 9 月，汉长安城遗址保管所在城内汉代八条大街及其交汇处、重要遗址点竖立文物保护标志碑三十块。

6 月 6 日，国家文物局考古专家组黄景略、张忠培、严文明、李伯谦等视察汉长安城遗址，对《汉长安城道路遗址保护规划》进行调研。

6 月 11 日，国家文物局文物保函〔2004〕771 号文批复《汉长安城道路遗址保护规划》。该规划方案制作单位为西安市文物园林局、西北大学城市建设与区域规划研究中心。

9 月 22 日，桂宫 2 号建筑南区遗址基址复原展示保护工程通过验收。验收组由国家文物局博物馆司司长宋新潮和省、市文物局有关领导及专家共同组成。

10 月 20 日，根据举报线索，汉长安城遗址保管所所长甘洪更与刘勇在西二环白家口村附近征集到一件大型石虎（高 1.2 米，宽 1.8 米，厚 0.6 米），时代为西汉。石刻为双面浅浮雕石虎，造型古朴厚重，形象生动逼真。

10 月 22 日，中共西安市文物园林局委员会中共市文园发〔2004〕41 号文批准成立中共西安市汉长安城遗址保管所党支部，甘洪更兼任党支部书记。

10 月至 12 月，中国社会科学院考古研究所汉长安城工作队发掘长乐宫 5 号建筑遗址，发掘面积 1369 平方米，刘振东为领队。遗址内房屋地面西高东低，南北两侧高，中间低，铺有排水的砖砌小沟，由五角形排水管道排向屋外。该遗址为长乐宫一处藏冰的凌室建筑遗址。这是汉长安城遗址内首次发现的凌室建筑。西安市汉长安城遗址保管所王建昌、刘和平配合进行发掘。

11 月 7 日，接举报，西安市文物园林局和西安市汉长安城遗址保管所在西查村基建工地征集北周石佛像数座，多残，其中有佛头六个。

2005 年

1 月 28 日，西安市委常委，市委副书记李书磊视察汉长安城遗址。

3 月 9 日，西安市文物局、西安市汉长安城遗址保管所、规划未央分局、未央区土地监察所、公安未央分局等部门联合强制拆除石化大道上的违法建筑——华孚加油站。

3 月 31 日，国家文物局文物保函〔2005〕287 号文批复长乐宫 5 号建筑（凌室）遗址保护厅设计方案。文物保函〔2005〕288 号文批复长乐宫 4 号建筑遗址保护工程设计方案。国家文物局文物保函〔2005〕289 号文批复未央宫前殿遗址围栏保护工程设计方案。以上方案设计单位为陕西省古建设计研究所。

4 月 5 日，国家文物局文物保函〔2005〕326 号文批复西安门、南城墙遗址保护工程设计方案。该方案设计单位为陕西省古建设计研究所。

4 月 21 日，西安市文物局局长郑育林、副局长向德和未央区政府区长郭大为等在汉长安城南城墙遗址、西安门遗址、未央宫前殿遗址、桂宫 2 号建筑南区遗址现场协调遗址保护项目相关问题。

4 月 27 日，西安市文物局、西安市汉长安城遗址保管所、规划未央分局、未央区土地监察所、公安未央分局等联合强制拆除遗址内六村堡、未央宫街道办事处五处违法建筑约 4200 平方米。29 日，又强制拆除位于汉城街道办事处的四处违法建筑。

4 月至 9 月，中国社会科学院考古研究所汉长安城工作队对昆明池遗址进行了考古钻探和试掘，基本究明了遗址的范围、时代、进水渠、出水渠、池内高地及池岸建筑遗址的分布等情况，并在遗址以北发现了古代镐池与彪池遗址。根据文献记载，昆明池始建于西汉武帝元狩三年，西汉以后继续使用。后秦末年关中大旱，昆明池一度干枯竭，唐代时在原有池岸的基础上进行了修整。其废弃应在唐代以后。

5 月 17 日，中央电视台在汉长安城南城墙遗址现场报道国家大遗址保护项目启动。

5 月 22 日，陕西省委常委、省委副书记、西安市委书记袁纯清和副书记李书磊视察汉长安城遗址。

5 月 25 日，长乐宫 4、5 号建筑遗址，霸城门遗址，未央宫前殿遗址、南城墙及西安门遗址保护工程正式开工。长乐宫 4、5 号建筑遗址保护方式为修建保护棚，霸城门遗址保护方式为基址复原展示保护，未央宫前殿遗址保护方式为围栏隔离保护，南城墙及西安门遗址保护方式为隔离与复原展示保护。

5 月 26 日，国家文物局文物保函〔2005〕547 号文批复汉长安城遗址陈列馆及文管所设计方案。该方案设计单位为陕西省古建设计研究所。

6 月 3 日，西安市政协副主席李广瑞带领政协委员一行三十余人视察汉长安城遗址。

6 月 17 日，西安市政协副主席王应凯带领政协委员一行二十余人视察汉长安城遗址。

6 月 25 日，国家文物局副局长张柏一行九人督察汉长安城遗址的文物保护和文物执法工作。

8 月 10 日、11 日，中央电视台、《人民日报》、《新华日报》、《光明日报》、《中国文物报》多家媒体记者考察汉长安城遗址。

8 月 23 日，国家文物局考古专家组组长黄景略、中国社会科学院考古研究所研究员徐光骥、中国社会科学院考古研究所西安研究室主任安家瑶、中国建筑科学院建筑历史研究所所长陈同滨、国家文物局考古处处长李培松一行考察汉长安城未央宫前殿，南城墙，桂宫 2 号建筑南区，霸城门，长乐宫 4、5 号建筑遗址。

8月，为迎接第十五届国际古迹遗址理事会（ICOMOS）在西安召开，汉长安城遗址保管所制作一批宣传汉长安城遗址的文字、图片资料，主要有大型保护标志说明牌、《汉长安城遗址》宣传册、桂宫 2 号建筑南区遗址简单陈列及内部各个单体遗址的中英文说明系统。

9月15日，国家文物局副局长童明康视察汉长安城遗址。

9月16日，接群众举报，西安市汉长安城遗址保管所工作人员在遗址内雷寨村征集石佛座两个、石柱础两个。根据一石佛座上文字断定，此佛座时代为北朝时期。

10月11日，在陕全国人大代表一行二十余人视察汉长安城遗址保护工程。

10月18日，第十五届国际古迹遗址理事会（ICOMOS）与会代表一行二十余人视察汉长安城遗址。

10月18日，文化部党组成员、国家文物局局长、党组书记单霁翔在陕西省文物局局长赵荣、西安市文物局副局长向德等的陪同下视察汉长安城遗址。

10月26日、11月4日、11月9日，陕西省文物局、西安市文物局和西北大学文化遗产保护规划中心在西北大学文博学院三次召开《未央宫遗址道路规划》项目论证会，就向世界银行贷款保护汉代未央宫内道路系统进行专家论证。

10月至12月，中国社会科学院考古研究所汉长安城工作队发掘长乐宫 6 号建筑遗址，刘振东为领队。6 号建筑遗址由主殿台基、地下通道、附属建筑、庭院等组成。主殿台基位于南部，其北侧东、西分别为 1 号附属建筑和 2 号附属建筑。附属建筑内部及周围还分布有庭院、地下房屋、地下通道和水井、沉淀池、排水管道等给、排水设施。汉长安城遗址保管所王永伟配合发掘。

11月27日，西安市副市长信长星视察汉长安城遗址。

西安市汉长安城遗址保管所被评为西安市文物局 2005 年度先进单位。

2006 年

1月10日，陕文物拨款［2006］1 号文拨付汉长安城遗址 2005 年大遗址保护专项经费 1400 万元，用于汉长安城遗址的保护工作。其中西安门及南城墙城垣保护 330 万元，长乐宫凌室遗址保护 180 万元，长乐宫 4 号宫殿遗址保护及保护厅 400 万，未央宫前殿围栏及保护设施 190 万，汉长安城遗址陈列厅 180 万元、消防设施 40 万元、安防设施 80 万元。

3 月 17 日，国家财政部在汉长安城遗址检查 2005 年文物保护经费使用情况。

3 月 31 日，国家文物局副局长童明康、文物保护司副司长关强、法规处刘大明一行视察汉长安城遗址文物保护工作。

4 月 8 日，全国政协委员、中国社会科学院学部委员刘庆柱考察汉长安城遗址。

4 月 19 日，西安市文物局、西安市汉长安城遗址保管所、规划未央分局、未央区土地监察所、公安未央分局等联合执法，对长乐宫休闲山庄违法建筑实施强拆除。

4 月 24 日，世界银行文物保护项目负责人 Mr. Fam 对汉长安城遗址进行实地考察。

4 月 25 日，国家文物局政策法规司司长彭常新现场检查福太煤厂、宫乾煤厂、长乐宫休闲山庄三处违法建设的清理整顿情况。

5 月 14 日，财政部预算司巡视员王卫星、教科文司副司长王家新一行在国家文物局文物保护司副司长关强、陕西省文物局副局长刘云辉等的陪同下，检查汉长安城遗址 2005 年度大遗址保护专项经费的使用情况。

6 月 7 日，世界银行交通管理首席专家爱德华·道森考察汉长安城遗址。

6 月 29 日，中国文物研究所党组书记孟宪民一行考察汉长安城遗址。

8 月 3 日，中央电视台"探视中国"摄制组一行来到汉长安城遗址，对南城墙，西安门，未央宫前殿，桂宫 2 号，长乐宫 4、5 号，霸城门等遗址进行实地拍摄。

8 月 17 日，陕西省政协委员视察团一行十余人视察汉长安城遗址。

9 月 20 日，国家文物局文物保函〔2006〕1137 号批复汉长安城遗址长乐宫 6 号建筑遗址保护工程设计方案。该方案设计单位为陕西省古建设计研究所。

10月20日，陕西省文物局文物函〔2006〕275号批复《未央宫遗址汉城道路遗迹保护工程规划（送审稿）》。

10月22日，国家文物局文物保护司司长顾玉才视察汉长安城遗址。

10月28日至30日，由中国社会科学院考古研究所汉长安城工作队和西安市汉长安城遗址保管所联合承办的"汉长安城与汉文化——纪念汉长安城考古五十周年国际学术研讨会"在西安隆重召开，参加会议的有历任汉长安城工作队队长和秦汉史、考古方面的专家、学者近百人。

10月，西安市汉长安城遗址陈列馆及保管所建设项目正式施工，施工单位为西安市建筑工程总公司第二项目经理部，监理单位为陕西省华茂建设监理公司。施工在保管所原址上进行改造，不搞永久性建筑，不扩大用地规模。

12月29日，中共西安市文物局委员会中共市文物发〔2006〕51号文，免去甘洪更西安市汉长安城遗址保管所党支部书记、所长职务，任命唐龙为西安市汉长安城遗址保管所党支部副书记、副所长、主持全面工作。任命惠晓东为西安市汉长安城遗址保管所副所长。

西安市汉长安城遗址保管所被西安市文物局评为2006年度先进单位、先进党组织。

2007 年

1月15日，西安市委常委、副市长韩松视察汉长安城遗址。

1月18日，西安市汉长安城遗址保管所陈列馆建设工程举行封顶仪式。

1月18日，陕文物函〔2007〕10号文批复汉长安城遗址2006年度文物保护项目和1000万元经费的使用，其中包括4、5号遗址工程追加420万元，4、5号遗址本体保护加固40万元，遗址管理中心及陈列厅追加陈列费和相关工程费120万元，6号建筑遗址保护工程330万元，城墙重要段落及晚期宫墙重要段落保护90万元。

1月23日，西安市发展和改革委员会市发改社发〔2007〕19号文批复未央宫汉代道路保护一期工程建设项目建议书。该建议书编制单位为陕西省文物局西北大学文化遗产保护规划中心、西安建筑科技大学建筑设计研究院、中交第一公路勘察设计研究院。

1月26日，六村堡街道办孟家村部分村民在建章宫遗址区挖掘瓦当。汉长安城遗址保管所保管所副所长唐龙与职工在第一时间赶赴现场查处，与当地派出所密切配合，抓获四名犯罪嫌疑人，并将在现场收集的子母砖、回纹方砖、汉代长方形砖运回保管所。

2月1日，汉长安城长乐宫4、5号建筑遗址保护项目通过阶段性验收。

3月5日，西安市委常委、副市长蒋树瑛视察汉长安城遗址。

4月11日，陕西省名城会专家一行二十余人视察汉长安城遗址。

4月14日，汉长安城遗址内窦寨村村民在开挖宅基时发现北周石质佛像，汉长安城遗址保管所副所长唐龙与刘勇、王建昌现场处理。

4月至5月，经西安市文物保护考古所清理，从南、北两个坑中共清理出石刻佛造像六尊、菩萨造像六尊，以及其他大量佛教遗物残片。领队西安市文物保护考古所杨军凯，西安市汉长安城遗址保管所副所长唐龙及刘勇配合清理。

6月9日在中国文化遗产日期间，汉长安城长乐宫4、5号建筑遗址博物馆正式开馆。

6月21日，陕西省政府参事一行二十余人考察汉长安城遗址。

7月9日，国家文物局文物保函〔2007〕808号文批复汉长安城直城门遗址保护展示方案。该方案设计单位为西安市文物保护修复中心和陕西省古迹遗址保护工程技术研究中心。

7月，中国社会科学院考古研究所汉长安城工作队对建章宫1号建筑遗址进行了考古发掘。遗址位于西安市未央区六村堡街道办事处东柏梁村东南约250米处，地处建章宫内太液池西岸，发掘面积2420平方米。出土遗物多为汉代的砖、瓦及瓦当残块，以及大量的五铢钱范残块。

8月13日，陕西省文物局陕文物函〔2007〕232号文批复《未央宫汉代道路保护一期工程可行性研究报告》。

8月16日，国家文物局"丝绸之路"跨国联合申报世界文化遗产专家组考察团考察汉长安城遗址。

8月25日，汉长安城长乐宫6号建筑遗址保护工程正式开工，施工单位为西安市古代建筑工程公司，监理单位陕西省古建设计研究所项目监理部。

8月29日，汉长安城遗址陈列馆陈列大纲、展陈方案论证会在汉长安城遗址保管所举行。

10月10日，国家文物局文物保函［2007］1267号文公布了我国"丝绸之路"申报世界遗产的国内遗产选点推荐名单，汉长安城遗址位列其中。

10月21日，全国政协常委、九三学社中央副主席贺铿视察汉长安城遗址。

10月31日，国家文物局副局长童明康、文物保护司副司长李培松视察汉长安城长乐宫4、5号建筑遗址博物馆及桂宫2号建筑南区遗址和未央宫前殿遗址。

11月16日，陕文物拨款［2007］158号文拨付汉长安城遗址保护2007年大遗址保护专项经费900万元，用于汉长安城遗址城墙重要段落保护［其中南城墙遗址（西安门以西段）300万，东城墙遗址（霸城门至清明门段）400万元，直城门保护工程（其中本体保护加固50万，展示工程150万元）］工作。

11月16日，陕文物拨款［2007］159号文拨付汉长安城遗址保护2007年大遗址保护专项经费100万元，用于汉长安城遗址地形图测绘。

11月16日，陕文物拨款［2007］160号文拨付汉长安城遗址保护2007年大遗址保护专项经费100万元，用于汉长安城遗址保护规划编制（50万元）及前期考古工作（50万元）。

12月6日，霸城门和长乐宫4、5号建筑遗址保护工程通过验收。

12月7日，西安市委常委、副市长韩森、市委副秘书长兰鹏视察汉长安城遗址。

12月19日，汉长安城遗址六村堡街道办事处相小堡村南发生盗掘古钱币案件。汉长安城遗址保管所与六村堡派出所进行立案并处理，抓获数名犯罪嫌疑人，中国社科院考古所汉长安城工作队清理过程中发现这些古钱币上有"货泉"、"大泉五十"等字样，多为王莽时期钱币，大多字迹清晰，少有磨损痕迹，很可能是新铸造而成，或未经长期流通，或是当时大户人家的贮藏。

12月28日，西安市汉长安城遗址陈列馆及保管所建设工程顺利通过验收。

西安市汉长安城遗址保管所荣获西安市文物局2007年度先进单位、先进党组织，2007年度汉城街道办事处优秀协作单位。

2008 年

1 月 10 日，国家文物局文物保函［2008］22 号文批复汉长安城遗址 4、5 号建筑遗址本体保护方案。

2 月 18 日，西安市文物局文物稽查处与西安市汉长安城遗址保管所工作人员在汉长安城南城墙遗址内侧，临近西安门遗址处，抓获一名盗掘瓦当的违法犯罪嫌疑人，现场发现汉代砖瓦残片。

2 月 25 日，西安市汉长安城遗址保管所获西安市政府授予"全市文物保护先进集体"称号，获未央区政府授予"经济工作先进协作单位"称号。

2 月 27 日，西安市汉长安城遗址保管所长乐宫遗址保护组荣获"2007 年度局级文明示范岗"称号。

3 月 10 日，陕发改投资［2008］269 号文，关于下达 2008 年抢救性文物保护设施建设中央预算内投资计划的通知，安排汉长安城遗址保护设施建设总投资 2660 万元。

3 月 14 日，西安市委常委、副市长韩森到汉长安城遗址考察申报世界文化遗产工作情况。

4 月，西安市汉长安城遗址窦寨村出土北周佛像石刻造像被国家文物局列为 2007 年中国重要考古发现。

4 月 7 日，陕政办字［2008］13 号文，陕西省文物局《陕西省大遗址保护利用及对策研究》课题获 2007 年省级部门优秀调研成果二等奖，汉长安城遗址保管所副所长唐龙为课题组成员。

4 月 10 日，陕西省文史馆四十余名老专家、老领导考察汉长安城遗址，对长乐宫 4、5 号建筑遗址博物馆和未央宫前殿遗址现场进行调研。

5 月 14 日，中共西安市汉长安城遗址保管所党支部组织汶川大地震救助灾区活动，职工捐款 2750 元，党员交纳特殊党费 1400 元。

4 月 16 日，国际古迹遗址理事会副主席，国家文物局巡视员、文物保护司副司长郭旃和国家文物局"丝绸之路"跨国联合申遗专家组到汉长安城遗址检查指导"丝绸之路"申遗工作。

5 月 22 日，汉长安城遗址地形测量工作正式开始，由机械工业勘察设计院承担。

5 月 26 日，西安市未央区政协主席闫文平及区政协委员十余人在汉长安城遗址保管所会议室召开部分政协委员座谈会，会议主要内容是讨论研究政协西安市未央区委员会文史研究委员会工作简则、汉长安城遗址区文物保护利用情况及工作中遇到的问题。

5月至8月，中国社会科学院考古研究所汉长安城工作队发掘直城门遗址，张建锋为领队。直城门为汉长安城西城墙中间的城门。本次发掘面积1400平方米，揭示出直城门三个门道及隔墙，每个门道宽8米左右，相邻的两个门道之间，有4米左右宽的隔墙。南门道与中门道被大量汉代红烧夯土掩埋，两侧壁柱遗迹和已经炭化的木柱。在北门道和南门道下面发现用楔形子母砖券顶的排水管道。西安市汉长安城遗址保管所副所长唐龙和高亚平、刘勇配合进行发掘。

6月5日，参加"丝绸之路系列申报世界遗产国际协商会"的中外专家组成员一行三十余人考察汉长安城未央宫前殿遗址和直城门遗址。

6月14日，全国政协常委、国际历史人口委员会委员、中国秦汉史研究会副会长、著名学者葛剑雄在未央区有关领导的陪同下，视察了汉长安城长乐宫4、5号遗址博物馆。

6月20日，市财发〔2008〕574号文下达汉长安城遗址2008年文物保护维修项目专项经费18.4万元，其中霸城门遗址保护工程15.4万元，拆除汉城违章建筑3万元。

7月7日，市编办发〔2008〕91号文"关于西安市文物局所属事业单位机构编制规定的批复"，批准西安市汉长安城遗址保管所为处级建制，编制二十五人，设办公室、遗址管护部、宣教部、保卫部四个内设机构。

7月9日，西安市委办公厅监察组一行三十余人视察汉长安城未央宫前殿遗址和长乐宫4、5号建筑遗址博物馆。

7月14日，中国社会科学院学部委员刘庆柱来汉长安城遗址指导直城门遗址考古发掘。

7月17日，西安市汉长安城遗址保管所获西安市文物局安全生产竞赛二等奖。

7月18日，由国家文物局组织，陕西省文物局、西安市汉长安城遗址保管所承担的"大遗址管理机构（文管所）评估、遗址博物馆调研及研究"课题中期成果报告会在陕西省文物局会议室召开。

7月至8月，中国社会科学院考古研究所汉长安城工作队发掘西安门遗址，张建锋为领队。西安门面宽 52 米左右，进深 19 ～ 20 米。原有三个门道，现仅存东门道与中门道，西门道被现代的水渠所破坏。城门的东侧、城墙以北还发现一排房子，现仅存南部靠近城墙北壁的一部分，共有五间，西侧的四间应为城门的守卫管理人员居住及工作场所。最东面的一间地面东部呈斜坡状，自西向东逐渐升高，初步判断应是登上城墙的马道。西安市汉长安城遗址保管所高亚平、刘勇配合进行发掘。

8 月至 9 月，汉长安城遗址保管所和西安市土地调查办公室联合对汉长安遗址内夯土土地进行调查确权工作，确认九处基址（神明台、柏梁台、桂宫夯台、石渠阁、未央宫夯台、樊寨遗址夯台、讲武殿和东西双凤阙夯台）土地划为国有。

8 月 3 日，著名考古学家、全国哲学社会科学规划考古学组组长、中国考古学会理事长徐苹芳先生在中国社会科学院考古研究所西安研究室安家瑶主任陪同下视察直城门遗址考古工地。

8 月 3 日，中国建筑设计研究院建筑历史研究所所长、文化遗产保护规划国家文物局重点科研基地主任陈同滨考察直城门遗址。

8 月 14 日，中国社会科学院考古研究所所长王巍考察汉长安城直城门、西安门遗址。

9 月，西安市汉长安城遗址保管所配合未央区文物局实施未央宫前殿遗址木质隔离通道保护工程。

9 月 16 日，未央区政协举办汉长安城遗址保护利用专题报告会，陕西省文物局西北大学文化遗产保护规划中心主任王建新、西安市汉长安城遗址保管所副所长唐龙作了专题报告。

9 月 21 日，纪念汉长安城建成 2210 周年暨祭拜汉高祖大典在汉长安城未央宫前殿遗址举行。本次活动是第六届世界刘氏宗亲会联谊会的一个组成部分，来自海内外三十多个国家和地区的一千二百多名刘氏宗亲及嘉宾在未央宫前殿遗址参加此次大典。

9 月 24 日，国家文物局文物保护司副司长柴晓明视察汉长安城遗址。

10 月 15 日，陕西省部分政协委员考察汉长安城遗址保护与"丝绸之路"申报世界文化遗产工作。

10 月 16 日，陕西省十一届人民代表大会西安代表团三十余名代表到汉长安城遗址进行遗址保护与开发的专题调研。

11月6日，由新华通讯社、《光明日报》等中央新闻媒体和《中国文物报》、《瞭望东方周刊》杂志组成的新闻媒体采访团采访汉长安城大遗址保护工作。

11月11日，陕西省政协港澳台侨和外事委员会一行二十余人视察汉长安城遗址。

11月23日，陕文物拨款〔2008〕71号文拨付汉长城遗址保护项目经费3350万元，其中长乐宫4、5号遗址本体保护工程150万元，未央宫前殿遗址保护展示工程1000万元，未央宫汉代道路保护一期2100万元，太液池遗址考古勘探发掘及保护100万元。

11月至12月，中国社会科学院考古研究所汉长安城工作队发掘晚期宫城宫门遗址，刘振东为领队，发掘面积326平方米。发掘揭示出宫门只有一个门道，南北宽4.4～4.6米，东西进深约13.2米。十六国时期的前赵、前秦、后秦和北朝时期的西魏、北周均建都长安，其在中国古代都城史上占有重要地位。完整揭示出宫门的规模和建筑形式，为研究十六国至北朝时期的建筑技术提供了珍贵的实物资料。西安市汉长安城遗址保管所副所长唐龙及刘勇、高亚平配合进行发掘。

12月12日，直城门遗址临时保护工程通过验收。该工程由两部分组成，西安文物保护修复中心实施了遗址本体的化学、物理保护，西安市古代建筑工程公司实施了临时保护棚的搭建工程。

12月18日，长乐宫6号建筑遗址保护工程顺利通过有关部门和专家的验收。

12月26日，《汉长安城遗址保护总体规划》专家论证会在北京召开。

西安市汉长安城遗址荣获西安市文物局2008年度先进单位、先进党组织。

2009年

1月2日，中央电视台《新闻联播》播出西安市近年文物保护工作的成绩，介绍了汉长安城遗址在大遗址保护工作方面取得的经验。

1月15日，国家文物局文物保函〔2009〕41号文批复《汉长安城遗址保护总体规划》。该规划编制单位为陕西省文物局西北大学文化遗产保护规划中心。

2月11日，西安电视台《直播西安》播出西安地区近年来大遗址保护工作的主要成绩，对大遗址典型代表——汉长安城遗址保护工作给予肯定。

2月12日，西安市汉长安城遗址保管所荣获未央宫街道办事处2008年度"支持地区发展"先进单位。

2月16日，西安市汉长安城遗址荣获汉城街道办事处2008年度经济工作协作奖、2008年度经济发展突出贡献先进单位。

2月19日，西安市汉长安城遗址保管所配合未央区各级地方政府联合执法，依法强制拆除汉城街道中查村违法建筑2万平方米。

2月至3月，中国社会科学院考古研究所汉长安城工作队发掘直城门大街遗址，徐龙国为领队。本次发掘揭示出历代道路十条，路沟四条，其中汉代使用路宽约71米。西安市汉长安城遗址保管所副所长唐龙及刘勇、高亚平配合进行发掘。

3月16日，世界银行专家金鹰考察汉长安城遗址未央宫汉代道路保护一期工程进展情况。

3月18日，世界银行项目环境专家杨宁来汉长安城遗址实地考察。

3月至5月，中国社会科学院考古研究所汉长安城工作队发掘安门大街遗址，徐龙国为领队。本次发掘揭示出历代道路十四条，路沟十条，其中汉代道路最宽处68.9米。西安市汉长安城遗址保管所副所长唐龙及刘勇、高亚平配合进行发掘。

4月15日，西安市文物局市文物党发[2009]18号文，免去惠晓东西安市汉长安城遗址保管所副所长职务。

4月30日，西安市汉长安城遗址保管所征集两个北周时期的佛像基座，其中一个带有文字。

6月12日，在汉城街道办事处相家巷村征集四个五角形陶水管道，时代为汉代。

6月12日，在《西安日报》刊登第四届"中国文化遗产日"专题文章《保护文化遗产 促进科学发展》。

6月13日上午，西安市文物局与未央区人民政府联合主办的"第四届·中国文化遗产日·暨汉长安城遗址陈列馆开馆仪式"活动在未央宫前殿遗址举行。西安市人大副主任芦猛虎、市政协副主席向德、市政府副秘书长李小六参加了活动，西安市汉长安城遗址保管所获"大遗址保护特别奖"。

7月至10月，完成未央宫汉代道路区域土地定点测量工作，高亚平、刘勇、刘嘉树、岳立强参与。

7月2日，陕西省委常委、西安市委书记孙清云视察汉长安城未央宫遗址。

7月13日，中共西安市未央区委办公室未办发〔2009〕15号文，同意西安市未央区汉长安城遗址申遗工作实施方案。

7月14日，中共西安市未央区人民政府办公室未办发〔2009〕80号文，同意西安市未央区汉长安城遗址申遗区域及未央宫遗址生态公园征地拆迁补偿方案。

7月6日，汉长安城遗址地形测量工程通过验收。

7月31日，西安市汉长安城遗址保管所中层上岗竞聘演讲在保管所会议室举行。西安市文物局组织人事处等相关处室负责人及单位全体职工参加了大会，确定八个中层管理岗位的干部候选人。

8月6日，世界银行专家金鹰一行在西安市发改委和西安城市基础设施建设投资集团有限公司相关领导的陪同下考察汉长安城遗址。

8月11日，陕文物拨款〔2009〕66号文拨付西安市汉长安城遗址保管所文物保护专项经费20万元。

8月20日，中共西安市汉长安城遗址保管所党支部市汉城所党发〔2009〕1号文批准任命八个中层干部：李勤任西安市汉长安城遗址保管所办公室主任；高亚平任西安市汉长安城遗址保管所宣教部部长；刘勇任西安市汉长安城遗址保管所遗址管护部部长；王永伟任西安市汉长安城遗址保管所保卫部部长；孙鹏任西安市汉长安城遗址保管所办公室副主任，李琳任西安市汉长安城遗址保管所宣教部副部长；刘和平任西安市汉长安城遗址保管所遗址管护部副部长；杨波任西安市汉长安城遗址保管所保卫部副部长。试用期一年。

9月4日至10日，中央电视台拍摄《风云未央宫》，西安市汉长安城遗址保管所配合进行了为期十天的拍摄。

9月10日，西安市副市长杨广信视察汉长安城遗址保护工作进展情况，对汉长安城遗址保护世界银行贷款项目执行情况及有关问题进行现场研究。

9月16日，市财发〔2009〕885号文下达汉长安城遗址2009年度

文物征集修复宣传专项经费 3 万元，

10 月 5 日至 20 日，汉长安城遗址保管所制作《汉长安城遗址保护》宣传片和《汉长安城遗址"十一五"保护展示模型》，参加国家文物局主办的"'十一五'大遗址保护成果展"。

11 月 19 日至 20 日，西安市汉长安城遗址保管所在未央区土地局、未央区农工局、罗寨村村委的配合下，对汉长安城遗址长乐宫 4、5、6 号用地征地定点测量，王永伟、刘和平参与。

11 月 20 日，中央电视台 CCTV-1 频道播出西安市汉长安城遗址保管所配合拍摄的电视片《风云未央宫》。

11 月 24 日，西安市委常委、市长陈宝根在副市长段先念，市政协副主席向德，市政府秘书长毋晖、副秘书长李小六等陪同下视察汉长安城长乐宫、桂宫、直城门、未央宫前殿遗址，对"丝绸之路"申报世界文化遗产及汉长安城遗址保护工作进行调研。

11 月 24 日下午，西安市文物局与未央区政府主要领导及相关部门召开会议，研究推进汉长安城遗址申报世界文化遗产区域环境整治项目方案。

11 月 25 日，西安市文物局和西安市未央区人民政府签订未央宫汉代道路保护一期工程委托征地合同书。

11 月 29 日，汉长安城遗址城墙重要段落（霸城门—清明门）保护工程开工。

12 月 2 日至 4 日，西安市汉长安城遗址保管所保管所配合未央区各级地方政府联合执法，依法强制拆除六村堡、未央宫、汉城街道违法建筑，共计 52510 平方米。

12 月 3 日，由陕西省文物局主持在西安市汉长安城遗址保管所召开未央宫汉代道路保护一期工程专家论证会。

12 月 24 日，陕西省文物局局长赵荣视察汉长安城遗址东城墙周边环境整治情况。

2010 年

1 月 20 日，中共西安市文物局委员会市文物党发〔2010〕5 号文，任命陈斌为西安市汉长安城遗址保管所副所长。

1 月 29 日，西安市汉长安城遗址保管所与未央规划分局、文化局，国土资源分局、城市综合行政执法局等单位配合，对六村堡街道西贺村，未央宫街道办西叶寨村，汉城街道雷寨村、樊寨村、南玉丰村，徐家湾街道北辰村等处的违法建筑予以依法强制拆除，共拆除违法建筑2560平方米，涉及占用耕地130亩。

2月22日，西安市市长陈宝根考察汉城湖，对汉城湖及沿线汉长安城东城墙遗址保护和环境（团结水库）整治提出要求。

3月19日，西安市发改委批复世行项目初步设计方案。

4月7日，国家文物局局长单霁翔、副局长宋新潮、文物保护与考古司司长关强、考古处处长阎亚林等一行五人到汉长安城遗址东城墙遗址，霸城门遗址，长乐宫4、5、6号建筑遗址，未央宫前殿遗址调研文化遗产保护工作。

4月24日，在汉长安城未央宫前殿南侧绿化施工工地发现西魏墓志一方。

5月19日，中共西安市文物局委员会市文物党发〔2010〕14号文件，任命甘洪更为西安市汉长安城遗址保管所党支部书记、所长。

6月12日，中共西安市汉长安城遗址保管所党支部经过全体党员投票选举成立了所支部委员会，委员会由甘洪更、唐龙、陈斌、李勤、刘勇五位同志组成。

7月8日，陕西省省政府第十次常务会议审议并原则通过《汉长安城遗址保护总体规划》。

7月9日，陕西省副省长景俊海调研汉长安城遗址。

7月9日，西安市汉长安城遗址保管所完成"汉长安城国家考古遗址公园"申报工作。

7月18日，中国古迹遗址保护协会副主席、中国建筑设计研究院历史研究所所长陈同滨到汉长安城遗址进行考察，指导汉长安城遗址申报世界文化遗产工作。

8月20日，中共西安市文物局委员会市文物党发〔2010〕23号文，免去唐龙西安市汉长安城遗址保管所副所长职务。

12月1日，汉长安城未央宫汉代道路保护一期工程、未央宫前殿遗址保护工程、未央宫前殿遗址区环境整治二期工程开工。

[附　录]

一　《西安市周丰镐、秦阿房宫、汉长安城和唐大明宫遗址保护管理条例》

1995 年 6 月 15 日西安市第十一届人民代表大会常务委员会第二十次会议通过，
1995 年 6 月 30 日陕西省第八届人民代表大会常务委员会第十三次会议批准。

第一章　总　则

第一条　为了加强对周丰镐、秦阿房宫、汉长安城和唐大明宫遗址（以下称遗址）的保护管理，继承历史文化遗产，发挥文物在社会主义建设中的作用，根据《中华人民共和国文物保护法》及有关法律、法规的规定，结合实际，制定本条例。

第二条　在遗址保护范围和建设控制地带内进行生产、生活及其他活动的一切单位和个人，必须遵守本条例。

第三条　遗址保护范围内的重点保护区和一般保护区及其周围的建设控制地带，按照省人民政府划定并公布的区域执行。

第四条　市人民政府及遗址所在地的人民政府应当把遗址的保护管理纳入社会经济发展计划，做到有效保护与科学利用相结合，继承历史文化遗产与发展经济相结合，专业管理与群众管理相结合。

第五条　一切单位和个人都有保护遗址的义务，对破坏遗址、盗掘文物及其他有损于遗址保护的行为有权制止和检举。

第二章　管理体制与经费

第六条　各级人民政府对遗址保护管理应当建立领导责任制，实行分级管理。

第七条　市文物行政管理部门是遗址保护管理工作的主管部门；区、县文物行政管理部门负责辖区内遗址的保护管理工作。乡、镇人民政府及街道办事处协助区、县文物行政管理部门和有关部门，负责本辖区内遗址的保护管理工作。市和区、县的规划、土地、公安、环保、工商等行政管理部门按照法律、法规规定的职责，对遗址进行保护管理。

第八条　遗址所在地的村民委员会、居民委员会应当成立群众性的遗址保护组织，宣传文物保护法律、法规，协助有关部门做好遗址保护管理工作。

第九条　遗址文物保护经费纳入各级人民政府财政预算。

第十条　市人民政府应当组织社会财力设立遗址保护基金。鼓励和支持国内外组织和个人为遗址保护捐款、赞助。

遗址保护基金和捐赠、赞助的财物，应当用于遗址的保护事业，不得挪作他用。

第三章　保护管理

第十一条　市人民政府应当把遗址保护管理和开发利用规划纳入城市总体规划。

市文物行政管理部门会同市规划行政管理部门及其他有关部门，根据城市总体规划编制遗址保护管理和开发利用详细规划，报市人民政府及上级文物行政管理部门批准后实施。

第十二条　市文物行政管理部门在遗址的保护范围和建设控制地带设立标志说明、界桩和保护设施。

标志说明、界桩和保护设施损坏的，应当及时修复。

第十三条　在遗址重点保护区内，不得进行与遗址保护无关的建设工程，禁止挖沙、取土、挖建池塘或者从事其他有损于遗址保护的活动。

重点保护区的单位和个人因生产、生活确需少量取土或者修建简易设施的，必须经市文物行政管理部门同意并报省文物行政管理部门备案，在指定的地点进行。

重点保护区内有碍遗址保护的现有建筑及其他设施按照国家计划，由区、县人民政府分期分批组织迁建或拆除，并按有关规定对被拆迁的村民、居民予以安置和补偿。

第十四条　在遗址一般保护区内，不得进行与遗址保护无关的大、中型工程建设和有碍遗址环境风貌的小型工程建设，禁止大面积或者深层次挖沙、取土、挖建池塘。

一般保护区内的单位和个人因生产、生活确需修建房屋或者其他小型设施的，必须经市文物行政管理部门同意并报省文物行政管理部门备案。其建筑高度不得超过8米。

一般保护区内的现有建筑和设施，不符合保护遗址及环境风貌要求的，应当分期分批进行改造或者拆迁，并按有关规定对被拆迁的村民、居民予以安置和补偿。

第十五条　在遗址保护范围内因特殊需要进行其他工程建设的，建设单位必须向市文物行政管理部门提出申请，经省人民政府和国家文物行政管理部门同意，方可办理建设规划审批手续。

在遗址建设控制地带内进行工程建设的，建设单位必须向市文物行政管理部门提出申请，经省文物行政管理部门同意，并报国家文物行政管理部门备案，方可办理建设项目规划审批手续。

第十六条　文物行政管理部门对同意进行工程建设的地段，应当及时进行考古勘探和清理发掘，所需费用由建设单位列入投资计划。

第十七条　在遗址建设控制地带内进行工程建设或者从事其他生产经营活动的，不得破坏遗址的环境风貌，不得污染环境，不得危及文物安全。

第十八条　在遗址保护范围内，不得擅自修建道路和其他设施；不得污损、刻划或者擅自移动拆除文物保护设施；不得侵占、买卖或者以其他形式非法转让土地；不得设置垃圾堆放场地及其他有损于遗址保护的设施。

第十九条　在遗址保护范围内发现出土文物的，必须移交文物行政管理部门；发现文物遗存的，应当采取措施保护现场，立即报告文物行政管理部门处理。

第二十条　市人民政府及遗址所在地的各级人民政府应当根据城市总体规划，鼓励、支持在遗址保护范围和建设控制地带内从事有利于遗址保护的绿化、种植和旅游事业，提倡和支持在遗址保护范围内开发展示遗址格局和风貌、陈列出土文物、宣传历史文化等内容的项目。

第四章　奖励和处罚

第二十一条　单位或者个人有下列情形之一的，由市、区、县人民政府或者文物行政管理部门给予表彰奖励：

（一）认真执行文物保护法律、法规和本条例，保护遗址成绩显著的；

（二）制止、检举破坏遗址行为有贡献的；

（三）在遗址、地下文物面临破坏危险时，进行抢救有功的；

（四）发现遗存文物及时保护、上报或者上交的；

（五）将个人收藏的文物上交给国家的；

（六）为保护遗址作出其他贡献的；

第二十二条　违反本条例有下列行为之一的由市或者区、县文物行政管理部门责令限期改正，恢复原状，赔偿损失，并处以罚款；

（一）刻划、污损保护标志说明的，处以 200 元以下罚款；

（二）擅自移动、拆除、损坏标志说明、界桩或者遗址保护设施的，处以 500 元以上、1000 元以下罚款；

（三）擅自在重点保护区内挖沙、取土、挖建池塘和打井修渠的，按挖掘量每立方米处以 50 元罚款；

（四）在一般保护区大面积或者深层次挖沙、取土、挖建池塘的，按挖掘量每立方米处以 30 元罚款。

第二十三条　违反本条例规定，在遗址保护范围及建设控制地带内进行工程建设的，由城市规划行政管理部门或者由城市规划行政管理部门根据文物行政管理部门的意见责令停工，责令拆除违法修建的建筑物、构筑物，恢复原状或处以罚款。

第二十四 条在遗址保护范围内，侵占、买卖、非法转让土地的，或者擅自设立垃圾堆放场地的，分别由土地管理部门、市容环境卫生管理部门根据有关法律、法规的规定予以处罚。

第二十五条　盗掘古墓、非法收购文物或者有其他严重破坏遗址行为，构成犯罪的，由司法机关依法追究刑事责任。

第二十六条　单位或组织违反本条例规定的，除给予行政处罚外，对主管领导和直接责任人，由其所在单位、组织或者上级主管机关给予行政处分。

第二十七条　依照本条例所处的罚款，全额上缴同级财政，用于遗址保护。

第二十八条　当事人对行政处罚决定不服的，可以依法申请复议或者向人民法院提起诉讼。当事人逾期不申请复议、不起诉又不履行处罚决定的，做出处罚决定的机关可以申请人民法院强制执行。

第二十九条　国家工作人员在遗址保护管理工作中滥用职权、玩忽职守、徇私舞弊的，由其所在单位或者上级主管机关给予行政处分；构成犯罪的，由司法机关依法追究刑事责任；给当事人造成损失的，应当依法予以赔偿。

第三十条　拒绝、阻碍执行遗址保护管理公务的，由公安机关依照《中华人民共和国治安管理处罚条例》给予处罚；构成犯罪的，由司法机关依法追究刑事责任。

第五章　附　则

第三十一条　本条例具体应用中的问题由西安市人民政府负责解释。

第三十二条　本条例自公布之日起施行。

二　《西安历史文化名城保护条例》

2002年2月6日西安市第十二届人民代表大会常务委员会第三十次会议通过，2002年6月7日陕西省第九届人民代表大会常务委员会第三十次会议批准。

第一章　总　　则

第一条　为了加强西安历史文化名城的保护，继承和弘扬优秀历史文化遗产，促进城市建设和经济发展，根据《中华人民共和国城市规划法》、《中华人民共和国文物保护法》及有关法律、法规规定，结合本市实际，制定本条例。

第二条　西安历史文化名城保护范围是指在西安市行政区域内体现西安历史文化的古遗址区域、古城墙及其以内区域和历史文化风貌区域。

第三条　在西安历史文化名城保护范围内从事规划、建设、保护、管理和其他活动的，均应遵守本条例。

第四条　西安历史文化名城的保护，实行统筹规划、有效保护、合理利用、科学管理的原则。

第五条　市人民政府应当把历史文化名城的保护和管理工作纳入国民经济和社会发展计划，并将保护、管理和编制规划的经费列入财政预算。

第六条　市规划行政管理部门和市文物行政管理部门主管本市历史文化名城保护管理工作。

市建设、土地、园林、文化、宗教、旅游、环保等行政管理部门，按照法律、法规的规定和市人民政府确定的权限，协同做好历史文化名城的保护管理工作。

区、县人民政府负责本辖区内历史文化名城保护管理工作。

第七条　市人民政府应当组织对西安的历史事件、地名典故、诗词歌赋、地方戏曲、传统工艺、饮食文化、民风民俗等文化遗产，进行搜集、整理、研究、保护和开发利用。

第八条　保护历史文化名城是全社会的责任。任何组织和个人都有保护历史文化名城的义务。

市人民政府应当组织开展历史文化名城保护的宣传教育，增强市民的保护意识。

第九条　鼓励社会各界、国内外组织和个人，以投资、捐赠等形式参与历史文化名城的保护和开发利用。

对在历史文化名城保护工作中做出显著成绩的单位和个人，由市人民政府予以表彰和奖励。

第二章　历史文化名城的规划

第十条　市人民政府应当根据城市总体规划编制西安历史文化名城保护专项规划，制定保护细则。

第十一条　市城市规划行政管理部门应当根据西安历史文化名城保护专项规划编制古遗址区域、古城墙及其以内区域、历史文化风貌区域的控制性详细规划和实施性详细规划。

第十二条　西安历史文化名城保护专项规划应当突出保护明城的完整格局，显示唐城的宏大规模，加强周秦汉唐重大遗址保护管理，并应符合以下要求：

（一）与国民经济和社会发展计划、城市总体规划、土地利用总体规划相衔接；

（二）注重保护古城历史风貌、城市格局和空间环境，体现古城特色；

（三）按照历史文化名城保护的要求，严格控制建筑的高度、体量、色彩和风格；

（四）适应城市居民现代化生活和工作环境的需要。

第十三条　编制历史文化名城保护专项规划、控制性详细规划和实施性详细规划，应当广泛听取社会各界的意见，组织专家论证。

第十四条　西安历史文化名城保护专项规划、保护图则，报经市人大常委会批准后实施。

控制性详细规划和实施性详细规划，报市人民政府批准后实施。

历史文化名城保护专项规划、控制性详细规划和实施性详细规划批准后，应当向社会公布。

历史文化名城保护专项规划、控制性详细规划、实施性详细规划和保护图则需要作局部变更和调整的，应当按原批准程序报批并公布。

第十五条　在历史文化名城保护范围内进行工程建设的，应当报市城市规划行政管理部门批准。对不符合保护规划要求的，不予办理规划建设审批手续，建设单位不得施工建设。

在文物保护单位周边建设的，建设单位应当向市文物行政管理部门提出申请，按规定程序审查同意后，方可办理规划建设审批手续。

在历史文化名城保护范围内，任何组织和个人不得越权审批建设项目。

第十六条 城市规划行政管理部门应当严格执行和组织实施历史文化名城保护专项规划，加强对历史文化名城保护范围内建设项目的检查、监督和对违法建设的查处。

第十七条 古遗址保护区域、古城墙及其以内区域、历史文化风貌区域内不符合历史文化名城保护专项规划、控制性详细规划、实施性详细规划的建筑物、构筑物及其他设施，应当改造、迁建或者依法拆除。

依照前款规定迁建、拆除建筑物、构筑物及其他设施，属于历史上所形成或者经批准建成的，由所在地的区、县人民政府分期分批组织实施，并按规定予以安置和补偿；属于违法建设的，由市城市规划和文物行政管理部门会同所在地的区、县人民政府组织实施。

第三章　古遗址区域的保护

第十八条 古遗址区域是指被列为文物保护单位的古代所遗留下来的村落、城苑、宫殿等基址保护区域。主要包括蓝田猿人遗址、半坡遗址、周丰镐遗址、秦阿房宫遗址、汉长安城遗址、唐大明宫和华清宫遗址等。

第十九条 古遗址的重点保护区内，应当保持古遗址的历史风貌和原始地形；禁止挖沙取土、挖建池塘，不得进行与遗址保护无关的工程建设或者从事其他有损遗址的活动。

第二十条 在古遗址保护区域内因特殊需要进行工程建设的，建设单位应当向市文物行政管理部门提出申请，按规定程序审查同意后，方可办理规划建设审批手续。

第二十一条 经批准在古遗址保护区域内进行工程建设的，应当按照规划许可证的要求施工，不得破坏遗址的历史风貌，不得污染环境，不得危及文物安全。

第二十二条 古遗址区域的开发利用应当保持古遗址的完整性，根据西安历史文化名城保护专项规划和遗址保护实施性详细规划，结合古遗址的特点和地理环境，植树种草，改善环境，建设遗址公园、博物苑，提高古遗址的旅游观光价值。

第四章　古城墙及其以内区域的保护

第二十三条 古城墙及其以内区域是指明洪武年在隋唐皇城基础上扩建保留至今

的西安城墙区域和城墙以内的区域。

古城墙区域包括西安城墙、护城河、环城林带和环城路。

第二十四条　古城墙以内区域的保护，应当体现历史风貌，保持原有路网格局、街巷特色和名称，其城市功能应当以商贸、旅游为主，逐步降低古城墙以内区域的居住人口密度。

古城墙以内区域的国家机关、城市居民和事业单位的用房建设应当从严限制；不适应城市功能的企业事业单位，应当限期调整或者外迁。

第二十五条　市人民政府应当加强对古城墙、护城河、环城林带的保护管理，修复城墙，治理污染，改善护城河水质，建设环城林带，形成具有古城特色的环城公园。

禁止向护城河排放污水、倾倒垃圾、抛撒废弃物。

第二十六条　严格控制古城墙内、外侧的建筑高度和风格。古城墙内、外侧的工程建设应当符合下列规定：

（一）古城墙内侧20米以内的建筑物、构筑物应予拆除，沿墙恢复为马道或者建设为绿地；100米以内建筑高度不得超过9米，建筑形式应当采取传统风格；100米以外，应当以梯级形式过渡，过渡区的建筑形式应当为青灰色全坡顶建筑；

（二）以东、西、南、北城楼内沿线中心为点，半径100米范围内为广场、绿地和道路，周边的建筑物、构筑物应当与城楼的建筑风格、色彩相协调；

（三）以东、西、南、北城楼外沿线中心为点，半径200米范围内为广场、绿地和道路，半径200米外，建筑高度各以60米距离为过渡区，从24米以下向36米以下、50米以下递升；

（四）古城墙外侧至环城路林带绿地按照规划只允许建设高度不超过6米的园林式公共服务设施；

（五）护城河至环城路之间的地带，应当建设为绿地，已有的建筑物、构筑物应当按照专项规划拆除、改造；

（六）环城路外侧红线以外的建筑高度，应当各以60米距离为过渡区，从24米以下向36米以下、50米以下递升。

第二十七条　古城墙以内区域的建设项目，应当符合所在保护区的规划要求。新建、改建、扩建的建筑物、构筑物，其体量、造型和色彩应当体现传统建筑风格和特色。

古城墙以内区域的建筑高度实行分区控制，整体建筑控制高度不超过36米；综合容积率控制在2.5米以下；在单位和居民院落内不得插建建筑物。

维修、改建、翻建传统建筑物、构筑物和传统民居、店铺，应当修旧如旧，保持原貌。

第二十八条　古城墙以内区域的北院门、三学街、竹笆市、德福巷、湘子庙街区为历史街区。

北院门街区东至社会路、西至早慈巷、北至红阜街、南至西大街，三学街街区东至开通巷、西至南大街、南至城墙、北至东木头市，其街区内的建筑应当保持传统庭院式格局和建筑风格。

竹笆市、德福巷、湘子庙街区的临街建筑，应当保持、恢复为传统建筑风格。

第二十九条　钟楼、鼓楼、碑林、宝庆寺塔、城隍庙、化觉巷清真寺以及八路军西安办事处、西安事变旧址等古城墙以内的文物保护单位，应当按照文物保护法的规定予以保护，其周边的建筑高度、风格应当与保护对象相协调。

第三十条　钟楼至东、西、南、北城楼划定文物古迹通视走廊。钟楼至东门城楼通视走廊宽度为 50 米，通视走廊内建筑高度不得超过 9 米，通视走廊外侧 20 米以内建筑高度不得超过 12 米；钟楼至西门城楼通视走廊宽度为 100 米，通视走廊内建筑高度不得超过 9 米；钟楼至南门城楼通视走廊宽度为 60 米；钟楼至北门城楼通视走廊宽度为 50 米。

第三十一条　在古城墙以内区域设置户外广告，应当符合户外广告设置规划。在钟楼盘道和东、西、南、北城楼盘道内侧以及外侧周边的建筑物上，不得设置户外广告牌。

第三十二条　市人民政府应当加强古城墙以内区域园林、绿地、古树名木和广场的保护管理工作，有计划地新建、扩建城市街心花园、街头绿地、休闲广场，增加行道树木，扩大植被。

第五章　历史文化风貌区域的保护

第三十三条　历史文化风貌区域是指除古遗址区域、古城墙及其以内区域外，以文物古迹为依托，所形成的体现文物景观、环境风貌和其所在历史时期文化特色的一定范围的区域。主要包括秦始皇陵园、霸陵、大雁塔、小雁塔、华清池、楼观台、大兴善寺、兴教寺、青龙寺、草堂寺、八仙庵、水陆庵等保护区域。

第三十四条　历史文化风貌区域应当保持文物古迹所在地的自然环境、整体格局和空间形态，保护反映历史风貌的建筑物、构筑物、道路、河流、树木和绿地等。

第三十五条　历史文化风貌区域的改造、建设，应当以开辟绿地、广场为主，根据保护规划需要建设少量的文化旅游设施和管理用房的，其建筑物的体量、造型、风格和色彩，应当与文物古迹相协调。

第六章　法律责任

第三十六条　在历史文化名城保护范围内，有下列行为之一的，其批准文件无效，对直接负责的主管人员和其他直接责任人员依法给予行政处分；给当事人造成损失的，依法予以赔偿：

（一）无权批准而非法批准建设工程的；

（二）超越批准权限批准建设工程的；

（三）违反本条例规定的审批程序颁发建设工程规划许可证的。

第三十七条　违反本条例规定，在历史文化名城保护范围内，有下列行为之一的，由城市规划行政主管部门责令拆除或者限期改正，并可处违法建设工程总造价3%～10%的罚款：

（一）未办理建设规划方案审批手续进行施工建设的；

（二）违反建设工程规划许可证的规定，改变建筑物、构筑物使用性质、造型、立面、色彩、面积、高度、密度、容积率的。

第三十八条　在历史文化名城保护范围内，违反文物保护法律、法规规定，进行勘探、建设或者损坏文物及文物保护标志的，由文物行政管理部门依照有关法律、法规的规定，给予行政处罚；构成犯罪的，依法追究刑事责任。

第三十九条　违反本条例的其他行为，由建设、土地、旅游、园林、环保等行政管理部门依照有关法律、法规的规定，给予行政处罚。

第四十条　依照本条例实施行政处罚，应当按照《中华人民共和国行政处罚法》规定的程序和执行措施进行。

对单位罚款100万元以上、对个人罚款10万元以上或者作出拆除违法建筑决定的，当事人有权要求听证。

第四十一条　城市规划、文物行政管理部门及其工作人员，玩忽职守、滥用职权、徇私舞弊、索贿受贿、拖延或者拒绝履行法定职责，造成历史文化名城保护对象受到损害的，对直接负责的主管人员和其他直接责任人员依法给予行政处分；构成犯罪的，依法追究刑事责任。

第七章　附　则

第四十二条　本条例自2002年8月1日起施行。

三 《西安宣言》

《西安宣言》2005 年 10 月 17 日至 21 日，在古城西安通过，其将环境对于遗产和古迹的重要性提升到一个新的高度。同时，不仅仅提出对历史环境深入的认识和观点，还进一步提出了解决问题和实施的对策、途径和方法，具有较高的指导性和实践意义。

导　言

应中国古迹遗址保护协会的邀请，我们于 2005 年 10 月 17 日至 21 日在中国古城西安召开国际古迹遗址理事会第十五届大会并庆祝该组织成立四十周年，回顾她为维护和保护作为可持续和人文发展的一部分的世界文化遗产所作出的长期努力。

得益于大会期间召开的"古迹遗址及其周边环境——在不断变化的城镇和自然景观中的文化遗产保护"国际科学研讨会上所交流的众多案例和反思，以及得益于中国和各国政府、研究机构和专家关于在加速变化和发展的条件下充分保护和管理古建筑、古遗址和历史区域（诸如古城、自然景观、古迹路线和考古遗址）的经验。注意到《国际古迹遗址保护及修复宪章》（即《威尼斯宪章》，1964 年）以及该宪章所引发产生的其他许多文件中所体现出的对古迹遗址周边环境保护的国际的和专业领域内的兴趣——这种兴趣尤其是通过国际古迹遗址理事会的国家委员会和国际委员会表现出来，并体现在《奈良真实性文件》（1994 年）和其他国际会议所通过的结论和建议中，诸如，《会安宣言——保护亚洲历史街区》（2003 年）、《恢复巴姆文化遗产宣言》（2004 年）以及《汉城宣言——亚洲历史城镇和地区的旅游业》（2005 年）。

注意到联合国教科文组织的公约和建议中关于"周边环境"的概念，包括《关于保护景观和遗址的风貌与特性的建议》（1962 年）、《关于保护受到公共或私人工程危害的文化财产的建议》（1968 年）、《关于历史地区的保护及其当代作用的建议》（1976 年）、《保护无形文化遗产公约》（2003 年），尤其是《保护世界文化和自然遗产公约》（1972 年）及其执行性原则——在这些文件中，"周边环境"被认为是体现真实性的一部分并需要通过建立缓冲区加以保护，这也为国际古迹遗址理事会、联合国教科文组织以及其他合作伙伴进行国际和跨学科合作提供了机会。

强调有必要采取适当措施应对由于生活方式、农业、发展、旅游或大规模天灾人祸所造成的城市、景观和遗产线路急剧或累积的改变；有必要承认、保护和延续遗产建筑物或遗址及其周边环境的有意义的存在，以减少上述进程对文化遗产的真实性、意义、价值、整体性和多样性所构成的威胁。国际古迹遗址理事会第十五届大会的代表特此通过如下有关原则和建议的宣言，并将它告知所有能够通过立法、政策制定、规划和管理等途径促进宣言目标实现的政府间组织、非政府组织、中央和地方政府、机构和专家，以便更好地保护世界的古建筑、古遗址和历史区域及其周边环境。

第一部分：承认周边环境对古迹遗址重要性和独特性的贡献

1.古建筑、古遗址和历史区域的周边环境指的是紧靠古建筑、古遗址和历史区域的和延伸的、影响其重要性和独特性或是其重要性和独特性组成部分的周围环境。

除了实体和视觉方面的含义之外，周边环境还包括与自然环境之间的相互关系，所有过去和现在人类社会和精神实践、习俗、传统的认知，或活动、创造并形成了周边环境空间的其他形式的非物质文化遗产，以及当前活跃发展的文化、社会、经济氛围。

2.不同规模的古建筑、古遗址和历史区域（包括城市、陆地和海上自然景观、遗址线路以及考古遗址），其重要性和独特性在于它们在社会、精神、历史、艺术、审美、自然、科学等层面或其他文化层面存在的价值，也在于它们与物质的、视觉的、精神的以及其他文化层面的背景环境之间所产生的重要联系。

这种联系，可以是一种有意识和有计划的创造性行为的结果、精神信念、历史事件、对古遗址利用的结果，或者是随着时间和传统的影响而日积月累形成的有机变化。

第二部分：理解、记录、展陈不同条件下的周边环境

3.理解、记录、展陈周边环境对定义和鉴别古建筑、古遗址和历史区域的重要性十分重要。

对周边环境进行定义，需要了解遗产资源周边环境的历史、演变和特点。对周边环境划界，是一个需要考虑各种因素的过程，包括现场体验和遗产资源本身的特点等。

4.对周边环境的充分理解需要多方面学科的知识和利用各种不同的信息资源。这些信息资源包括正式的记录和档案、艺术性和科学性的描述、口述历史和传统知识、当地或相关社区的角度以及对近景和远景的分析等。同时，文化传统、宗教仪式、精神实

践和理念如风水、历史、地形、自然环境价值，以及其他因素等，共同形成了周边环境中的物质和非物质的价值和内涵。周边环境的定义应当十分明确地体现周边环境的特点和价值以及其与遗产资源之间的关系。

第三部分：通过规划手段和实践来保护和管理周边环境

5.可持续地管理周边环境，需要前后一致地、持续性地运用有效的法律和规划手段、政策、战略和实践。同时，这些方法手段还需适应当地的文化环境。

管理背景环境的手段包括具体的立法措施、专业培训、制定全面保护和管理的计划以及采用适当的遗产影响评估系统。

6.涉及古建筑、古遗址和历史地区的周边环境保护的法律、法规和原则，应规定在其周围设立保护区或缓冲区，以反映和保护周边环境的重要性和独特性。

7.规划手段应包括相关的规定以有效控制外界急剧或累积的变化对周边环境产生的影响。

重要的天际线和景观视线是否得到保护，新的公共或私人施工建设与古建筑、古遗址和历史区域之间是否留有充足的距离，是对周边环境是否在视觉和空间上被侵犯以及对周边环境的土地是否被不当使用进行评估的重要考量。

8.对任何新的施工建设都应当进行遗产影响评估，评估其对古建筑、古遗址和历史区域及其周边环境重要性会产生的影响。在古建筑、古遗址和历史区域的周边环境内的施工建设应当有助于体现和增强其重要性和独特性。

第四部分：监控和管理对周边环境产生影响的变化

9.古建筑、古遗址和历史区域的周边环境发生的变化所产生的个别的和累积的影响，以及这种变化的速度是一个渐进的过程，这一过程必须得到监控和管理。

城乡景观、生活方式、经济和自然环境累积或急剧的改变可以显著地、不可挽回地影响周边环境对古建筑、古遗址和历史区域重要性所作出的真正贡献。

10.应当管理古建筑、古遗址和历史区域周边环境的变化，以保留其文化重要性和独特性。

管理古建筑、古遗址和历史区域的周边环境的变化并不一定需要防止或阻挠其发生变化。

11.进行监控，应当对识别、衡量、组织和补救古迹遗址的腐蚀、重要性消失或平庸化所采取的途径和行动加以明确，并就古迹遗址的保护、管理和展陈活动提出改进措施。

应当制定定量和定性指标，评估周边环境对古建筑、古遗址和历史区域的重要性所产生的贡献。

监控指标应当包括硬性指标，如对视野、轮廓线和公共空间的侵犯，空气污染，噪音等，以及经济、社会和文化等层面的指标。

第五部分：与当地、跨学科领域和国际社会进行合作，增强保护和管理周边环境的意识

12. 同当地和相关社区的协力合作和沟通，是周边环境保护和管理可持续发展战略的重要组成部分。

在保护和管理周边环境方面，应当鼓励不同学科领域间的沟通，这应当成为一种公认的惯例。相关的领域包括建筑学、城市和地区规划、景观规划、人类学、考古学、历史学、人类文化学、博物馆学、档案学等。

应当鼓励与自然遗产领域的机构和专家的合作，这应当是对古建筑、古遗址和历史区域及其周边环境进行确认、保护和展陈的有机组成部分。

13. 要鼓励进行专业培训、展陈、社区教育和公众意识的培养，以此支持各种合作和知识的分享，促进保护目标的实现，提高保护手段、管理计划及其他相关手段的效率。

应当借鉴从个别古建筑、古遗址和历史区域保护中获得的经验、知识和手段，以改进周边环境的保护。

专家、机构、当地和相关社区人员应共同担起责任，充分认识周边环境在各方面的重要性；在做决定时，应该充分考虑周边环境有形和无形的层面。

四 陕西省大遗址保护利用及
对策研究调研报告

大遗址，主要包括反映中国古代历史各个发展阶段涉及政治、宗教、军事、科技、工业、农业、建筑、交通、水利等方面历史文化信息，具有规模宏大、价值重大、影响深远特点的大型聚落、城址、宫室、陵寝墓葬等遗址、遗址群，是古代文明的结晶和历史文化的见证。

陕西是中华文明发源地之一，历史上先后有十三个王朝在我省境内建都，以各朝代遗留下来的都城遗址、帝王陵园遗址为代表的大遗址是我省独具特色的文物资源。2005 年，国家文物局、财政部、发改委等中央有关部门在全国实施了大遗址保护项目，并颁布《"十一五"期间大遗址保护总体规划》，在全国范围内确定了一百处大遗址作为"十一五"期间中央主导和引导的大遗址保护示范工程。其中，我省有十五处大遗址被列入国家"十一五"大遗址项目。三年来，已陆续实施了汉阳陵、汉长安城遗址、大明宫遗址等一批大遗址保护展示利用项目，取得了一定的成绩，得到了国家有关部委、专家学者和社会各界的好评，特别是 2005 年在西安召开的国际古迹遗址理事会（ICOMOS）第十五届大会对我省的大遗址保护利用工作给予了高度评价。但是，随着我国工业化、城市化、市场化、国际化进程的加快，在建设西部经济强省进程中，我省的大遗址保护工作还存在许多问题，还不能满足贯彻落实科学发展观、建设社会主义和谐社会的要求，大遗址保护利用的资源优势还没有在陕西社会经济发展中得到充分发挥。因此，按照省政府的要求，我局确定了"陕西省大遗址保护利用与对策研究"重点调研课题，并组织了调研组，对全省大遗址的保护利用状况进行了深入调查研究。本调研以西安地区的都城遗址为重点，兼顾全省的其余大遗址和帝王陵园遗址，形成了以下调研报告。

（一） 陕西省大遗址保护利用现状

陕西省大遗址具有以下几个特点：分布广，全省 107 个市县都有遗址分布，特别是关中等地理位置优越、自然条件好、经济发达的地区尤为密集。陕北地区以长城、秦直道、统万城遗址为代表，陕南地区分布较少；数量多，陕西全省登记在册 35750 处各类文物点中，古遗址 10497 处，古墓葬（陵园或墓园遗址）4368 处，占陕西省文物数量的将近二分之一；面积大，其中从西周到唐代的九大都城遗址，面积从几平方公里到七八十平方公里；几十座帝王陵墓的陵园遗址，占地均在几平方公里到十几平方公里；等级高，陕西省大遗址代表了当时科技、文化发展的最高水平，是当时中华文明辉煌成就的代表，具有极高的历史、文化和科学价值。在当前我国民族复兴、和平崛起的背景下，大遗址更凸显为战略性文化资源。这些大遗址既为陕西赢得了文物资源大省和华夏文明源头的美誉，也向陕西提出了大遗址保护的历史使命，提出了新形势下遗址资源积极保护利用的复杂课题。

多年来，大遗址保护一直是陕西文物工作的重中之重，各级政府和社会各界对于大遗址的保护越来越关注。陕西省各级政府以及文物行政管理部门投入大量人力、物力和财力，按照"中央引导、地方配合、确保重点、集中投入"的原则，实施了多项大遗址保护展示工程，取得了显著成效。目前，我省的大遗址保护工作，无论从保护方法、理论水平以及保护成效上看都位于全国前列。但从整体、有效保护的角度看，保护利用工作尚处于令人喜忧参半的状况。现以几处重点大遗址保护利用项目为例。

汉阳陵帝陵外藏坑保护展示厅采用了全新的展示理念和多项高科技手段，为遗址创造了一个尽可能接近发掘前的原始环境，开放后引起了很大的轰动，已带来越来越高的社会效益和经济效益。但这种点状的保护利用与专家学者对汉阳陵真实、完整、有效保护的期待还有较大的距离。

唐延路唐长安城墙遗址公园用工程技术再现了城墙、城壕、城门、里坊、坊墙和城市街道等要素，揭示了唐代城建、文化、贸易、国际交流等方面的文化内涵。其宽阔的城垣遗址绿地，也为周边社区居民提供了一个休憩娱乐的好去处。但另一方面，位于唐延路南端的木塔寺遗址区，却面临着被房地产开发吞没的危险。

汉宣帝杜陵借鉴"山川秀美工程"，采用退耕还林的利用模式，新植万亩森林，既体现出汉帝陵的宏伟气势，又改善了该区域的环境，是城市内帝陵保护的成功探索。但同时还存在部分深根植物对地下遗址文化层的潜在威胁，而对某些重要的礼制建筑遗址，也未能明确标示，使陵园地面肌理有淹没于粗放莽原之虞。

已经启动的唐大明宫遗址公园工程，对遗址区的完整保护与遗址周边可开发区域的发展实行整体规划，以保护带动开发，以开发促进保护，开创了大城市城市建成区内大遗址保护和利用的新模式。但由于这种方式涉及群众众多、耗费资金巨大，对遗址的规模、区位有较高的要求。

对不同类型的遗址保护利用项目的调研显示，大遗址的保护利用是一个非常复杂的问题，需要政府和主管部门系统规划指导，需要多学科交叉研究论证，需要政府意志和市场机制有机结合。必须按照科学发展观和资源永续利用的理念，坚定守望，大胆创新，使大遗址保护与利用进入良性循环的新进程。

（二）陕西省大遗址保护利用面临的主要问题

大遗址保护是世界性的难题，特别是对于陕西这样的经济还不发达、遗址数量多的省份来讲，保护的责任和压力巨大。我省的大遗址主要是土遗址，抗风蚀、雨水冲刷和冻融等能力差，加之这些大遗址都有上千年的历史，自然因素造成的破坏十分明显。除此之外，由于对大遗址的认识不足，造成保护利用力度不够，大遗址的价值在我省的社会经济发展中还没有得到充分体现。

1. 管理力度有待加强

由于文物保护的要求，长期以来，在大遗址区域不允许从事与文物保护无关的建设等活动。遗址区内居民的生产活动和经济发展受到了较多的限制，再加上遗址区内道路、供气、供暖管线的铺设受到限制，遗址区也大多成为城市生活基础设施的欠账区。当地居民收入水平和生活质量与周边区域差距越来越大，从而导致对遗址保护的抵触情绪乃至破坏行为。而在现行由政府和文物部门独家主管保护的体制下，政府在土地使用、居民搬迁、产业调整方面又缺乏战略性的大举措，致使大遗址保护表现出以当地居民的贫困为代价，而保护工作又处于消极被动的局面。另一方面，目前我省遗址区域行政官员的政绩考评与其他非遗址区别不大，地方政府往往将注意力集中经济发展方面。另由于大遗址保护利用的难度较大，短期内的经济效益不明显，导致一些政府官员对于大遗址保护重视不够。

2. 土地矛盾日趋尖锐

当前大遗址保护和利用的矛盾集中反映在土地上，土地是文物的载体，同时也是当地群众生产、生活的场所。目前，除了少量裸露于地表之上的遗迹本体为国有土地外，绝大多数为集体用地。文物工作者要求完整、真实地保护好文物，而当地群众要求发展地方经济、提高生活水平、寻找单位土地的最大效益，两者必然产生矛盾。由于城市扩张，一些过去远离城市的大遗址已经进入城市建城区，城市建设向遗址内蔓延，虽然遗址区域建设活动有诸多限制，但由于土地日益紧缺和使用成本的低廉，加之地方群众迫切的致富愿望，导致遗址区域违章、违法建设屡禁不止，且有日趋严重的趋势。地方政府、土地、规划、城建、文物等部门在管理上疲于奔命，管理工作量和难度很大，效果也不理想。

3. 管理体制不尽合理

大遗址的管理是大遗址保护和利用工作的关键。目前，在我省各大遗址区内，主要由文物行政部门设立的专业管理机构施行保护管理。在遗址范围较小、遗址区内没有居民或居民较少的情况下，专业管理体制是有效的。但在遗址范围很大、遗址区内有大量居民的情况下，单靠文物部门的专业管理机构无法有效承担大遗址的保护管理工作。我省许多大遗址的范围都属于不同的行政辖区，有的地跨不同的县区，如周原、汉长安城、唐大明宫遗址；有的甚至地跨不同的地市，如西汉帝陵和唐代帝陵。遗址区分属不同的行政管理机构，很难对遗址的保护和利用实行有效的统一管理。

4. 产业结构亟待调整

由于文物保护的要求，大遗址区域的当地群众只能从事传统、低效的农业生产，产业结构的单一导致群众生活来源单一，生活水平很低，地方经济发展也受到制约，与遗址周边区域的反差越来越大。特别是随着西部大开发的深入开展，遗址区内居民提高生活水平的愿望日益强烈，使得遗址保护与经济建设及当地群众生产、生活的矛盾日益尖锐。

5. 资金投入尚显不足

我省省级文物保护经费总量太少，而遗址所在市、县普遍财政困难，难以对遗址保护进行基本的投入，因此大多数遗址保护工作目前仅停留在看护、整修、塌陷回填等日常工作，无力开展进一步的研究及保护工作。造成了我省遗址基础工作薄弱，遗址保护工作难以深入开展。虽然2005年以来财政部和国家文物局实施大遗址保护工程，加大了对陕西的投入，但由于我省大遗址数量太大，保护工作仍显得捉襟见肘。特别是中央主导的大遗址保护工程，由于地方财政配套经费的不足，也在一定程度上制约和影响了这些工程的顺利实施。

（三）陕西省大遗址保护利用对策建议

陕西大遗址保护利用，要强调积极保护和创新利用的理念，积极探索政府与市场、保护与发展、主管部门与地方政府、文物与城建旅游等方面的和谐互动关系，使陕西省的大遗址保护利用工作成为彰显东方灿烂文化、营销文化大省陕西、促进区域创意经济的推进器。下面，仅结合文物管理工作和遗址项目提出以下对策建议：

1. 加大管理力度

借鉴、吸收国内外前沿的理念和先进的保护经验，结合陕西大遗址的类型、特点，通过省人大立法出台《陕西省大遗址保护条例》，规范和指导我省大遗址区域的保护管理、土地使用、居民搬迁以及产业结构调整等工作。组织相关部门积极研究我省大遗址保护的优惠政策或经济补偿措施，以此来缓解大遗址保护和当地经济发展之间的矛盾，调动地方政府、群众保护文物的积极性。对于重要大遗址所在地的地方政府，应通过法规措施和行政措施，明确大遗址保护是这些地方政府的首要责任。实行一票否决制，将大遗址保护与利用工作的好坏作为评价这些地方政府官员政绩的主要指标。我省在全国率先开展的市县级干部文化遗产保护管理专业知识的培训还应继续坚持下去，特别应要求大遗址所在地党委和政府的一把手必须参加培训。

2．调整土地性质

解决大遗址保护的根本途径是合理解决土地问题。通过城乡规划进行统筹安排，将遗址区域的农村用地、城市用地逐渐调整为文物保护用地，继而进行相关的拆迁和安置。将处于城市或城市近郊区的大遗址纳入城市绿化系统，改善大遗址景观环境，增加城市绿地面积，扩大市民活动和休闲空间，发挥大遗址的社会效应。

3．理顺管理体制

在大遗址密集，又亟待进行整体性保护的遗址区，建立包括区县政府，文物主管部门和承担开发负债主体的联合机构，进行保护遗址保护、文化展示、城市功能完善、环境美化改造、商贸旅游开发等综合性建设，建立有开发主体为依托的大遗址综合保护区，探索新时期大遗址保护的新体制和新机制。可以首先考虑在西安市北郊设立国家级西安大遗址保护特区，统一管理秦阿房宫、汉长安城、唐大明宫三大遗址区和周边可开发区域的保护与利用工作。将新城区、莲湖区、长安区与三大遗址相关的辖区范围划归未央区，未央区政府转型为大遗址保护特区管理委员会，并对原有的政府职能部门进行调整。

4．调整产业结构

在遗址区域建立多元化的产业结构，在资金、政策上予以扶持，组织和引导当地群众发展高效农业、观赏农业和与遗址相关的旅游服务业。对遗址区域的青壮年劳动力进行有计划的职业培训和就业指导，参照残疾人等弱势群体的就业政策，对优先招聘遗址区域劳动力的企业给予优惠政策。

5．增加资金投入

大遗址保护必须以国家投入为主，我省应参照中央政府模式，设立陕西省大遗址保护专项基金，用于与大遗址保护和利用及相关的遗址区居民补偿、产业调整等项所需。同时，拓宽资金渠道，广泛吸纳国际基金、长期低息贷款和赠款、国内各类民间资金，用于文物古迹的维修和修复，以及直接与之相关的专项工程的建设。

6．推进项目实施

根据国家文物局"丝绸之路"跨国申报世界遗产工作安排，成立强有力的申遗机构，落实责任，力争三四年内，我省以汉长安城、大明宫遗址为首的文化遗产进入世界遗产名录。集中中央与地方的财力，尽快完成秦始皇陵、唐大明宫遗址公园建设，形成亮点。尽快组织策划和争取实施唐代帝陵整体保护工程、汉长安城未央宫遗址保护与展示园区工程、唐长安城外郭城城墙遗址公园工程、西安市西南郊木塔寨遗址保护与展示工程等大遗址保护与利用项目，开创我省大遗址保护与利用工作的新局面。

我省的大遗址在中华民族的文化遗产中具有独一无二的重要地位，保护和利用好这些珍贵的文化遗产，不仅可以不断扩大我省在全国和全世界的影响，而且可以有效促进我省的社会和经济的可持续发展。我省要抓住当前良好的历史机遇，贯彻构建和谐社会、落实科学发展观的要求，将大遗址保护和利用作为我省各项工作的重中之重，为建设西部经济强省增加强劲的动力。

（陕西省文物局，2007 年 9 月）

五 汉长安城遗址保护与遗址内新农村建设课题研究（以罗寨村为例）

（一）罗寨村概况

1. 聚落建设现状

汉长安城遗址保护区内有四个街道办事处，五十四个行政村，11262 个农户，五万多村民，村庄占地面积 662.21 公顷。村庄面积占整个汉城遗址保护区面积的 17.93%。部分村镇建设用地直接占压在重要遗址本体上，对其造成极大的破坏。

罗寨村聚落位于汉长安城长乐宫遗址区。长乐宫兴建于公元前 202 年，为汉高祖刘邦布政之宫，汉惠帝时改为太后居住之所。宫城东西长 2900 米，南北宽 2400 米。宫城内主要分布三大遗址聚集区，分别为东南樊寨遗址区、西南张家巷遗址区和西北罗寨遗址区。

长乐宫 4、5、6 号遗址均位于罗寨遗址区，其中 6 号遗址为长乐宫内最重要的前殿遗址，4 号遗址为临华殿旧址，二者之间以围墙相隔。6 号遗址东西长 120 米，南部为罗寨村占压，北部为农田。5 号遗址位于 6 号遗址东侧，为前殿附属的凌室遗址。

2003 年 10 月至 12 月，中国社会科学院考古研究所发掘长乐宫 4 号建筑遗址。2004 年 10 月至 12 月发掘长乐宫 5 号遗址。2005 年发掘了长乐宫 6 号建筑遗址主殿台基以北的附属建筑的一部分。长乐宫 4、6 号建筑遗址对于研究长乐宫的形制布局以及西汉建筑科技具有重要价值。

国家文物局拨款已经建成长乐宫 4、5 号遗址博物馆，并对 6 号遗址发掘部分进行了地面覆土复原保护展示，成为汉长安城遗址展示的重要窗口。

根据国家文物局 2009 年 1 月份批准的《汉长安城遗址保护总体规划》，应搬迁占压在遗址本体之上的村民住宅，并对现有村落进行有计划的整合、改造，一方面有利于遗址保护与展示，另一方面也有利于当地居民生活有序、良性发展。

2. 聚落现状研究

长乐宫遗址内有罗寨、阁老门、唐寨、张家巷等十一个村庄，占地面积为 0.59 平方公里，约占整个长乐宫遗址的 9.83%。

罗寨聚落历史约二百年，清代由山西搬迁至此，位于长乐宫遗址区中西部。罗寨行政村总面积约 73.74 公顷，各类建设用地约占 11.1%，村庄现状占地面积 8.1 公顷。村民 222 户，总人口 855 人。罗寨现状人口构成以农业人口为主，外出务工占少数。人口受教育水平偏低，大部分为初、高中文化水平。罗寨村是以农业为主导，农林牧副渔为主要生产活动的传统村。

村东南有干道南接西二环，北接石化大道。东西方向的丰景路贯穿汉长安城遗址，是汉长安城遗址区内对外联系的一条主要干道，现状路宽 12 米，交通流量较大。

罗寨土地状况调查表

村庄名称	农业用地面积797（亩）						村庄占地面积（亩）	企事业单位占地（亩）	其他占地面积（亩）
	耕地		林地	园地	水面	畜牧业			
	粮食	菜地							
罗寨	600		160	25	12	—	99	—	—

罗寨建设状况调查表

村庄名称	住宅用地（m²）	行政办公（m²）	商住用地（m²）	工业（m²）	养殖（m²）	总计
罗寨	53580	561	6512	16621	3818	8.1

罗寨人口状况调查表

村庄名称	总人口（人）	户数（户）	农业人口（人）	外地务工人数（人）	教育水平(人)				
					高等教育	高中	初中	小学	文盲
罗寨	855	222	827	190	11	220	380	197	44

在罗寨村行政范围内已探明遗址 68099 平方米，从目前发掘的情况看，长乐宫 4 号遗址保存最好。一部分村宅用地直接占压在重要遗址上，除占压在遗址上的村宅用地对文物本体造成直接破坏外，其他各种类用地对文物本体及其历史环境都有不同程度的不利影响。

3. 罗寨新村规划的必要性、紧迫性和挑战性

（1）必要性

罗寨村对汉长安城大遗址内长乐宫已探明遗址的破坏较为突出，主要表现在：

① 罗寨村对遗址的直接占压

罗寨村北侧农宅对遗址有直接占压，直接占压户数为 37 户，占压总面积为 12366 平方米。

② 罗寨村的建设以及现状建筑风貌对遗址环境和风貌造成干扰

③ 罗寨村建设的不断发展给遗址保护带来巨大的压力

村内民宅的不断拆建、宅基地的不断扩大、相关产业的不断发展、人口的不断激增等都给遗址保护带来巨大的压力。

④ 村民日常生活形态对遗址的破坏

村民的日常生产生活活动也对遗址构成威胁，例如取土、修建坟墓、倾倒垃圾、修水渠等，严重破坏了遗址本体及其历史环境风貌。

综上所述，对罗寨进行遗址保护规划的必要性可见一斑。

（2）紧迫性

罗寨对长乐宫已探明重要遗址的直接占压较为突出，而且破坏正在蔓延和发展，我们急需对文物进行抢救性保护。同时，村民的生活水平亟待提高、居住条件亟待改善。因此，如何使文物保护和村民生产、生活及遗址旅游更好的契合成为我们急需解决的问题。

（3）挑战性

在国内大遗址保护工作中，类似于罗寨保护规划这样，在遗址区范围内安置原住民的工作尚属首次。因此，汉长安遗址内罗寨新村规划设计是为抢救汉长安大遗址所进行的一次尝试，是对大遗址内村民安置方式的一次尝试，更是对大遗址内村民生产、生活模式转变的一次尝试，对于我们规划设计工作者极具挑战性。

（二）罗寨新村规划研究

1. 规划设计方案需解决的问题

罗寨新村规划设计方案需解决的问题主要在于建立明确的保护途径，防止人为破坏重要遗址。针对这一严峻问题，有两种不同的解决方法。

第一，整体搬迁，遗址外安置。

针对大遗址保护以及内部村民安置问题，按照文物保护保护法的相关规定，最理想的办法就是将遗址内村民全部迁出，也就是将汉长安城遗址内的五万多村民全部迁出。

（1）优点

① 对遗址的保护最为彻底，为以后的考古工作提供了很大的便利。

② 为西安市增加了一个遗址公园，既为人们提供了解汉文化的场所，又极大的保护了生态环境。

（2）缺点

经济、社会成本过高，代价太大。

现在汉长安城遗址内共有村民 11262 户，按每户 2.5 分安置用地算，至少需要安置用地 188.1 公顷，对汉长安城周边区域乃至整个西安市来说，土地压力可想而知。如果安置费用按照 1200 元/平方米算，至少需要安置费用人民币 30 亿元，这对于西安市财政来说同样是一个巨大的压力。因此，可以说将五万多村民全部迁出汉长安城，遗址在现阶段存在很大的困难，也不太现实。这同样也是所有大遗址保护所面临的问题。

第二，就地安置，离址不离土。

针对整体搬迁所带来的巨大压力，求其次的办法就是将位于重要遗址区的村落搬迁到非重要遗址区，就地安置，离址不离土。这样既解决了整体搬迁所带来的经济、土地等多方面的压力，也缓解了对重要遗址的占压问题。同时，也可以保证与原有村落在时间、空间上的延续性。

综上所述，针对目前汉长安城内被占压重要遗址的保护途径，应该采取一种切实可行的、抢救性的保护途径。综合各方面因素考虑，以第二种比较可行。在深入分析研究的基础上，落实村庄建设占压遗址范围、户数，明确保护要求，确定合理可行的搬迁规模及新村建设用地选择。

2. 遗址保护范围与要求

根据《汉长安城遗址保护总体规划》保护区划和保护管理规定，将汉长安城遗址的规划区域分为重点保护范围、保护范围、建设控制地带三个等级。目前，罗寨村行政范围内已探明遗址分布，罗寨村庄北部在遗址重点保护范围内。通过拆迁可行性等因素的分析，将遗址重点保护范围细化为两个层级，即绝对控制区和严格控制区。

（1）绝对控制区

指从遗址边缘向外 25 米范围。在该区域内必须搬迁、拆除绝对保护区范围内与遗址保护无关的建筑、构筑物，并不得再建设与保护无关的建筑、构筑物；选择适宜的绿化方式进行区域内遗址标识展示，形成保护屏障，过滤和弱化遗址环境的周边干扰。

（2）严格控制区

指从绝对控制区边缘向外 25 米范围。在该区域内不应新建与保护无关的建筑、构筑物；逐步或有条件一次拆除、搬迁绝对保护区范围内与遗址保护无关的建筑、构筑物；暂时不能拆除的建筑及环境则适当的进行改造、净化，鼓励村民通过种植攀爬植物和屋面绿化，改善居住环境，减弱突兀简陋、不适宜的建筑形式对遗址环境的影响。

重点保护区内应遵照《汉长安城遗址保护总体规划》各项保护管理规定。

从严格控制区边缘向外至村域边界均为汉长安城遗址保护区范围，遵循《汉长安城遗址保护总体规划》中的保护范围管理规定。对该范围内的建设性质、地点、建设量等应有效控制，对现状建设进行整改，对遗址环境造成污染等不利影响的企业项目应停转。适当增加旅游服务设施，新的宅基地和建设用地应建立严格的审批制度，尽量压缩建设量。对已有建筑及环境适当的改造、净化，鼓励村民通过种植攀爬植物和屋面绿化，改善居住环境。

3. 规划目标及原则

（1）规划原则

第一，文保优先原则。

针对汉长安城遗址历史环境的系统性、整体性、唯一性、独特性等特征，认真贯彻执行"保护为主、抢救第一、加强管理、合理利用"的文物保护方针。

第二，规模适度性原则。

尊重遗址，认真落实占压范围，确定历史环境控制保护范围，对新罗寨村的规模坚持适度性、合理性、就小不就大原则。

第三，历史原真性原则。

尊重历史，依据历史文献和考古记载，对村落空间模式、农户形式和公共空间形式坚持原真性，为文物资源的有效保护和展示创造良好的条件。

第四，动态连续性原则。

尊重现状，尊重现有村落的空间模式和现有住民的生活习惯，同时结合大遗址旅游的发展，优化村民现有的生活模式，实行动态性保护与规划。在不对重要遗址本体与历史环境破坏的前提下，通过适当发展遗址旅游业，在展示汉文化，增加人们对汉文化认识和兴趣的同时，为村民增加新的经济来源。

（2）规划设计研究的主要目标

第一，落实直接占压的村宅。

确定必须搬迁、安置的农户数量和人口对遗址本体抢救性保护，认真贯彻执行"保护为主、抢救第一、加强管理、合理利用"的文物保护方针，切实保护遗址本体。

第二，确定在村行政界域内可能安置的区域

避免对文物本体的占压，注重对遗址历史环境的保护，尽量保持与现有村落的延续关系等。在罗寨村行政界域内，选择合理的安置区域。

第三，确定安置农户的建设标准。

根据国家及西安市对村民安置的相关政策，结合罗寨村村民对村宅的实际使用情况，确定安置农户的建设标准。

第四，结合文物保护和旅游，确定安置农户的生活模式。

以文物保护为根本出发点，结合大遗址旅游和农户现有生活习惯，转变现有农户的生活模式，脱离传统的农业生产，转为依托文保和大遗址旅游，优化安置农户的生活模式，使村民真正受益于文保和大遗址旅游，转变以前对大遗址保护的偏颇观点，从而从更深层面推动大遗址保护。

第五，确定村落的空间模式。

根据大遗址旅游和文物保护、文物展示的实际需求，同时融合现代村落空间布局特点，确定具有汉文化特色的村落空间模式。

第六，确定能体现汉文化特色的农户设计。

依据历史文献和考古记载，设计具有汉文化特色的农户。

第七，确定能体现汉文化特色的结合旅游服务的公共空间设计。

依据历史文献和考古记载，设计具有汉文化特色的结合旅游服务的公共空间。

4. 遗址保护与罗寨新村规划

（1）遗址保护与搬迁规模研究

搬迁规模确定原则为就小不就大，规模适度。考虑到对重要遗址和遗址环境的保护，以及搬迁成本等综合问题，建议罗寨村搬迁农户的规模在 37 ～ 110 户之间为宜。

（2）可能搬迁安置区位的确定

① 选址前提

离址不离土。在罗寨村行政界域内，将部分村宅从重要的、敏感的遗址区迁移到非重要的、不敏感的区域，同时与原有的村落保持一定的延续关系。

② 选址原则

a. 保护优先原则：除注重保护重要遗址本体外，还要注重遗址历史环境的保护。

b. 选址适度原则：在不对重要遗址本体与历史环境破坏的前提下，在非重要、不敏感的遗址区选择足够安置搬迁农户的用地，便于新村农民的生活、生产活动的开展。

c. 选址合理性原则：在非重要、不敏感遗址区内所选择的安置区域，应尽量与现有村落保持较好的延续关系，能使用现有公共服务设施，这样既保持了生产生活的连续性，又减小了搬迁成本。

d. 选址发展性原则：选址区域应尽量有利于文保、文物展示和旅游工作的开展，从而能动推动未来村民生活模式的转变，寻找新的收入来源。

（3）可能选址区域

根据已探明无重要遗址和结合文物本体、历史环境、现有村落、搬迁规模及旅游发展等关系的综合分析，在罗寨村的行政区界内，《汉长安城遗址保护总体规划》重点保护区外，有五处较为合适的村落搬迁区域可供选择。A 区位于罗寨村东部偏北，占地约 7500 平方米；B 区位于罗寨村正东，占地约 7500 平方米；C 区位于罗寨村正西，占地约 7500 米；D 区位于罗寨村西北部，占地约 7500 ～ 79500 平方米；E 区位于罗寨村西南部，占地约 7050 ～ 10880 平方米。

选择比较分析表

	与文物本体的关系	与遗址环境的关系	与现有村落的关系	与旅游发展的关系	适合容纳规模
A区	没有占压（重要）遗址本体，离遗址本体近，西侧、北侧部分临近严格控制区	与遗址环境相邻边较长，联系或影响较直接	与现有村落组织联系不够紧密，较为孤立，与现有村落的延续关系不好	离已形成的主干道有一定的距离，不便于发展旅游	50户
B区	没有占压（重要）遗址本体，离文物本体较近，西北角侧临近严格控制区	与遗址环境相邻边短，联系或影响间接	与现有村落组织联系紧密，有良好的延续关系	离已形成的主干道较近，便于发展旅游	50户
C区	没有占压（重要）遗址本体，离文物本体较近，北侧东侧临近严格控制区	与遗址环境相邻边较长，联系或影响较直接	与现有村落组织联系不够紧密，较为孤立，与现有村落的延续关系不好	离已形成的主干道远，便于发展旅游	50户
D区	没有占压（重要）遗址本体，而且离文物本体较远，对文物保护工作影响较小	由于距离文物本体较远，对遗址环境的影响较小	与现有村落组织联系薄弱，较为孤立，与现有村落失去了延续关系	离已形成的主干道远，发展旅游存在更多的困难	50户～130户
E区	没有占压（重要）遗址本体，而且离文物本体较远，对文物保护工作影响小	由于距离文物本体较远，对遗址环境的影响小	与现有村落组织联系紧密，有良好的延续关系	相邻已形成的主干道，便于发展旅游	47户～72户
A＋B区	没有占压（重要）遗址本体，离文物本体较近，西侧北侧部分临近严格控制区	与遗址环境相邻边相对短，联系或影响间接	与现有村落组织联系紧密，有良好的延续关系	离已形成的主干道较近，便于发展旅游	50户～110户
	在严格控制建筑形象、高度、尺度、处理好与遗址环境关系的情况下，A＋B区最有利于文保、文物展示和旅游工作的开展，结合汉文化旅游与新农村建设，推动未来村民的生活模式的转型，促进大遗址区文物保护与社会和谐发展双赢				

（4）构成要素和安置农户的建设标准

根据数据分析，村民对现代生活的主要需求类型有客厅、厨房、卫生间、卧室（至少三间）、储藏间、院子、屋顶平台、出租房。实际使用面积以 140 ～ 160 平方米为宜。

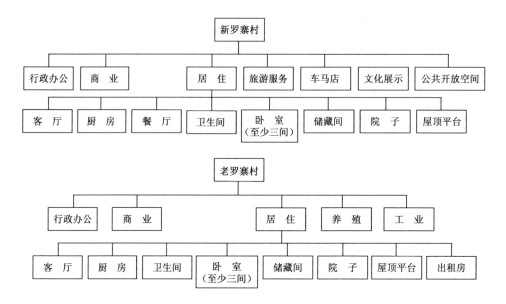

典型现状住宅分析表

	宅基地面积（m²）	总建筑面积（m²）	空房面积（m²）	空房率	使用面积（m²）	院落面积（m²）	客厅（m²）	卧室（m²）	厕所（m²）	厨房（m²）	储藏（m²）	其他（m²）
e-1	436.8	225	65.8	30%	159.2	211.8	33	46.8	4.5	0	4.5	0
e-2	218	174	46.8	27%	127.2	120	30.4	46.8	8.1	0	4.5	0
e-3	173.3	187.8	46.8	25%	141	62	23.4	70.2	8.6	15	5	0
e-4	161	102	0	0%	102	50	13	53	0	26.5	0	0
e-5	210	192	43	22%	149	114	30	44.5	6.2	9.9	28	0
n-1	210	197	48	24%	149	75	33.18	116	10	12.5	0	22.5
n-2	222.75	154.44	50.49	32.70%	103.95	118.8	35.64	34.65	0	17.82	0	0
n-3	248.4	197.31	78.96	31.80%	118.35	130.05	35.1	60.3	6.3	13.5	3.15	0
n-4	257.25	156.57	0	0%	156.57	66.18	31.5	58.65	9	9.9	0	52.74
n-5	321.64	337.62	129.15	38%	208.47	113.18	48.45	68.4	3.6	12.6	63	0

	宅基地面积（m²）	总建筑面积（m²）	空房面积（m²）	空房率	使用面积（m²）	院落面积（m²）	客厅（m²）	卧室（m²）	厕所（m²）	厨房（m²）	储藏（m²）	其他（m²）
n-6	521.7	486.95	151.83	31.20%	335.12	213.91	78.12	93.33	5.76	18.36	18.36	173.43
n-7	207.4	246.13	97.65	39.70	144.48	55.76	24.3	29.25	4	8.97	97.65	81.96
s-2	172	93.94	0	0%	93.94	78.05	21.84	43.68	4	21.42	3	0
s-3	243	166	27	16%	139	104	20	52	3	12	52	0
s-4	237.6	169.5	49.5	29%	120	142.35	24.75	49.5	4	14.4	27.35	0
s-5	191.88	82.68	0	0%	82.68	109.2	25.74	44.46	3	6.48	3	0
s-6	371.52	233.4	60.84	26%	172.56	138.12	35.64	106.92	2.7	18.9	8.4	0
s-7	169.2	239.1	0	0%	239.1	52.2	50.4	100.8	10.2	13.8	34.11	0
s-8	163.35	141.57	0	0%	141.57	32.58	23.76	47.52	9	6.93	0	39.6
w-1	154.44	196.56	84.24	42.80%	112.32	51.12	28.08	56.16	3.6	10.08	14.04	
w-2	193.14	150.81	0	0%	150.81	42.33	0	35.49	9.36	15.21	20.1	70.98
w-3	226.73	231.77	78.83	34.01%	152.94	72.79	33.18	43.45	6.48	19.08	9	27.06

（5）确定与保护及旅游相结合的农户生活空间模式

① 安置农户居住空间模式的确定原则

a. 尊重历史风貌原则：尊重历史，依据历史文献和考古记载，采用闾里的布局模式，保证其对汉长安城遗址历史环境的系统性、整体性、唯一性、独特性等特征不造成破坏。

b. 规模适度原则：其规模既不破坏重要遗址本体与历史环境，又便于新村农民生活、生产活动的开展。

c. 适当发展原则：在不对重要遗址本体与历史环境破坏的前提下，通过适当发展遗址旅游业，在展示汉文化、增加人们对汉文化认识和兴趣的同时，为村民带来新的经济来源。

d. 连续性发展原则：既尊重农户现有的生活模式和现有驻民的生活习惯，同时为农户以后的发展留有余地，保证本地区发展的连续性。

② 安置农户生活空间闾里布局模式

"令五家为比，使之相保，五比为闾，使之相受，四闾为族，使之相葬……闾共祭器，族共丧器。……四闾为族，八闾为联，使之相保相受，刑罚庆赏……"（《周礼》）

"长安闾里一百六十，室居栉比，门巷修直。"（《三辅黄图》）

③ 确定与保护和汉文化旅游相结合的村落空间模式

汉长安城"室居栉比，门巷修直"，罗寨新村体现了这一布局特色。

罗寨新村中的"市"，发挥了旅游和村民日常生活服务等多项职能。同时，罗寨新村通过市来组织居民闾里、公共空间与行政空间等，以体现汉长安城的布局特点。

罗寨新村的行政空间，公共空间（戏楼、车马店等）的布置兼顾了大遗址旅游、文化展示与居民日常生活等方面的实际需求。

罗寨新村的规划布局继承了汉长安城形制虽不规整，但城市用地有序明确的特点。

罗寨新村的选址靠近现有干道，既有利于发展旅游，又和现有村落在时间和空间上有一个良好的延续。总之，罗寨新村的规划布局是以尊重历史环境为前提，根据大遗址旅游和文物保护、文物展示的实际需求而确定的具有汉文化特色的村落空间模式。

④ 设计能体现汉文化风貌的建筑

建筑设计一方面尊重历史，依据历史文献和考古记载；另一方面尊重农户现有的生活模式和现有的生活习惯，力求在尊重现代人生活模式前提下，使罗寨新村建筑体现汉文化风貌。

⑤ 老村改造对策

对不搬迁或暂不搬迁的老村建筑环境的改造，遵照《汉长安城遗址保护总体规划》有关重点保护区和保护区保护管理规定和要求进行管理。

第一，在严格控制区内严格控制新建设，不应新建与保护无关的建筑、构筑物，对已有建筑及环境适当的改造、净化，拆除对遗址环境影响大的部分，鼓励村民通过种植攀爬植物和屋面绿化，改善居住环境，减弱突兀简陋、不适宜的建筑形式对遗址环境的影响。在未来条件成熟的情况下，建设控制地带内居民可迁出，集中安置在风貌协调区的发展用地区。

第二，在严格控制区范围外的建设，对建设性质、地点、建设量、建筑高度尺度、建筑形式材料等应有效控制，对现状建设进行整改，对遗址环境造成污染等不利影响的项目应停转。改善基础设施，适当增加旅游服务设施，新的宅基地和建设用地应建立严格的审批制度，尽量压缩建设量。对已有建筑及环境适当的改造、净化，鼓励村民通过种植攀爬植物和屋面绿化，改善居住环境。

（三）罗寨新村规划方案

1.新村位置及远期用地规划

鉴于与遗址远近程度、交通便利情况、与老村位置关系以及考虑旅游和示范作用等因素，罗寨新村最终选址区域定于 A＋B 区。经考虑认定，沿丰景路以南空地区域适合作为新村的远期发展用地。

2.规划布局

新村以南的丰景路，经考古位于原汉代道路遗址位置上，汉代道路宽约 50 米，因而在新村规划时，有意将此空间避开不作为主要居住用地（由路中心线向南退 25 米），设计主要作为绿地、停车及文化展示空间。其中的戏楼建筑另一方面还起着新村标志的作用。

以"市"的南北、东西两个方向作为轴线来规划新村。新村居住部分可根据资金投入情况分步实施，如先建北侧两个"闾里"，搬迁遗址绝对保护区内和紧邻遗址的 47 户村民；建市、作坊和其他公共设施，也可一次实施；搬迁遗址绝对保护区和遗址严格控制区内的 72 户，安置在三个基本生活单位——"闾里"。

考虑到现代人的生活模式，将原闾里的围墙虚化，用绿化（闾里北墙）以及标志性的小路（闾里南墙）代替。

新村沿丰景路北侧新村入口以东集中设置生态停车场，为村民和旅游车辆停泊，共设 46 个车位。村内主次道路改造为混凝土路面，主要道路宽度一般为 6 米，次要道路宽度一般为 3 米，新村内和"闾里"内均设有不同类型村民、儿童活动场地。一般道路为碎石路面。

3.公共设施规划

罗寨新村增加了大面积的公共设施建筑，设置戏楼、作坊（文化展示空间）、市等，形成村庄文化生活中心。戏楼是新村入口标志，与北面的开放空间共同作为村民演出集会、旅游休闲场所。结合村委会增加、完善村民文化交流、休闲娱乐活动设施，并在每个基本生活单位"闾里"中设有开放空间，与汉闾里中的祠堂形成空间上的对应意向，促进村民日常交往休憩。室外适当进行铺装、增设家具小品、种植树木、改善居住环境。其选址考虑靠近罗寨老村和村庄主要道路，结合历史文化和环境要素，创造具有浓郁特色的村落公共中心。

综合技术经济指标一览表

内 容		数 量
总户数（户）		72
总人口（人）		283
户均人口（人/户）		3.94
总建筑面积（m²）		16169
其 中	住宅建筑面积（m²）	13464
	公建建筑面积（m²）	2705
容积率		0.48
建筑密度（%）		38
绿化率（%）		30
停车位（个）		46

4.绿化系统规划

保持村庄良好的生态环境是我国环境可持续发展的重要环节。村庄绿化体系分为道路绿化、集中绿化、宅间绿化及院落绿化。结合步行交通系统及村庄开敞空间布置绿化系统，使绿化渗透到每家每户的宅前屋后，充分发挥环境对品性、人格的熏陶作用。

在树种选择配置上，充分利用农村树木资源丰富的优势，多采用乡土树种，增加成活率、降低投资成本，并根据植物季节性、色彩、造型进行配置。

5.村规划用地平衡表及综合技术经济指标

规划用地平衡表

分类代号	用地名称	面积（公顷）	比例（%）	人均（m²/人）
R	居住建筑用地	1.01	31	35.7
C	公共建筑用地	0.25	7	8.8
S	道路广场用地	1.11	33	39
G	绿化用地	0.96	29	34
村庄建设用地		3.33	100	117.5

配建公建一览表

分类	项目	规模		备注
		用地面积（m²）	建筑面积（m²）	
行政管理	村委会	127	207	
文化展示	戏楼	68	132	民俗文化展示
	祠堂	492	492	注入现代内容为公共服务设施（文化展示、活动中心等）
商业金融	市	1150	1190	百货、食品、日杂等
	作坊	684	684	可由村民自家经营
市政公用	垃圾收集点	—	—	

（四）罗寨新村建筑研究

1. 建筑设计原则

建筑设计一方面尊重历史，依据历史文献和考古记载；另一方面尊重农户现有的生活模式和现有的生活习惯，力求在尊重现代人生活模式前提下，使罗寨新村建筑体现汉文化风貌。

2. 住宅建筑设计方案

方案一：依据《中国巴蜀汉画像砖大全》里的汉代建筑风格。

每家一个小院落，院内建筑为两层，一层建筑有一间客厅、餐厅、厨房、储藏室、卫生间、小天井、楼梯间、两间卧室；二层建筑有两间卧室、一间卫生间和阳台，基地面积145.4平方米，总建筑面积160.9平方米。

方案二：依据河南出土的汉代建筑明器上的汉代建筑风格。

每家一个小院落，院内建筑为三层，一层建筑有一间客厅、餐厅、厨房、卫生间、小天井、楼梯间、两间卧室；二层建筑有两间卧室、一间卫生间和阳台；三层建筑面积比较小，仅为一间储物间，基地面积138.2平方米，总建筑面积187.2平方米。

方案三：依据河南出土的汉代建筑明器上的汉代建筑风格。

每家一个小院落，院内建筑为二层，一层建筑为U型结构，有一间客厅、餐厅、厨房、小天井、楼梯间；二间卫生间、两间商用房、两间卧室；二层建筑有一间卧室、二间储藏间和阳台；三层建筑面积比较小，仅为一间储物间，基地面积148.6平方米，总建筑面积133.8平方米。

3. 公建设计方案

（1）村委会公共建筑设计方案

依据《汉代物质资料图说》里汉代画像砖建筑风格，村委办公建筑为三层。一二层主要为办公室，三层为娱乐活动室。

（2）市场

依据文献记载的汉代市场建筑特色进行设计。市场平面为方形，围以墙，门内大路纵横交错，呈十字形，市中心建市楼。

（3）戏楼

仿汉画像砖建筑设计，一楼为化妆间，二楼为舞台。

（西安建筑科技大学建筑学院、陕西省古迹遗址保护工程技术研究院，2009 年）

六　相关参考资料

（一）　田野考古资料

1. 专著

中国社会科学院考古研究所《汉长安城未央宫》，中国大百科全书出版社，1996 年。

中国社会科学院考古研究所《西汉礼制建筑遗址》，文物出版社，2003 年。

中国社会科学院考古研究所《汉长安城武库》，文物出版社，2005 年。

中国社会科学院考古研究所《汉长安城桂宫——1996～2001 年考古发掘报告》，文物出版社，2007 年。

2. 简报、简讯

贺梓城《西安汉城遗址附近发现汉代铜锭十块》，《文物参考资料》1956 年第 3 期。

俞伟超《汉长安城西北部勘查记》，《考古通讯》1956 年第 5 期。

王仲殊《汉长安城考古工作的初步收获》，《考古通讯》1957 年第 5 期。

祁英涛《西安的几处汉代建筑遗址》，《文物参考资料》1957 年第 5 期。

陕西省文管会《西安汉城遗址发现重要文物》，《文物参考资料》1957 年第 8 期。

王仲殊《汉长安城考古工作的初步收获续记——宣平门的发掘》，《考古通讯》1958 年第 4 期。

唐金裕《西安西郊汉代建筑遗址发掘报告》，《考古学报》1959 年第 2 期。

中国科学院考古研究所汉长安城发掘队《汉长安城南郊礼制建筑遗址群发掘简报》，《考古》1960 年第 9 期。

西安市文物管理委员会《西安三桥镇高窑村出土的西安铜器群》，《考古》1963 年第 2 期。

刘向群《西安汉城发现一枚“郢爰”》，《文物》1965 年第 1 期。

黑光《西安太液池出土一件巨型石鱼》，《文物》1975 年第 6 期。

中国社会科学院考古研究所资料室《西安汉城故址出土一批带铭文的铅饼》，《考古》1977 年第 6 期。

中国社会科学院考古研究所汉长安城工作队《汉长安城武库遗址发掘的初步收获》,《考古》1978 年第 4 期。

王汉珍、傅嘉仪《西安汉建章宫遗址出土带字砖》,《文物》1979 年 12 期。

李家翰《阿房宫区域内的一个汉代建筑遗址》,《考古与文物》1980 年第 1 期。

傅嘉仪、王汉珍《西安市文管会所藏的四件汉代文物》,《考古与文物》1981 年第 4 期。

周苏平、王子今《汉长安城西北区陶俑作坊遗址》,《文博》1985 年第 3 期。《汉长安城西北区陶俑作坊遗址》,《中国考古学年鉴》(1986),文物出版社,1988 年。

中国社会科学院考古研究所汉长安城工作队《汉长安城西汉窖藏铜器》,《考古》1985 年第 5 期。

刘庆柱《汉长安城》,《中国考古学年鉴》(1986),文物出版社,1988 年。

刘庆柱《西安市汉长安城未央宫三号遗址》,《中国考古学年鉴(1987)》,文物出版社,1988 年。

刘庆柱《西安市汉长安城东市和西市遗址》,《中国考古学年鉴(1987)》,文物出版社,1988 年。

中国社会科学院考古研究所汉长安城工作队《汉长安城未央宫第三号建筑遗址发掘简报》,《考古》1989 年第 1 期。

陈安利、马咏钟《汉长安城遗址出土大型陶俑》,《文博》1989 年第 1 期。

刘庆柱《汉长安城未央宫第四号建筑遗址(A 区)》,《中国考古学年鉴》(1988),文物出版社,1989 年。

刘庆柱《汉长安城未央宫第五号建筑遗址》,《中国考古学年鉴》(1989),文物出版社,1990 年。

中国社会科学院考古研究所汉长安城工作队《汉长安城 I 号窑址发掘简报》,《考古》1991 年第 I 期。

中国社会科学院考古研究所汉长安城工作队《汉长安城未央宫第二号遗址发掘简报》,《考古》1992 年第 8 期。

刘庆柱《汉长安城陶俑窑址》,《中国考古学年鉴》(1991),文物出版社,1992 年。

中国社会科学院考古研究所汉长安城工作队《汉长安城未央宫第四号遗址发掘简报》,《考古》1993 年第 11 期。

中国社会科学院考古研究所汉长安城工作队《汉长安城窑址发掘报告》,《考古学报》1994 年第 1 期。

中国社会科学院考古研究所汉长安城工作队《汉长安城 23～27 号窑址发掘简报》,《考古》1994 年第 11 期。

刘庆柱《汉长安城陶窑遗址》，《中国考古学年鉴》（1992），文物出版社，1994年。

张连喜《西安出土一尊北周石雕佛像》，《考古》1995年第4期。

中国社会科学院考古研究所汉长安城工作队《1992年汉长安城冶铸遗址发掘简报》，《考古》1995年第9期。

李毓芳《汉长安城烘范窑和铸币遗址》，《中国考古学年鉴》（1993），文物出版社，1995年。

中国社会科学院考古研究所汉长安城工作队《汉长安城未央宫西南角楼遗址发掘简报》，《考古》1996年第3期。

中国社会科学院考古研究所汉长安城工作队《汉长安城北宫的勘探及其南面砖瓦窑的发掘》，《考古》1996年第10期。

中国社会科学院考古研究所汉长安城工作队《1996年汉长安城冶铸遗址发掘简报》，《考古》1997年第7期。

西安市文物局《西安北郊出土北周白石观音造像》，《文物》1997年第11期。

西安市文物保护考古所《西安北郊出土北朝佛教造像》，《文博》1998年第2期。

李毓芳《汉长安城北宫和官办砖瓦窑址》，《中国考古学年鉴》（1996），文物出版社，1998年。

中日联合考古队《汉长安城桂宫二号建筑遗址发掘简报》，《考古》1999年第1期。

马咏钟《西安北郊出土北周白石观音造像》，《文博》1999年第1期。

中日联合考古队《汉长安城桂宫二号建筑遗址B区发掘简报》，《考古》2000年第1期。

李毓芳《西安汉长安城桂宫二号建筑遗址》，《1998年中国重要考古发现》，文物出版社，2000年。

中国社会科学院考古研究所汉长安城工作队《西安相家巷秦封泥遗址的发掘》，《考古学报》2001年第4期。

李毓芳《汉长安城桂宫二号遗址》，《中国考古学年鉴》（1999），文物出版社，2001年。

中日联合考古队《汉长安城桂宫四号建筑遗址发掘简报》，《考古》2002年第1期。

刘振东《汉长安城新发现六座窑址》，《考古》2002年第11期。

李毓芳《汉长安城桂宫二号建筑遗址》，《中国考古学年鉴》（2000），文物出版社，2002年。

李毓芳《汉长安城桂宫三号建筑遗址》，《中国考古学年鉴》（2001），文物出版社，2002年。

中国社会科学院考古研究所汉长安城工作队《汉长安城长乐宫排水管道遗址发掘简报》,《考古》2003 年第 9 期。

李毓芳《汉长安城桂宫四号建筑遗址》,《中国考古学年鉴》(2002),文物出版社,2003 年。

中国社会科学院考古研究所汉长安城工作队《汉长安城长乐宫二号建筑遗址发掘简报》,《考古学报》2004 年第 1 期。

中国社会科学院考古研究所汉长安城工作队《汉长安城长乐宫发现凌室遗址》,《考古》2005 年第 9 期。

刘振东、张建锋《汉长安城长乐宫遗址》,《中国考古学年鉴》(2004),文物出版社,2005 年。

刘振东、张建锋、徐龙国《西安汉长安城长乐宫遗址发掘一组完整的排水设施》,《中国文物报》2006 年 2 月 22 日。

中国社会科学院考古研究所汉长安城工作队《西安市汉长安城长乐宫四号建筑遗址》,《考古》2006 年第 10 期。

中国社会科学院考古研究所汉长安城工作队《西安市汉长安城城墙西南角遗址的钻探与试掘》,《考古》2006 年第 10 期。

中国社会科学院考古研究所汉长安城工作队《西安市汉唐昆明池遗址的钻探与试掘简报》,《考古》2006 年第 10 期。

(二) 相关研究论著

1. 专著

[日] 足立喜六《长安史迹考》,商务印书馆,1935 年。

阎文儒《西京胜迹考》,西安新中国文化出版社,1943 年。

马先醒《中国古代城市论集》,简牍学会,1980 年。

刘运勇《西汉长安》,中华书局,1982 年。

王仲殊《汉代考古学概说》,中华书局,1984 年。

刘庆柱、李毓芳《长安春秋》,陕西人民出版社,1988 年。

刘庆柱《古代都城与帝陵考古学研究》,科学出版社,2000 年。

刘庆柱、李毓芳《汉长安城》,文物出版社,2003 年。

2. 论文、综述

刘敦桢《汉长安城及未央宫》,《中国营造学社汇刊》3 卷 3 期,1932 年 9 月。

黄盛璋《西安城市发展中的问题以及今后水源的利用与开发》之二《汉长安城的

水源》,《地理学报》1958年第4期。

黄展岳《汉长安城南郊礼制建筑的位置及其有关问题》,《考古》1960年第9期。

中国社会科学院考古研究所资料室《中国科学院考古研究所一九六一年田野工作的主要收获》,《考古》1962年第5期。

黄盛璋《关于〈水经注〉长安城附近复原的若干问题》,《考古》1962年第6期。

陈直《古器物文字丛考》之《西安高窑村出土西汉铜器铭考释》,《考古》1963年第2期。

黄展岳《西安三桥高窑村西汉铜器群铭文补释》,《考古》1963年第4期。

陈直《关于西安三桥高窑村西汉铜器铭文的几点意见》,《考古》1963年第8期。

王世仁《汉长安城南郊礼制建筑（大土门村遗址）原状的推测》,《考古》1963年第9期。

马先醒《汉代长安城之营筑及其形制》,《华冈学报》(7),1973年7月。

马先醒《汉两宫》,《简牍学报》(1),1974年6月。

马先醒《汉代长安里第考》,《简牍学报》(1),1974年6月。

马先醒《汉代长安城之闾里宅第》,《东方杂志》8(4),1974年10月。

马先醒《汉代两京研究绪说》,《简牍学报》(3),1975年10月。

马正林《汉都长安》,《陕西师范大学学报》(哲学社会科学版),1976年第2期。

步履《汉代的长安》,《人文杂志》1979年第一期。

马先醒《中国古代城郭形制考述》,《简牍学报》(8),1979年2月。

马正林《汉长安城兴起以前西安地区的自然环境》,《陕西师范大学学报》(哲学社会科学版)1979年第3期。

李建超《汉唐长安城与明清西安城地下水的污染》,《西北历史资料》1980年第1期。

项秋华《前汉宫殿建制对政局的影响》,《史学汇刊》10期,1980年6月。

李遇春、姜开任《全国重点文物保护单位——汉长安城遗址》,《文物》1981年第1期。

李遇春《汉长安城考古综述》,《考古与文物》1981年第1期。

李遇春《汉长安城考古发现和研究》,《河南师大学报》(社会科学版)1981年第2期。

李遇春《汉长安城武库遗址的发掘》,《人文杂志》1981年第5期。

何汉南《汉唐长安城建筑设计初探》,《陕西省文博考古科研成果汇报会论文集》,1981年。

何汉南《汉长安城街道》,《陕西地名》1983年第4期。

杜莆运、韩汝玢《汉长安城武库遗址出土部分铁器的鉴定》，《考古学集刊》第 3 期辑，1983 年。

杨宽《西汉长安布局结构的探讨》，《文博》1984 年创刊号。

黄展岳《汉长安城的发掘》，《新中国的考古发现与研究》，文物出版社，1984 年。

俞伟超《中国古代都城规划的发展阶段性》，《先秦两汉考古学论集》，文物出版社，1985 年。

唐庆山《古代西安的变迁与振兴》，《地域研究与开发》1986 年第 2 期。

呼林贵《汉长安城东南郊》，《文博》1986 年第 2 期。

史念海《汉唐间长安地区物产的分布及其演变》，《地理研究》1986 年第 2 期。

贺忠辉《汉长安城》，《文博》1986 年第 4 期。

王仲殊《汉长安城遗址》，《中国大百科全书·考古学》，中国大百科全书出版社，1986 年。

黄展岳《汉长城南郊礼制建筑遗址》，《中国大百科全书·考古学》，中国大百科全书出版社，1986 年。

马先醒《再论汉宫位置》，《中国历史论文集》，台湾商务印书馆，1986 年。

李如森《试论我国古城形制的渊源》，《社会科学战线》1987 年第 2 期。

刘庆柱《汉长安城布局结构辨析——与杨宽先生商榷》，《考古》1987 年第 10 期。

朱士光《汉唐长安地区的宏观地理形势与微观地理特征》，《中国古都研究》第 2 辑，1987 年。

辛德勇《西汉至北周时期长安附近的陆路交通》，《中国历史地理论丛》1988 年第 3 辑。

辛德勇《汉唐期间长安附近的水陆交通》，《中国历史地理论丛》1989 年第 1 辑。

辛德勇《长安城兴起与发展的交通基础》，《中国历史地理论丛》1989 年第 2 辑。

何汉南《汉长安城城门考》，《文博》1989 年第 2 期。

黄展岳《关于王莽九庙的问题——汉长安城南郊一组建筑遗址的定名》，《考古》1989 年第 3 期。

杨宽《西汉长安布局结构的再探讨》，《考古》1989 年第 4 期。

李毓芳《汉长安城未央宫骨签述略》，《人文杂志》1990 年第 2 期。

吕卓民《西安城南交潏二水的历史变迁》，《中国历史地理论丛》1990 年第 2 期。

马世之《中国古代都城规划中的"象天"问题》，《中州学刊》1992 年第 1 期。

吴郁芳《建章宫与东南文化》，《文博》1992 年第 3 期。

王恩田《"王莽九庙"再议》，《考古与文物》1992 年第 4 期。

马正林《汉长安城形状辨析》，《考古与文物》1992 年第 5 期。

陆平《长安在汉代的历史作用》，《郑州大学学报》（哲学社会科学版）1992 年第 6 期。

王子今《汉长安城乡里考》，《人文杂志》1992 年第 6 期。

刘运勇《再论汉长安城布局及形成原因》，《考古》1992 年第 7 期。

刘庆柱《再论汉长安布局结构及其相关问题（答杨宽先生）》，《考古》1992 年第 7 期。

陈绍林《汉唐长安规划的比较之我见》，《中国历史博物馆馆刊》第 17 期，1992 年。

徐君峰《西汉长安之市场及其繁荣的地理因素》，《人文杂志》1993 年第 5 期。

刘庆柱、李毓芳《汉长安城的宫城和市里布局形制论述》，《考古学研究——纪念陕西省考古研究所成立三十周年》，三秦出版社，1993 年。

李如森《先秦古城演变与汉长安城模式确立》，《北方文物》1994 年第 1 期。

陈国生《论汉都长安并非最善之地》，《西北史地》1994 年第 1 期。

李锋《中国古代宫城概说》，《中原文物》1994 年第 2 期。

马正林《汉长安城总体布局的地理特征》，《陕西师范大学学报》（哲学社会科学版）1994 年第 4 期。

孟凡人《汉长安城形制布局的几个问题》，《汉唐与边疆考古研究》第一辑，科学出版社，1994 年。

李遇春《汉长安城的发掘与研究》，《汉唐与边疆考古研究》第一辑，科学出版社，1994 年。

龚良《中国古代都城选地刍议》，《江苏社会科学》1995 年第 1 期。

楚一鸣《魏晋南北时期仍习称长安为"咸阳"》，《中国历史地理论丛》1995 年第 1 期。

朱士光《论周秦汉唐文化对我国古代都城规制之影响》，《陕西师范大学学报》（哲学社会科学版）1995 年第 3 期。

马正林《汉长安城的地理特征》（上），《陕西史志》1995 年第 3 期。

秦建明、张在明、杨政《陕西发现以汉长安城为中心的西汉南北向超长建筑基线》，《文物》1995 年第 3 期。

李毓芳《汉长安城未央宫的考古发掘与研究》，《文博》1995 年第 3 期。

马正林《论汉长安园林》，《陕西师范大学学报（哲学社会科学版）》1995 年第 4 期。

赵化成《未央宫三号建筑与骨签性质初探》，《中国文物报》1995 年 5 月 14 日。

刘庆柱《汉长安城未央宫布局形制论述》，《考古》1995 年第 12 期。

史念海《环绕长安的河流及有关的渠道》，《中国历史地理论丛》1996 年第 1 期。

吴宏岐《〈西京杂记〉所见长安的服饰风俗》，《中国历史地理论丛》1996 年第 2 期。

曹春萍《辟雍·泮宫初探》，《华中建筑》1996 年第 2 期。

杨绳信《汉城青门考》，《西北大学学报》（哲学社会科学版）1996 年第 3 期。

李毓芳《汉长安城的手工业遗址》，《文博》1996 年第 4 期。

刘建国《环境遥感在城址考古中的应用初探——汉长安城环境遥感考古的尝试》，《考古》1996 年第 7 期。

刘庆柱《汉长安城的考古发现及相关问题研究——纪念汉长安城考古工作四十年》，《考古》1996 年第 10 期。

何清谷《汉都长安周围的桥梁》，《史念海先生八十寿辰学术文集》，陕西师范大学出版社，1996 年。

史念海、史先智《论十六国和南北朝时期长安城中的小城、子城和皇城》，《中国历史地理论丛》1997 年第 1 期。

秦彦士《汉代太学的考证与批判》，《四川师范大学学报》（哲学社会科学版）1997 年第 2 期。

王觅道《古都西安的护城河》，《中国历史地理论丛》1997 年第 3 期。

吴宏岐《汉长安城兴起与衰落原因的风水学解释》，《唐都学刊》1997 年第 3 期。

李京华《对汉长安城冶铸遗址的简报谈几点意见》，《华夏考古》1997 年第 4 期。

史念海《最早建置都城的构思及其影响》，《中国历史地理论丛》1997 年第 4 期。

马正林《论中国城市的规划》，《陕西师范大学学报》（哲学社会科学版）1997 年第 4 期。

董鸿闻、周建勋、张应虎、刘起鹤、梅兴铨《中国古代测绘科技体系的形成》，《测绘通报》1997 年第 4 期。

党顺民、吴镇烽《上林三官铸钱官署新解》，《中国钱币》1997 年第 4 期。

黄展岳《读〈汉长安城未央宫〉》，《考古》1997 年第 8 期。

李毓芳《汉长安城的布局及结构》，《考古与文物》1997 年第 5 期。

刘庆柱《汉代骨签与汉代工官研究》，《陕西历史博物馆馆刊》第四辑，1997 年。

史念海《汉唐长安城与生态环境》，《中国历史地理论丛》1998 年第 1 期。

杜鹏飞、钱易《中国古代的城市给水》，《中国科技史料》1998 年第 1 期。

朱士光《汉唐长安城兴衰对黄土高原地区社会经济环境的影响》，《陕西师范大学学报》（哲学社会科学版）1998 年第 1 期。

李自智《略论中国古代都城的城郭制》，《考古与文物》1998 年第 2 期。

史念海《汉长安城的营建规模——谨以此文恭贺白寿彝教授九十大寿》，《中国历史地理论丛》1998 年第 2 期。

史念海《最早建置都城的构思及其对汉唐诸代的影响》，《大同职业技术学院学报》1998 年第 3 期。

李遇春《汉长安城石渠阁与天禄阁》，《中国文物报》1998 年 6 月 24 日。

王社教《西汉太仓应在长安城内》，《中国历史地理论丛》1998 年第 4 期。

徐卫民《论秦汉都城的面向》，《秦文化论丛》第六辑，西北大学出版社，1998 年。

刘瑞《秦信宫考——试论秦封泥出土地的性质》，《陕西历史博物馆馆刊》第四辑，1998 年。

黄石林、朱乃诚《汉长安城与未央宫遗址》，《中国重要考古发现》，商务印书馆，1998 年。

王社教《汉长安城八街九陌》，《文博》1999 年第 1 期。

王翠萍《西汉长安城的布局特色》，《西北建筑工程学院学报》（自然科学版）1999 年第 1 期。

王维坤《论中国古代都城的构造与里坊制的起源》，《中国历史地理论丛》1999 年第 1 期。

吴镇烽《再论上林三官铸钱遗址》，《中国钱币》1999 年第 1 期。

王社教《论汉长安城形制布局中的几个问题》，《中国历史地理论丛》1999 年第 2 期。

李锋《〈考工记〉成书西汉时期管窥》，《郑州大学学报》（哲学社会科学版）1999 年第 2 期。

杜鹏飞、钱易《中国古代的城市排水》，《自然科学史研究》1999 年第 2 期。

梁云《秦汉都城和陵墓建制的继承与变异》，《陕西师范大学学报》（哲学社会科学版）1999 年第 3 期。

王社教《论西汉定都长安与关中经济发展的新格局》，《中国历史地理论丛》1999 年第 3 期。

刘科伟、牛栋《汉长安城遗址保护与开发利用的现状、问题及对策探讨》，《经济地理》1999 年第 5 期。

刘庆柱《汉长安城桂宫遗址的考古发现与研究》，《历史》1999 年第 7 期。

砾坪《石渠千秋瓦当赏析》，《中国档案》1999 年第 11 期。

刘庆柱《关于中国古代宫殿遗址考古的思考》，《考古与文物》1999 年第 6 期。

焦南峰、马永赢《西汉宗庙刍议》，《考古与文物》1999 年第 6 期。

刘庆柱《汉长安城遗址》，《中华人民共和国重大考古发现》，文物出版社，1999 年。

李小波《从天文到人文——汉唐长安城规划思想的演变》，《北京大学学报》（哲学社会科学版）2000 年第 2 期。

王静《汉代蛮夷邸论考》，《史学月刊》2000 年第 3 期。

朱士光《西汉关中地区生态环境特征与都城长安相互影响之关系》，《陕西师范大学学报》（哲学社会科学版）2000 年第 3 期。

王维坤《沙河古桥的新发现与研究》，《西北大学学报》（哲学社会科学版）2000 年第 3 期。

董鸿闻、刘起鹤、周建勋、张应虎、梅兴铨《汉长安城遗址测绘研究获得的新信息》，《考古与文物》2000 年第 5 期。

焦南峰、马永赢《西汉宗庙再议》，《考古与文物》2000 年第 5 期。

吴荣曾《西汉骨签所见的工官》，《考古》2000 年第 9 期。

李小波、李强《从天文到人文——汉唐长安城规划思想的演变》，《城市规划》2000 年第 9 期。

吴庆洲《中国古城选址与建设的历史经验与借鉴》（下），《城市规划》2000 年第 10 期。

翟晓兰《汉长安城与古罗马城城市布局和建筑比较之我见》，《陕西历史博物馆馆刊》第七辑，2000 年。

李小波《辞赋中的古都规划思想》，《文史杂志》2001 年第 1 期。

程义《试论邺北城的设计思想、布局与影响》，《西北大学学报》（哲学社会科学版）2001 年第 1 期。

阎希娟、郭文毅《汉唐长安城园林的绿化及其现代启示》，《唐都学刊》2001 年第 2 期。

周长山《汉长安城与〈考工记〉》，《文物春秋》2001 年第 4 期。

李小波、陈喜波《汉长安城"斗城说"的再思考》，《考古与文物》2001 年第 4 期。

王社教《汉长安城斗城来由再探》，《考古与文物》2001 年第 4 期。

［日］佐原康夫《汉长安城再考》（张宏彦译），《考古与文物》2001 年第 4 期。

杨东晨《陕西东汉至北朝的都城和王城》，《文博》2001 年第 4 期。

权东计、霍小平《大遗址保护与旅游业可持续发展初探——汉长安城保护与利用规划》，《西北建筑工程学院学报》（自然科学版）2001 年第 4 期。

韩国河《汉长安城规划思想辨析》，《郑州大学学报》（哲学社会科学版）2001 年第 5 期。

黄展岳《关于大土门遗址的定名问题》，《陕西历史博物馆馆刊》第四辑，2001 年。

徐卫民《论秦都咸阳和汉都长安的关系》，《秦文化论丛》第八辑，陕西人民出版，2001 年。

权东计、赵荣、刘咏梅《原真性、可读性与可持续性——汉长安城保护与利用总体规划》，《中国城市规划学会 2001 年会论文集》，2001 年。

刘兴昌、权东计《古城西安历史时期规划思想与城市发展研究》，《中华传统文化与新世纪国际学术研讨会论文集》，2001 年。

杨海娟、周德翼《西安汉城遗址保护区发展都市农业的设想》，《西北大学学报》（自然科学版）2002 年第 1 期。

郭济桥《北朝时期邺南城布局初探》，《文物春秋》2002 年第 2 期。

李遇春《汉长安城建章宫东阙与宫阙研究》，《中国文物报》2002 年 3 月 8 日。

李小波《古都形制及其规划思想流变》，《城市问题》2002 年第 3 期。

权东计、朱海霞《汉长安城保护与利用发展战略研究》，《经济地理》2003 年第 3 期。

李爽《古代建设的继承和发展——从汉长安城到唐长安城》，《文博》2002 年第 4 期。

张沛《秦咸阳城考辨》，《文博》2002 年第 4 期。

赖琼《唐代以前都城城市场的布局与管理探究》，《江西社会科学》2002 年第 5 期。

申云艳《关中形胜地，东方"罗马"城——陕西西安汉长安城遗址》，《二十世纪中国百项考古大发现》，中国社会科学出版社，2002 年。

周长山《汉代的城郭》，《考古与文物》2003 年第 2 期。

李自智《秦都咸阳城在中国古代都城史上的地位》，《考古与文物》2003 年第 2 期。

尚民杰《西汉以后的未央宫》，《考古与文物》2003 年第 2 期。

张沛《秦咸阳城布局及相关问题》，《文博》2003 年第 4 期。

赖琼《汉长安城市场的布局与管理》，《江西社会科学》2003 年第 4 期。

吴宏岐、严艳《古都西安历史上的城市更新模式与新世纪城市更新战略》，《中国历史地理论丛》2003 年第 4 期。

杨宽《西汉长安的西南城区和东北郭区》，《中国古代都城制度史研究》，上海古籍出版社，2003 年。

杨宽《三论西汉长安的布局结构问题》，《中国古代都城史研究》，上海古籍出版社，2003 年。

赖琼《汉长安城的市场布局与管理》，《陕西师范大学学报》（哲学社会科学版）2004 年第 1 期。

朱祖希《天人合一象设都——试论北京古老规划匠意的文化渊源》，《北京联合大学学报》（人文社会科学版）2004 期第 1 期。

周学鹰《汉街小议》，《华中建筑》2004 年第 2 期。

吴宏岐《关于大夏国都统万城的城市形式与内部布局问题》，《中国历史地理论丛》

2004 年第 3 期。

权东计《论汉长安城规划营建思想》，《西北工业大学学报》（社会科学版）2004 年第 4 期。

李自智《中国古代都城布局的中轴线问题》，《考古与文物》2004 年第 4 期。

武廷海、戴吾三《匠人营国的基本精神与形成背景初探》，《城市规则》2005 年第 2 期。

张祖群、陈稳亮、赵荣、权东计、王建新《大遗址保护中的破坏因素——汉长安城案例与思考》，《建筑知识》2005 年第 2 期。

侯卫东《汉长乐宫 4 号宫殿遗址保护工程》，《文博》2005 年第 4 期。

周伟强《汉长乐宫 4 号、5 号土遗址及汉阳陵罗经石遗址回填保护工程简介》，《文博》2005 年第 4 期。

段小群《汉霸城门遗址保护工程》，《文博》2005 年第 4 期。

刘庆柱《汉长安城——一个王朝思想的痕迹》，《中国国家地理》2005 年第 6 期。

李遇春《汉长安城城门述论》，《考古与文物》2005 年第 6 期。

周颖昕《汉长安城桂宫遗址考古新发现》，《学术动态》2005 年第 20 期。

李遇春《汉长安城宫殿遗址的考古发现与研究》，《新世纪的中国考古学——王仲殊先生八十华诞纪念文集》，科学出版社，2005 年。

冯时《新莽封禅玉牒研究》，《考古学报》2006 年第 1 期。

张祖群《大遗址的文化价值、经济价值分异探讨——汉长安城案例》，《北京理工大学学报》（社会科学版）2006 年第 1 期。

刘振东《西汉长安城的沿革与形制布局的变化》，《汉代考古与汉文化国际学术研讨会论文集》，齐鲁书社，2006 年。

张建锋《汉长安城宫殿附属地下建筑研究》，《汉代考古与汉文化国际学术研讨会论文集》，齐鲁书社，2006 年。

王晓梅《汉长安城所见西汉宫殿建筑室内装修手法浅析》，《汉代考古与汉文化国际学术研讨会论文集》，齐鲁书社，2006 年。

刘振东、张建锋《西汉骨签的几个问题》，《考古与文物》2006 年第 3 期。

后 记

　　1994 年，西安市汉长安城遗址保管所成立后，在西安市文物局的领导下，开始了汉长安城遗址的保护管理工作。如今，十几年过去了，通过保管所全体工作人员的不懈努力，汉长安城遗址的保护利用工作取得比较丰硕的成果，为西安市，乃至全国的大遗址保护利用工作作出一定的贡献。

　　《汉长安城遗址保护》一书是多年来进行大遗址保护管理工作的展示，是实施汉长安城遗址保护利用工作的初步成果。通过本书，可以了解到基层文物保护管理部门实施大遗址保护管理工作的程序和做法，已采取的保护措施，保护后产生的效果等。该书总结了十几年来保护大遗址的成果和经验，对于今后继续健康有序地开展汉长安城遗址保护工作具有借鉴意义。

　　2010 年，国家文物局公布汉长安城遗址列入第一批国家考古遗址公园立项名单。随着国家的重视和遗址保护工作的进一步开展，对大遗址保护工作的认识必将更加深入，也必将取得更丰硕的成果。

　　在本书编写过程中，得到中国社会科学院考古研究所汉长安城工作队、陕西省古建设计研究所、西安市古代建筑工程公司等单位的无私帮助，相关参考资料部分由张建锋、刘振东搜集整理，在此一并由衷致谢。另外，由于编者皆为基层工作人员，文字水平有限，表述难免不够清晰，认识也不够到位，恳请方家批评指正。

编　者

2011 年 11 月 28 日